Cyrill Stieger

Wir wissen *nicht mehr*, wer wir sind

Vergessene
Minderheiten auf
dem Balkan

Paul Zsolnay Verlag

1 2 3 4 5   21 20 19 18 17

ISBN 978-3-552-05860-6
Alle Rechte vorbehalten
© Paul Zsolnay Verlag Wien 2017
Satz: Eva Kaltenbrunner-Dorfinger, Wien
Druck und Bindung: CPI books GmbH, Leck
Printed in Germany

Inhalt

Einleitung 7

»Wir schliefen als Muslime ein,
und wir erwachten als Bosnjaken«
Die slawischen Muslime in Bosnien-Herzegowina 31

»Wie kann ich einer Nation angehören,
die es gar nicht gibt?«
Die Torbeschen in Mazedonien 61

Wie aus Ibrim Emin Kadri Ivan Kadriev wurde
Die Pomaken in Bulgarien 101

»Wir wissen nicht mehr, wer wir sind«
Die Pomaken in Griechenland 151

»Es macht mich traurig,
dass eine ganze Kultur verlorengeht«
Die Aromunen in Mazedonien 194

»Wenn fünfzig Wörter erhalten bleiben,
ist unsere Arbeit nicht vergeblich«
Die Istrorumänen in Kroatien 234

»Ohne unsere Vorfahren wäre Zagreb heute muslimisch«
Die Uskoken des Žumberak 257

Danksagung 283
Verwendete Literatur 285

Einleitung

»Ja sam tvoj cimer« – das waren die ersten Worte, die ich hörte, als ich im Frühjahr 1974 das mir zugewiesene Zimmer im Zagreber Studentenheim »Stjepan Radić« betrat. Sie verwirrten mich. Begrüßte mich eine mysteriöse Stimme hinter den Wänden des engen Raums mit den Worten: »Ich bin dein Zimmer«? Ich stand da, unsicher, aufgeregt, voller Erwartungen, was in dieser damals für mich fremden Welt alles auf mich zukommen würde. Meine Kenntnisse der serbokroatischen Sprache waren nicht berauschend. Und dann sah ich den jungen, freundlichen Mann, der über das ganze Gesicht strahlte: »Ja sam tvoj cimer«, wiederholte er und gab mir zu verstehen, dass er nicht mein Zimmer sei, sondern mein Zimmerkollege. »Cimer« ist ein Ausdruck, der vor allem in der Umgangssprache verwendet wird. Wir standen beide in dem schmalen Zimmer mit den zwei kleinen, schäbigen Schreibtischen, den zwei abgewetzten Schränken und den beiden schmalen Betten und lachten. Diesen engen Raum sollten wir in den nächsten zehn Monaten miteinander teilen. Mein »cimer« brachte mir die Sprache bei, und zwar auch jene, die im Studentenheim und auf der Straße gesprochen wird. Damals ahnte ich noch nicht, wie wichtig diese Kenntnisse für mich später sein sollten.

Mein »cimer« nahm mich an Wochenenden oder Feiertagen oft mit nach Hause zu seinen Eltern. Sie lebten in einem kleinen Dorf im östlichen Teil Slawoniens, also dort, wo zu Beginn der neunziger Jahre der serbisch-kroatische Krieg mit großer Heftigkeit wütete. Er hatte einen kroatischen Vater und eine serbische Mutter. Das war nichts Außergewöhnliches. Das war in seinem Elternhaus ebenso wenig ein Thema wie auf den nächtlichen Streifzügen durch Slawonien. Mein »cimer« sagte manchmal, er sei ein Jugoslawe. Ich wusste damals noch nicht, dass es offiziell gar keine jugoslawische Nation gab, sondern nur eine slowenische, eine kroatische, eine serbische, eine muslimische, eine montenegrinische und eine mazedonische. Jene Staatsbürger der damaligen Sozialistischen Föderativen Republik Jugoslawien, die sich in Volkszählungen im ethnischen Sinn als Jugoslawen deklarierten, wollten sich dadurch, wie mein »cimer« erklärte, einer eindeutigen nationalen Kategorisierung entziehen: die einen, weil sie aus ethnisch gemischten Familien stammten; die andern, weil sie sich vor allem mit dem von Josip Broz Tito geschaffenen jugoslawischen Vielvölkerstaat identifizierten und weniger mit der staatstragenden Nation der Teilrepublik, in der sie lebten. Die Staatsbürgerschaft war ihnen wichtiger als die ethnische und nationale Zugehörigkeit.

Mein »cimer« nannte seine Sprache Serbokroatisch. Serbisch und Kroatisch galten als Varianten der gleichen Sprache. Doch als Jugoslawien zu Beginn der neunziger Jahre zerfiel, wurde auch die gemeinsame Standardsprache in einzelne Teile zerschlagen. Die neuen Sprachen hießen Serbisch, Kroatisch und Bosnisch. Nach der Loslösung Montenegros von Serbien im Jahr 2006 kam auch noch Montenegrinisch hinzu. Was einst als Serbokroatisch oder Kroatoserbisch bezeichnet wurde, nennt sich nun BKMS (Bosnisch, Kroatisch, Montenegrinisch, Serbisch) oder auch BKS. Die Unterschiede zwischen den vier Sprachen sind gering, und jeder versteht jeden problemlos. Ein Teil der Staatsbürger Montenegros spricht jedoch nicht Montenegrinisch, sondern Serbisch, und die Kroaten und die Serben, die in Bosnien-Herzegowina leben, nennen ihre Sprache nicht Bosnisch, sondern Kroatisch oder Serbisch. Hinzu kommt, dass die Serben in Kroatien und in Bosnien-Herzegowina ebenso wie die Montenegriner jene phonetische Variante der einst gemeinsamen Schriftsprache verwenden, die in Kroatien und nicht in Serbien gesprochen wird. Die Trennlinien der serbischen und der kroatischen Sprache decken sich nicht mit den ethnischen Grenzen.

Das kleine Dorf, in dem die Eltern meines Zimmerkollegen lebten, war nicht weit von der Stadt Vukovar entfernt, dessen Zentrum im serbisch-kroatischen Krieg von der Jugoslawischen Volksarmee und serbischen Milizen fast vollständig zerstört wurde. In dieser multiethnischen Stadt im äußersten Osten Kroatiens an der Grenze zu Serbien hatten sich bei der letzten gesamtjugoslawischen Volkszählung vom Frühjahr 1991 trotz aller nationalistischen Propaganda in Serbien und Kroatien noch immer zehn Prozent der Bewohner als Jugoslawen bezeichnet. Die Zahl lag weit über dem Landesdurchschnitt. Die Staatsbürgerschaft war ihnen ganz offensichtlich nach wie vor wichtiger als die Zugehörigkeit zu einer bestimmten Nation – und das im Jahr, als der Krieg begann und Jugoslawien endgültig in einzelne Teile zerfiel. 1974 allerdings hatte noch nichts auf das kommende Unheil hingedeutet. Mein »cimer« konnte nicht ahnen, dass sechzehn Jahre später alles entlang der ethnischen und nationalen Trennlinien auseinanderbrechen würde: der jugoslawische Staat, die kommunistische Partei, die Medien, ja ganze Familien. Die einen verloren ihre vertraute Identität, andere fanden eine neue, in der die Nation alles andere in den Hintergrund drängte.

Im Nachbarzimmer wohnte ein Student aus der bosnischen Stadt Travnik. Sein Vater war Muslim, seine Mutter Kroatin. Sein bester Freund war ein Serbe, mit dem er lange auf der Schulbank saß. Mein Kollege aus Travnik war ein Muslim, und er war doch kein Muslim. Er war, wie er mir erklärte, nur im nationalen und ethnischen Sinn ein Muslim, denn zu jener Zeit konnten sich bei den Volkszählungen die slawischen Muslime Jugoslawiens als Muslime deklarieren. Allerdings musste das Wort mit einem großen »M« geschrieben werden, was im Serbokroatischen ungewöhnlich war. Wurde ein kleines »m« verwendet, war die Religionszugehörigkeit gemeint. Der Student aus Travnik war, wie viele andere Muslime auch, religiös indifferent und ging kaum in die Moschee, auch nicht in die Kirche. Dennoch war er ein Muslim, einer mit einem großen »M«, der sich erst noch, ebenso wie mein »cimer«, als Jugoslawe fühlte. Er war sozusagen ein nicht-muslimischer Muslim. Die bosnischen Kommunisten hatten Ende der sechziger Jahre aus politischen Gründen eine neue Nation geschaffen, der sie einen konfessionellen Namen gaben. Das alles war für mich damals ebenso verwirrend wie faszinierend.

Auch der Student aus Travnik nahm mich manchmal mit nach Hause. Wie mein »cimer« lebte er in einer ethnisch gemischten Gegend. Es geht hier nicht darum, die Zustände im sozialistischen Jugoslawien nostalgisch zu verklären. Es war damals nicht alles besser, im Gegenteil: Vieles war schlechter. Die Frage der nationalen Zugehörigkeit aber war bei meinen Besuchen weder in Travnik noch in Ostslawonien je ein Thema. Fast zwanzig Jahre später, im September 1992, besuchte ich während der Belagerung Sarajevos auch den von den bosnischen Serben kontrollierten Teil der Stadt. Ein Soldat begleitete mich an die Front. Danach lud er mich zu sich nach Hause ein. Er lebte zusammen mit seinen Eltern, seiner Frau und seinen beiden Kindern auf einem Bauernhof in der Nähe von Pale, dem damaligen Hauptquartier der extremistischen bosnischen Serben mit Radovan Karadžić an der Spitze. Er war ein aufmerksamer Gastgeber, es wurde viel gegessen, getrunken, gesungen und geredet. Am andern Morgen ging der freundliche Soldat mit einer für mich unfassbaren Selbstverständlichkeit wieder zu den Geschützen auf den Hügeln, um auf Sarajevo zu schießen, obschon in der Stadt, wie er am Abend zuvor stolz erklärt hatte, viele seiner Freunde lebten. Er selber war dort in die Schule gegangen. Dass vor allem Zivilisten getötet wurden, unter ihnen auch Serben, die in der belagerten Stadt geblieben waren, schien ihn nicht zu bekümmern. Er machte mit und stellte keine Fragen. Wie war das möglich?

Der serbische Soldat war, wie andere bosnische Serben zu jener Zeit auch, überzeugt davon, dass er für eine gerechte Sache kämpft, dass das serbische Volk von Kroaten und Muslimen angegriffen wurde und sich deshalb zur Wehr setzen muss. Ein ranghoher Offizier der bosnisch-serbischen Truppen erklärte im September 1992 im Gespräch im serbischen Teil Sarajevos, seine Aufgabe bestehe darin, das Territorium, das den Serben gehöre, zu verteidigen und einen Genozid am serbischen Volk zu verhindern. Immer und überall war damals vom Volk die Rede, nicht von einzelnen Menschen mit spezifischen Interessen und Identitäten. Es gab nur Angreifer und Verteidiger, nur Täter und Opfer, nur Serben und Kroaten und Muslime. Der Chef der Nachrichtenagentur Srna in Pale, bei dem ich mich für den Besuch des serbischen Teils von

Sarajevo akkreditieren musste, behauptete während der zweistündigen Indoktrination allen Ernstes, die Serben hätten nie freiwillig mit den Muslimen zusammengelebt. Zuerst seien sie von den »Türken« – gemeint sind die Osmanen – dazu gezwungen worden, dann von den Habsburgern und schließlich, nach dem Zweiten Weltkrieg, von den Kommunisten. Nun wollten sich die Serben ein für alle Mal von den Muslimen trennen. Es sei unverantwortlich, erklärte er, die Opfer, also die bosnischen Serben, dazu zu zwingen, mit ihren Henkern, gemeint sind die Muslime, zusammenzuleben. Die Saat, welche die nationalistische serbische Propaganda am Vorabend des Zerfalls Jugoslawiens gesät hatte, war aufgegangen.

Was mich als Student an Jugoslawien vor allem faszinierte, war nicht der Selbstverwaltungssozialismus, in dem damals viele einen dritten Weg zwischen Kommunismus und Kapitalismus sahen. Mich zog von Anfang an die ethnische, sprachliche, konfessionelle und kulturelle Vielfalt auf engem Raum in ihren Bann. Auf einer Reise durch Jugoslawien während meines Studienjahrs in Zagreb entdeckte ich die Torbeschen. Sie leben vor allem im Südwesten und Westen Mazedoniens im Grenzgebiet zu Albanien sowie in einigen Dörfern südlich der Hauptstadt Skopje. Im Laufe der Jahre stieß ich auf die Goraner, deren Siedlungsgebiet im Dreiländereck Kosovo–Mazedonien–Albanien liegt. Später besuchte ich einige von Pomaken bewohnte Dörfer in den Rhodopen im Süden Bulgariens sowie auf der andern Seite der Grenze in Westthrazien, also im äußersten Nordosten Griechenlands. Die Torbeschen, die Goraner und die Pomaken sind, ebenso wie die Bosnjaken in Bosnien-Herzegowina, Muslime slawischen Ursprungs, deren christliche Vorfahren im Laufe der rund fünfhundertjährigen Herrschaft der Osmanen zum Islam konvertiert waren. Das zumindest ist die in der Geschichtswissenschaft vorherrschende Meinung. Allerdings gibt es auch andere, teilweise abenteuerliche Herkunftstheorien. Die slawischen Muslime Mazedoniens, Bulgariens und Griechenlands sprechen alle eine slawische Sprache: die Torbeschen Mazedonisch, die Goraner einen serbisch-mazedonischen Übergangsdialekt, die Pomaken in Bulgarien einen bulgarischen Dialekt. Die griechischen Pomaken nennen ihre Sprache nicht Bulgarisch, sondern Pomakisch. Sie wollen sich damit nicht nur von Bulgarien abgrenzen, das sie im Laufe der Geschichte immer wieder – oft mit gewaltsamen Methoden – zu assimilieren versuchte, sondern auch von jenen Muslimen slawischer Herkunft, die sich als Türken definieren und behaupten, alle Pomaken in Westthrazien seien Türken. Die griechischen Pomaken bilden zusammen mit den ethnischen Türken und den muslimischen Roma die sogenannte muslimische Minderheit. Es ist die einzige, die in Griechenland offiziell anerkannt wird. Sie ist, ganz in der Tradition des Osmanischen Reiches, konfessionell und nicht ethnisch definiert.

Heute leben auf dem Balkan 6,8 Millionen autochthone Muslime, die überwiegende Mehrheit von ihnen sind Sunniten. Ihre Vorfahren waren also nicht aus Anatolien eingewandert. Sie waren keine Türken, auch wenn sie so genannt wurden, sondern Christen, die im Laufe der langen Herrschaft der Osmanen zum Islam übertraten. Die Zahl der Muslime auf dem Balkan, die slawischer Herkunft sind, wird auf 2,5 Millionen geschätzt. Zu ihnen zählen die Bosnjaken, die Goraner, die Torbeschen, die Pomaken und die Muslime im nationalen Sinn. Seit dem jüngsten Zensus von 2013 bilden die Bosnjaken in Bosnien-Herzegowina die absolute Bevölkerungsmehrheit, wenn auch nur ganz knapp. Im Sandžak Novi Pazar, der nach den Balkankriegen von 1912/13 zwischen Serbien und Montenegro aufgeteilt wurde, ist ihr Anteil noch höher. Rund 4,3 Millionen Muslime auf dem Balkan sind ethnische Albaner, deren Vorfahren vor Jahrhunderten ebenfalls vom Christentum zum Islam konvertiert waren. Sie leben vor allem in Albanien und im Kosovo, aber auch in Mazedonien, Montenegro und Südserbien. Hinzu kommen, neben muslimischen Roma (es sollen einige Hunderttausend sein), rund 900 000 ethnische Türken, die vor allem im Osten Bulgariens, in Westthrazien, aber auch in Mazedonien sowie in einigen andern Regionen leben. In jenen Gebieten, die für das Osmanische Reich wegen der Nähe zur Hauptstadt Istanbul strategisch von besonderer Bedeutung waren, wurden schon zu Beginn der Expansion nach Europa in der zweiten Hälfte des 14. und im 15. Jahrhundert Muslime aus Anatolien angesiedelt. Dass heute so viele Muslime slawischer Herkunft in Südosteuropa leben, ist einer breiten Öffentlichkeit im Westen des Kontinents wohl erst durch den Bosnienkrieg der neunziger Jahre bewusst geworden, als die Muslime (Bosnjaken) Opfer ethnisch motivierter Vertreibungen wurden. Gerade der Balkan zeigt: Auch der Islam gehört zu Europa, nicht nur das Christentum.

Die Islamisierung war ein Prozess, der sich über Jahrhunderte hinzog und regional unterschiedlich verlief. Besonders betroffen waren Bosnien und die Herzegowina, die albanischen Siedlungsgebiete sowie Teile Mazedoniens und Bulgariens. In Bosnien, der Herzegowina und in Albanien mit den angrenzenden Gebieten war die Islamisierung auch deshalb umfassender als anderswo, weil in diesen Regionen, an der Nahtstelle zwischen westlich-katholischer und östlich-orthodoxer Konfession, die kirchlichen Strukturen schwächer ausgeprägt waren. Entsprechend geringer war auch der Widerstand des Klerus. Über die Gründe, die Christen auf dem Balkan in der Zeit der osmanischen Herrschaft zum Religionswechsel bewogen haben, wird noch immer kontrovers diskutiert. Das hängt nicht nur mit der schwierigen Quellenlage zusammen, sondern auch mit nationalen Empfindlichkeiten. Die meisten Historiker, insbesondere außerhalb der betroffenen Länder, vertreten die Auffassung, die Übertritte seien im Allgemeinen freiwillig erfolgt, meist aus wirtschaftlichen und sozialen Gründen oder auch, um der Willkür lokaler osmanischer Beamter und muslimischer Grundbesitzer zu entrinnen. Die Muslime waren gegenüber den christlichen Untertanen des Sultans privilegiert. Nur sie konnten im Staatsdienst oder in der Armee des großen und mächtigen Osmanischen Reiches Karriere machen. Vor allem muslimische Bosnier und Albaner gelangten in Spitzenpositionen und waren wichtige Stützen der osmanischen Herrschaft auf dem Balkan. Ein Religionswechsel war für die alteingesessene christliche Bevölkerung angesichts der rechtlichen Benachteiligung und Diskriminierung sowie der Aussicht auf Aufstiegsmöglichkeiten und erhöhtes soziales Prestige durchaus attraktiv.

Die meisten Historiker unterscheiden zwei Phasen der Islamisierung. In der Frühzeit der Herrschaft der Osmanen, im 15. und 16. Jahrhundert, konvertierte ein Teil der alten Elite. Sie wollte dadurch ihre privilegierte Stellung bewahren. Auch zahlreiche Handwerker in den Städten traten zum Islam über, weil sie hofften, soziale und rechtliche Vorteile zu erlangen. Später, vor allem ab dem 17. Jahrhundert, nahm die religiöse Intoleranz zu, und damit auch der Druck auf die Christen, die Religion zu wechseln. Es ist denn auch kein Zufall, dass gerade in jener Zeit die von Istanbul ausgehende Kadizadeli-Bewegung an Einfluss gewann. Ihre Mitglieder forderten die Rückkehr zu den ursprünglichen Lehren des Propheten und zu den Wurzeln des Islams. Ein weiterer Grund für die Übertritte liegt in der erhöhten Abgabenlast. Im 17. Jahrhundert war die Hohe Pforte in zahlreiche kostspielige Kriege verwickelt, unter anderem mit dem Habsburgerreich. Sie erhöhte deshalb die Kopfsteuer für die christliche Bevölkerung. Die Abgabenlast wurde unerträglich, und viele Bauern sahen im Übertritt zum Islam den einzigen Ausweg. Trotz des wachsenden Drucks auf die Christen blieben auch jetzt eigentliche Zwangsbekehrungen die Ausnahme. Die Osmanen hatten allein schon deshalb kein Interesse an einer Islamisierung im großen Stil, weil sie die von den Christen bezahlten Steuern dringend benötigten. Religiöse Überzeugungen spielten beim Religionswechsel kaum eine Rolle.

Auch wenn der Islam zunächst vor allem aus pragmatischen Gründen angenommen worden war, wurde er doch zu einem wichtigen Teil des Selbstverständnisses der slawischen Muslime. Er prägte ihr Alltagsleben und ihre Kultur. Der vor allem in der bulgarischen Historiografie verbreiteten These, wonach der Islam nur die Oberfläche berührt habe und viele Konvertiten heimlich Christen geblieben seien, widerspricht allein schon die Tatsache, dass die Muslime slawischer Herkunft auch dann nicht zum christlichen Glauben zurückkehrten, als die Osmanen im 19. und 20. Jahrhundert immer weiter aus dem Balkan hinausgedrängt wurden und christliche Nationalstaaten auf ethnischer Grundlage entstanden. Als die alte Ordnung zusammenbrach, floh ein Teil von ihnen in jene Regionen des Balkans, die noch immer von den Osmanen beherrscht wurden, oder aber nach Anatolien in das osmanische Kernland. Viele wollten nicht in einem christlichen Staat leben. Auch jene, die ihre Heimat nicht verließen, blieben dem Sultan bis zum bitteren Ende treu ergeben. Der Islam war den slawischen Muslimen, deren Vorfahren einst Christen gewesen waren, ganz offensichtlich wichtiger als sprachliche oder ethnische Bindungen.

Für die Torbeschen, die Goraner und die Pomaken stellte sich erst mit dem Ende der Herrschaft der Osmanen die Frage nach der eigenen nationalen Identität. Als Muslime hatten sie sich über Jahrhunderte mit dem östlichen Imperium identifiziert. Ethnische und nationale Zuordnungen waren ihnen fremd. Doch gerade das verlangten die politischen Eliten in den neuen ethnisch definierten Nationalstaaten, die nach dem Kollaps des Osmanischen Reiches entstanden waren. Die einst privilegierten slawischen Muslime galten nun als lästiges Überbleibsel aus der Zeit der verhassten »türkischen« Fremdherrschaft, als »Verräter« und Renegaten, als Hindernis auf dem Weg zur Europäisierung. Sie hatten sich zu assimilieren, oder man musste sie loswerden, auf welche Weise auch immer. Dabei nahm man kaum zur Kenntnis, dass viele »Türken«, wie in osmanischer Zeit die Muslime des Balkans ungeachtet ihrer Herkunft und Sprache genannt wurden, keine ethnischen Türken waren, sondern – ebenso wie die neuen Eliten – Slawen oder Albaner. Doch nicht nur Muslime, sondern auch Angehörige ethnischer Minderheiten, die nach Grenzziehungen das Pech hatten, im »falschen« Staat zu leben, wurden verfolgt, entrechtet, massakriert oder vertrieben. Das Ziel der dem ethnischen Homogenisierungswahn verfallenen politischen Eliten bestand darin, Nation und Staat zur Deckung zu bringen. Doch wie immer man die Grenzen auf dem Balkan auch zog, die ethnischen Trennlinien stimmten nirgends mit den staatlichen überein. In jedem Staat, der geschaffen wurde, lebten neue Minderheiten.

Nach dem Zweiten Weltkrieg, als die Torbeschen, die Goraner und die bulgarischen Pomaken unter kommunistische Herrschaft gerieten, änderte sich für sie wenig. Wieder wurden sie in ethnische und nationale Korsette gepresst. Die slawischen Muslime sollten sich nun als Mazedonier, als Serben oder als Bulgaren deklarieren. Besonders schlimm war das Vorgehen in Bulgarien, wo die kommunistische Staatsmacht die Pomaken – und später sogar die ethnischen Türken – dazu zwang, im Namen des sozialistischen Fortschritts und der wirtschaftlichen und sozialen Modernisierung ihre traditionellen türkisch-arabischen Namen abzulegen und bulgarisch-slawische anzunehmen. Ihr Ziel war die Schaffung einer einheitlichen bulgarischen Nation. Nach dem Zerfall des jugoslawischen Vielvölkerstaates und dem Ende der kommunistischen Herrschaft in Bulgarien stellte sich für die Muslime slawischer Herkunft erneut die Frage nach ihrer Identität, nach den eigenen Wurzeln, nach der Rolle des Islams in ihrem Leben und nach ihrem Platz im neuen Staat.

Die slawischen Muslime bilden nirgends eine homogene Bevölkerungsgruppe, sieht man von den Bosnjaken ab. Die Torbeschen, die Goraner und die Pomaken haben keine einheitliche Vorstellung darüber, wer sie sind und woher sie kommen. Sie haben multiple und wechselnde Identitäten, deren Ränder unscharf sind. Auch können sich die Eigendefinitionen von Ort zu Ort ändern, je nach Dorf auch von Person zu Person. Es gibt sogar Familien, deren Mitglieder unterschiedliche nationale Optionen wählen. In den Torbeschen-Dörfern in Mazedonien verstehen sich die einen als Albaner, andere als Türken, wieder andere als Mazedonier, als Muslime im ethnischen Sinn, also mit einem großen »M«, oder auch als Bosnjaken – und dies, obschon sie meist weder Albanisch noch Türkisch, noch Bosnisch sprechen, sondern Mazedonisch. In den Pomaken-Dörfern in Griechenland definieren sich die einen als Türken oder Pomaken, andere als Muslime, wobei die türkische Option deutlich überwiegt. Hier sprechen allerdings fast alle Pomaken fließend Türkisch.

In Bulgarien bezeichnen sich die einen – es ist die Mehrheit – als Bulgaren, andere als Pomaken, wieder andere als Türken. Bemerkenswert ist, dass sich nach der politischen Wende vom November 1989 slawische Muslime sogar taufen ließen – als äußeres Zeichen der Assimilierung. So hatte es jedenfalls den Anschein. Ausschlaggebend waren für die meisten von ihnen nicht religiöse, sondern wirtschaftliche und soziale Gründe. Sie wechselten die Religion aus ähnlichen Gründen wie ihre Vorfahren, die Jahrhunderte zuvor in die umgekehrte Richtung konvertiert waren. Eine wichtige Rolle beim Übertritt bulgarischer Pomaken zum Christentum spielt der orthodoxe Priester Bojan Saraev. Er war Muslim, bevor er den christlich-orthodoxen Glauben annahm. Seine Gegner nennen ihn den beschnittenen Popen. Ich habe ihn in seiner Kirche in der Stadt Kărdžali im Osten der Rhodopen besucht und mit ihm gesprochen. Nach der Wende durften die bulgarischen Pomaken, ebenso wie die ethnischen Türken, ihre vom kommunistischen Regime aufgezwungenen bulgarischen Namen wieder durch türkisch-arabische ersetzen. Das stürzte viele in eine neue Identitätskrise. Wie sollten sie sich verhalten, und was waren die Folgen ihrer Entscheidung? Am Beispiel eines Pomaken und einer Pomakin aus den westlichen Rhodopen soll gezeigt werden, was die verordnete Namensänderung und der damit verbundene Verlust der Identität für den Einzelnen bedeuteten und was die Gründe waren, die den Mann dazu bewogen, zum alten Namen zurückzukehren, und die Frau dazu, an ihrem in den sechziger Jahren von der kommunistischen Staatsmacht aufgezwungenen bulgarisch-slawischen Namen festzuhalten, obschon auch sie sich als gläubige Muslimin bezeichnet.

Das Leben der slawischen Muslime des südlichen Balkans spielt sich im Spannungsfeld zwischen kultureller Selbstbehauptung, äußeren Zwängen zu eindeutigen nationalen und ethnischen Definitionen sowie freiwilliger Anpassung und Assimilation ab. Noch immer sind sie auf der Suche nach ihrem Platz in der Gesellschaft. Sie gehören dazu und bleiben trotzdem Fremde. Sie werden vereinnahmt, sind aber nicht wirklich akzeptiert. Sie werden als Bürger zweiter Klasse behandelt. Sie stehen immer dazwischen. Ihrer Herkunft nach sind sie Slawen, und sie sprechen eine slawische Sprache. Doch sie sind keine Christen wie die Angehörigen der Titularnation, sondern Muslime. Für die Torbeschen, die Goraner und die Pomaken ist der Islam neben der lokalen Verwurzelung auch heute noch das wichtigste Merkmal der kollektiven und individuellen Identität, und zwar unabhängig von religiösen Überzeugungen. Viele von ihnen verstehen den Islam, so wie zahlreiche Christen die christliche Religion, im Sinne einer kulturellen Tradition. Die wirtschaftliche Entwicklung und die gesellschaftliche Modernisierung, die im Laufe des 20. Jahrhunderts auch die Siedlungsgebiete der slawischen Muslime an den Rändern der Nationalstaaten erfassten, konnten daran ebenso wenig ändern wie die Säkularisierung und die atheistische Propaganda in der kommunistischen Zeit.

Die ständig wechselnden nationalen Eigendefinitionen wirken für den Außenstehenden auf den ersten Blick verwirrend und chaotisch. Doch bei genauerem Hinsehen sind sie rational und pragmatisch begründet. Die Torbeschen etwa haben gelernt, den zur Verfügung stehenden Spielraum im Spannungsfeld der traditionell konfessionellen und der von außen herangetragenen ethnisch-nationalen Identitäten geschickt zu ihrem Vorteil zu nutzen. Sie werden nicht nur von anderen vereinnahmt, sie vereinnahmen auch selber die angebotenen Identitätsoptionen. Im Vordergrund stehen dabei meist gesellschaftliche und wirtschaftliche Erwägungen. Von der Wahl der ethnischen und nationalen Identität konnte früher in Zeiten von Kriegen und politischen Umwälzungen sogar das Überleben abhängen. Heute ist sie vor allem eine Frage des sozialen Kontextes, der persönlichen Interessen und der lokalen politischen Machtverhältnisse. Man schlüpft in jene Identität, von der man sich zu einem bestimmten Zeitpunkt am meisten Vorteile erhofft. Unter veränderten Bedingungen kann man sie auch schnell wieder abstreifen und eine andere annehmen. Diese Haltung ist auch als Akt des Widerstands gegen all jene zu verstehen, die Macht über sie ausüben und allein bestimmen wollen, wie sich die Torbeschen zu definieren haben. Es ist die Antwort der bedrängten slawischen Muslime auf die aufgezwungenen starren nationalen Zuordnungen. Im Zentrum dieses Buches stehen also umstrittene Identitäten, persönliche und kollektive Identitätskonstruktionen und deren Motive. Es geht aber auch um Konflikte, die durch den äußeren Zwang zu eindeutigen nationalen Definitionen entstehen, um die Frage, nach welchen Kriterien und mit welchen Absichten sich slawische Muslime der einen oder der andern Nation anschließen. An Beispielen soll gezeigt werden, welche Strategien der Einzelne oder ganze Dorfgemeinschaften entwickeln, um sich im System konkurrierender Identitäten zurechtzufinden. Diese Strategien sind unterschiedlich, abhängig vom Land, vom Ort, vom Zeitpunkt und auch von der Identitätspolitik der Regierung.

Was die Torbeschen und die Pomaken darüber hinaus in besonderer Weise auszeichnet, könnte als ethnische Vielfalt in einer einzigen Person umschrieben werden. Ein in Mazedonien lebender slawischer Muslim beispielsweise kann sich zur gleichen Zeit als Mazedonier im ethnischen und nationalen Sinn, als Albaner, als Bosnjake oder als Torbesche bezeichnen, abhängig davon, was ihm zu einem bestimmten Zeitpunkt vorteilhaft erscheint. Das bedeutet aber auch, dass die aus Volkszählungen mit ihren starren ethnisch-nationalen Kategorien gewonnenen Zahlen und Daten oft eine Eindeutigkeit vorgaukeln, die der komplexen Lebenswelt der slawischen Muslime nicht entspricht. Schon beim nächsten Zensus kann, wie etwa das Beispiel der Torbeschen zeigt, alles wieder ganz anders sein. Im Gegensatz zur konfessionellen Identität, die meist eindeutig und unverrückbar ist, sind die nationalen Zuordnungen nicht ein für alle Mal vorgegeben, wie Ideologen und Nationalisten im Laufe der Geschichte immer wieder weismachen wollten. Die kleinen und weitgehend unbeachteten muslimischen Bevölkerungsgruppen an der Peripherie der Balkanstaaten sind in ihrer bemerkenswerten Flexibilität moderner und europäischer als all jene, die sie im Namen des Fortschritts und der Hinwendung zum westlichen Europa in nationale und ethnische Korsette pressen wollen.

Dieser pragmatische, von Interessen geleitete, ja nach außen hin manchmal geradezu spielerische Umgang mit wechselnden Identitäten wirft die grundsätzliche Frage auf, wie ernst die Eigendefinitionen zu nehmen sind. Womöglich treiben Dorfbewohner auch mit den Erwartungen des ausländischen Besuchers ein Spiel. Schließlich hat er, so mag der eine oder andere denken, die weite Reise auf sich genommen, um Torbeschen zu treffen. Also sollen ihm auch solche präsentiert werden – oder eben nicht. Kann man also die Aussagen der Gesprächspartner für bare Münze nehmen? Hätte ein Mazedonier oder ein Albaner die gleichen Fragen gestellt, wäre die Antwort dann anders ausgefallen? Würde sich derselbe Dorfbewohner, der gegenüber dem Ausländer sagt, er sei ein Torbesche, in einer andern Situation als Albaner oder als Mazedonier definieren? Der Mazedonier aus Skopje, der mich in das in der Nähe der Hauptstadt gelegene Dorf Dolno Količani begleitete, hielt sich jedenfalls im Hintergrund. Er meinte, es sei besser so, denn sonst würden die befragten Passanten vielleicht eine andere Antwort geben, als wenn ich allein mit ihnen spreche. Und was wäre, wenn ich mich bei denselben Personen einige Monate oder gar Jahre später noch einmal nach ihrer nationalen Identität erkundigen würde? Wären die Antworten dieselben? Oder würden sie sich ganz anders definieren? All diese Fragen, so wichtig sie auch sind, müssen unbeantwortet bleiben. Da die nationalen Eigendefinitionen in den Dörfern der slawischen Muslime variabel sind und sich immer wieder ändern, kann auch das Ergebnis der Befragungen nur provisorisch und vorläufig sein. Es gilt für den Moment und ist nicht in Stein gemeißelt. Von einigen wenigen Ausnahmen abgesehen, gaben alle, ob in den Dörfern der Torbeschen oder der Pomaken, bereitwillig Auskunft, obschon sie eigentlich gute Gründe gehabt hätten, misstrauisch und abweisend zu reagieren. Im Laufe der letzten hundert Jahre waren oft Fremde zu ihnen gekommen, Abgesandte von Regierungen oder Vertreter von Parteien, die ihnen eine nationale Identität aufzwingen wollten. Es ist denn auch verständlich, wenn die slawischen Muslime in Ruhe gelassen werden wollen und genug davon haben, ständig unter Rechtfertigungszwang gesetzt zu werden und Erklärungen abgeben zu müssen, wer sie sind und wer sie nicht sind.

Das vorliegende Buch ist keine Abhandlung über Nation, Ethnie, Volk und Identität. In der Zeit der Bildung von Nationalstaaten, also im Wesentlichen von der Neuordnung Südosteuropas auf dem Berliner Kongress 1878 bis zu den Pariser Vorortverträgen nach dem Ersten Weltkrieg, verstanden sich die Nationen auf dem Balkan meist als ethnische Gemeinschaften mit gleicher Sprache, Kultur, Religion und einer gemeinsamen Herkunft. Noch heute werden in Südosteuropa Nationen meist ethnisch und nicht territorial definiert, das heißt weniger im politischen Sinn über die Staatsbürgerschaft als vielmehr über die Volkszugehörigkeit. Ich verwende deshalb die vieldeutigen und wandelbaren Begriffe »Nation« und »Ethnie« sowie die beiden dazugehörigen Adjektive »national« und »ethnisch« als Synonyme. Ein Spezialfall ist das von Tito geschaffene Jugoslawien. Zwar wird in der serbokroatischen Sprache für die beiden Begriffe »Nation« und »Volk« das gleiche Wort verwendet (narod), doch beruhte die jugoslawische Föderation auf einem komplexen ethnisch-nationalen Ordnungsprinzip. Staatstragend waren die sechs slawischen Nationen oder Völker (narodi): die Slowenen, die Kroaten, die Serben, die Montenegriner, die Muslime sowie die Mazedonier. Jede von ihnen erhielt eine eigene Republik. Nur Bosnien-Herzegowina wurde als Staat der Muslime, der bosnischen Serben und der bosnischen Kroaten definiert. Hinzu kamen, den Nationen untergeordnet, nichtslawische Nationalitäten oder Völkerschaften (narodnosti). Zu ihnen zählten jene ethnischen Minderheiten, die außerhalb der Grenzen Jugoslawiens ein Mutterland hatten. Beispiele dafür sind die Ungarn sowie die Albaner Kosovos, denen der Status einer Republik und damit auch einer eigenen Nation verwehrt wurde. Die dritte Kategorie umfasste die kleinen ethnischen Gruppen, die sich auf keinen Staat außerhalb Jugoslawiens stützen konnten. Dazu gehörten die Aromunen in Mazedonien.

Während die ersten vier Kapitel dieses Buches den Muslimen slawischer Herkunft gewidmet sind, handeln die folgenden drei von balkanromanischen und damit nicht-slawischen Bevölkerungsgruppen. Es geht um die Aromunen in Mazedonien, die offiziell Vlachen genannt werden, die Istrorumänen in einigen Dörfern im kroatischen Teil der Halbinsel Istrien, die sich aber selber anders nennen, sowie um die Uskoken des Žumberak, einer hügeligen Region an der kroatisch-slowenischen Grenze unweit von Zagreb. Die weit verstreut über den ganzen Balkan lebenden Vlachen beziehungsweise Aromunen erhielten im Laufe der Geschichte viele Fremdbezeichnungen, sie gaben sich aber auch selber unterschiedliche Namen. Die beiden Begriffe »Vlache« und »Aromune« sind schwammig, schillernd und vieldeutig. Zum einen sind damit die Nachfahren von Balkanromanen gemeint, die bei der slawischen Landnahme im 6. und 7. Jahrhundert nicht slawisiert worden waren. Vlachischer Herkunft sind aber auch die Serben in der kroatischen Krajina, also in jenem Gebiet, in dem am Vorabend des Zerfalls Jugoslawiens der Widerstand gegen die kroatischen Unabhängigkeitsbestrebungen besonders heftig war. In der Frühzeit der Herrschaft der Osmanen waren vor allem im westlichen Balkan auch slawisierte Romanen oder Südslawen als Vlachen bezeichnet worden. Sie sprachen keine balkanromanische, sondern eine slawische Sprache. Der Begriff wurde zudem auf Personen nicht-vlachischer Herkunft ausgeweitet, die so wie die Vlachen lebten, etwa als Wanderhirten oder als Wächter von Gebirgsübergängen und Begleiter von Transporten. Die Vlachen bildeten eine eigene Steuerkategorie. Sie waren im Vergleich zu den christlichen Bauern privilegiert. Auch gewährten ihnen die Osmanen eine gewisse Selbstverwaltung. Es war deshalb auch für Nicht-Vlachen attraktiv, sich als Vlachen auszugeben. Der Begriff umfasst also weit mehr als nur eine ethnische Gruppe. Im Falle der romanischsprachigen Völker des südlichen Balkans verwende ich die beiden unscharfen Bezeichnungen »Vlachen« und »Aromunen« als Synonyme, ebenso die Adjektive »vlachisch« und »aromunisch«. So wie die kleinen muslimischen Völker slawischer Herkunft passen auch die Balkanromanen oft nicht in die vertrauten Muster und die gängigen Kategorien, mit denen Minderheiten und Bevölkerungsgruppen definiert und voneinander abgegrenzt werden. Gerade der Umstand, dass sie sich den üblichen Einordnungen entziehen, macht die Beschäftigung mit ihnen so spannend und faszinierend.

Noch etwas verbindet die römisch-katholischen Istrorumänen und die griechisch-katholischen Uskoken in Kroatien mit den muslimischen Torbeschen in Mazedonien und den muslimischen Pomaken in Bulgarien oder Griechenland: Sowohl die Balkanmuslime slawischer Herkunft als auch die Balkanromanen sind eine Hinterlassenschaft des Osmanischen Reiches, dessen Vordringen nach Europa große Flüchtlingsströme und Bevölkerungsverschiebungen auslöste. Was auf den ersten Blick als disparat und unzusammenhängend erscheint, hat einen gemeinsamen Ausgangspunkt. Während ein Teil der Christen des Balkans die Religion der Eroberer annahm und zum Islam übertrat, was zur Entstehung neuer Bevölkerungsgruppen führte, flohen andere vor den osmanischen Truppen in christliche Länder. Die Habsburger siedelten die christlich-orthodoxen Vlachen in der sogenannten Militärgrenze an. Sie wurden Wehrbauern mit freiem Grundbesitz. Als Gegenleistung mussten sie das Territorium der katholischen Habsburgermonarchie gegen die Osmanen verteidigen.

Die traditionellen Siedlungsgebiete der kleinen muslimischen Völker slawischer Herkunft sowie der Balkanromanen, und das ist eine weitere Gemeinsamkeit, liegen in abgelegenen, wirtschaftlich wenig entwickelten und meist vom Staat vernachlässigten Randgebieten. Somit waren die Voraussetzungen gegeben, um lokale Identitäten, die in keine nationalen Raster passten, bis in die heutige Zeit zu bewahren. Die Abgeschiedenheit und die Rückständigkeit hatten aber auch zur Folge, dass vor allem die Jungen in die Städte oder ins westliche Ausland abwanderten. Der wirtschaftliche und soziale Wandel sowie die damit verbundene Auflösung der traditionellen Lebensformen haben diesen Prozess beschleunigt. Das gilt allerdings nicht nur für die kleinen muslimischen und balkanromanischen Gemeinschaften. Auch Bulgaren, Serben, Kroaten oder Mazedonier haben vor allem in den letzten Jahrzehnten in großer Zahl ihre Dörfer verlassen. In diesen Ländern sind ganze Landstriche kaum mehr bewohnt oder sogar menschenleer. Wenn heute im Vergleich dazu viele Dörfer der slawischen Muslime trotz der auch hier weitverbreiteten Arbeitsmigration vor allem zu gewissen Zeiten überaus belebt wirken, so hängt das mit dem ausgeprägten Gemeinschafts- und Zusammengehörigkeitsgefühl ihrer Bewohner zusammen. Dieses wird noch verstärkt durch den ständigen äußeren Druck, sich national zu definieren. Das Bewusstsein, einem ganz besonderen Volk anzugehören, ist tief verwurzelt. So fühlen sich meist auch jene mit ihrem Herkunftsort eng verbunden, die schon lange anderswo leben. Viele verbringen ihre Ferien oder wichtige Feiertage in ihren Heimatdörfern.

Dieses Buch handelt in erster Linie von slawischen Muslimen, die in ihren Dörfern geblieben sind, nicht aber von Migranten, von denen sich viele an ihre neue Umgebung angepasst und mehr oder weniger stark assimiliert haben. Allerdings gibt es auch unter ihnen solche, die in der Fremde ihre eigenen Wurzeln entdeckten und sich ihrer besonderen Identität erst in einer andern Umgebung wieder bewusst wurden. Der Schwerpunkt liegt also in den traditionellen Siedlungsgebieten. Das hat zur Folge, dass in einigen Kapiteln des Buches eine untergehende und entschwindende Welt geschildert wird. Das gilt insbesondere für die Dörfer der Aromunen, der Istrorumänen und der Uskoken. Doch je trister sich die Gegenwart präsentiert, desto glanzvoller, grandioser und bedeutsamer erscheint die Vergangenheit. Sie wird oft glorifiziert, überhöht und nostalgisch verklärt. Vor allem einige aromunische Aktivisten liefern gute Beispiele dafür.

Der Blick in diese entlegenen Winkel des Balkans und in die Lebenswelt der Angehörigen der kleinen Minderheiten am Rande der Nationalstaaten eröffnet aber auch immer wieder überraschende Einblicke in das Funktionieren des politischen Systems der betreffenden Länder. Die große Politik erscheint aus dieser ungewohnten Perspektive in einem andern Licht. So wird zum Beispiel verständlich, warum ein Teil der Torbeschen mit Nachdruck die Aufwertung ihres Volkes zu einer eigenen Minderheit in der Präambel der Verfassung fordert. Das Kapitel über die griechischen Pomaken gibt unter anderem auch eine Antwort auf die Frage, welche Verbindung zwischen den slawischen Muslimen in Westthrazien und dem in Istanbul residierenden Ökumenischen Patriarchen besteht, dem Ehrenoberhaupt aller orthodoxen Christen. Es wird sich auch zeigen, dass die Obstruktionspolitik Athens gegenüber Skopje nicht nur damit zusammenhängt, dass Athen das Erbe der Antike und Alexander des Großen für sich allein beansprucht, sondern in weit größerem Maße mit der jüngeren Geschichte des Landes, etwa dem Bürgerkrieg von 1946 bis 1949.

Das Gerüst des Buches bilden Begegnungen mit Bewohnern von Dörfern, die ich zwischen 2003 und 2015 besucht habe. Dabei habe ich Menschen auf der Straße, in Cafés oder in Geschäften angesprochen und gefragt, wie sie sich selber national definieren. Die slawischen Muslime, die Aromunen, die Uskoken und die Istrorumänen sollen nicht nur beschrieben werden, sie sollen auch selber zu Wort kommen und eine eigene Stimme erhalten. Einen Teil der Gesprächspartner, in erster Linie Lehrer, muslimische Geistliche, Professoren und Politiker, habe ich jedoch gezielt ausgewählt. Entstanden sind auf diese Weise Momentaufnahmen, die vielleicht anders ausgefallen wären, hätte ich andere Passanten und andere Personen des öffentlichen Lebens befragt.

So wichtig Fragen der nationalen Identität auch sind, in vielen Gesprächen wurde schnell deutlich, dass den Angehörigen der kleinen Minderheiten und ethnischen Gemeinschaften die miserable wirtschaftliche und soziale Lage, die Arbeitslosigkeit, die Isolation, die Diskriminierung, die Stigmatisierung in der Gesellschaft, die Vernachlässigung durch den Staat und die Abwanderung mehr Sorgen bereiten als Kontroversen um nationale Zugehörigkeit und das ständige Gezerre um nationale Eigenbezeichnungen und Fremdzuschreibungen, die in vielen Fällen weit auseinanderklaffen. Die Torbeschen, die Goraner und die Pomaken fühlen sich ungerecht behandelt und nicht ernstgenommen. Ihre Lage wird sich erst dann grundlegend ändern, wenn die Politiker endlich aufhören, sie entsprechend ihren eigenen politischen Vorstellungen und Interessen in enge nationale Raster zu pressen, und bereit sind, die slawischen Muslime trotz der schillernden Identitäten und widersprüchlichen Eigenbezeichnungen als vollwertige und gleichberechtigte Mitglieder der Gesellschaft zu akzeptieren.

»Wir schliefen als Muslime ein, und wir erwachten als Bosnjaken«

Die slawischen Muslime in Bosnien-Herzegowina

Der 27. September 1993 war im Vergleich zu vielen andern ein ruhiger Tag in Sarajevo. Die in der bosnischen Hauptstadt stationierten Uno-Schutztruppen meldeten an diesem Montag, in der Nacht sei vereinzelt geschossen worden, auch Heckenschützen seien aktiv gewesen. Am Morgen sei es dann aber ruhiger geworden. Die Uno beschrieb die Lage als stabil, sie registrierte einzelne serbische Angriffe. Ein französischer Soldat sei verwundet worden. Ein Schuss habe sich versehentlich gelöst, als er in sein Fahrzeug gestiegen sei. In der Nähe des Hotels »Holiday Inn« seien bei zwei verschiedenen Vorfällen zwei Uno-Polizisten in Zivil sowie ein Offizier der bosnischen Regierungsarmee und dessen Stellvertreter von Heckenschützen beschossen worden. Sie alle seien aber unverletzt geblieben. Das Gesundheitsministerium meldete an diesem Montag, in der Woche zuvor seien in Sarajevo elf Personen getötet und 59 verwundet worden. Seit dem Ausbruch des Krieges in der bosnischen Hauptstadt im April 1992 waren nach offiziellen Angaben 9338 Personen getötet worden, unter ihnen 1505 Kinder. Im gleichen Zeitraum wurden 54 792 Personen verwundet. Bis zum Ende des Krieges im

Herbst 1995 stieg die Zahl der Toten allein in Sarajevo auf fast zwölftausend.

Nichts deutete darauf hin, dass der 27. September 1993 ein Tag sein würde, der in die bosnische Geschichte eingehen sollte. Im »Holiday Inn«, einem quadratischen, zwölfgeschossigen, hässlichen Klotz mit gelber und braunvioletter Fassade, der für die Olympischen Winterspiele 1984 gebaut worden war, kamen die politische und intellektuelle Elite der bosnischen Muslime, hohe religiöse Würdenträger sowie die militärische Führung zur »Bosnjakischen Versammlung« (Bošnjački Sabor) zusammen, mitten im Krieg und unter dem Schutz der Uno-Truppen. Anwesend waren 352 Personen. Allein schon der Gebrauch des Adjektivs »bosnjakisch« statt »muslimisch« ließ aufhorchen. Das war zu jener Zeit ungewöhnlich. Die Delegierten hatten darüber zu befinden, ob der im Sommer 1993 vorgelegte Friedensplan angenommen oder abgelehnt werden sollte. Er war von David Owen, dem Vertreter der Europäischen Gemeinschaft (der heutigen Europäischen Union), und dem von der Uno eingesetzten Sondergesandten Thorvald Stoltenberg ausgearbeitet worden. Der sogenannte Owen-Stoltenberg-Plan sah eine Dreiteilung des Landes auf ethnischer Grundlage vor. Im Rahmen einer bosnischen Konföderation mit dem Namen »Union der Republiken Bosnien-Herzegowina« sollten drei lose miteinander verbundene Teilstaaten gebildet werden, ein muslimischer, ein serbischer und ein kroatischer. Mit seinen territorialen Zugeständnissen kam der Plan vor allem den bosnischen Serben entgegen. Sie kontrollierten zu jener Zeit mehr als zwei Drittel des Territoriums. Für die von allen Seiten bedrängten Muslime hingegen, die größte Bevölkerungsgruppe, war nur ein Rumpfgebilde mit umstrittenen Grenzen vorgesehen, das territorial nicht zusammenhing und kaum lebensfähig gewesen wäre. Die »Bosnjakische Versammlung« war allein schon deshalb bemerkenswert, weil erstmals seit dem Ausbruch des Krieges öffentlich über eine territoriale Aufteilung und die Grenzen eines muslimischen Staates diskutiert wurde. Es war aber zugleich auch das letzte Mal.

Als die »Bosnjakische Versammlung« eröffnet wurde, befanden sich die bosnischen Regierungstruppen in einer äußerst prekären Lage. Das Land war in einzelne Herrschaftsteile zerfallen. Für die bosnischen Serben, die zweitgrößte Bevölkerungsgruppe, existierte Bosnien schon lange nicht mehr. Sie hatten bereits am 9. Januar 1992 die »Serbische Republik Bosnien-Herzegowina« ausgerufen, die sich bald nach dem Ausbruch des Krieges und der völkerrechtlichen Anerkennung von Bosnien-Herzegowina durch den Westen in »Serbische Republik« umbenannte. Auch die Kroaten, die kleinste der drei staatstragenden Nationen Bosnien-Herzegowinas, hatten bereits ihr eigenes Herrschaftsgebilde geschaffen, die »Kroatische Gemeinschaft Herceg-Bosna« mit der Hauptstadt Mostar. Allerdings beherrschten sie nur den westlichen Teil der Stadt, der östliche wurde von den Muslimen gehalten. Ausgerechnet am Tag, an dem die muslimische Elite im »Holiday Inn« über die Zukunft ihres Landes diskutierte, rief der Muslim Fikret Abdić im mehrheitlich von Muslimen bewohnten äußersten Nordwesten des Landes, in der Stadt Velika Kladuša, die »Autonome Region Westbosnien« aus. Er brach mit der Regierung in Sarajevo und schloss einen Separatfrieden mit den bosnischen Serben. Nun kämpften auch noch Muslime gegen Muslime.

Aus allen Teilen der von den bosnischen Regierungstruppen beherrschten Gebiete des vom Krieg verwüsteten und zerstückelten Landes kamen die Delegierten zur »Bosnjakischen Versammlung«. Die meisten hatten in gebückter Haltung den engen, rund achthundert Meter langen, anderthalb Meter hohen und einen Meter breiten Tunnel durchschritten, der unter der Start- und Landebahn des seit Juni 1992 von Uno-Schutztruppen kontrollierten Flughafens gegraben worden war. Er führte vom Stadtteil Dobrinja, der innerhalb des Belagerungsrings lag, in den von der bosnischen Armee gehaltenen Vorort Butmir. Der Mitte 1993 fertiggestellte Tunnel war die einzige Verbindung Sarajevos zur Außenwelt. Durch ihn verließen Zivilisten die Stadt, bosnische Truppen wurden durch den Tunnel verschoben, Versorgungsgüter, Treibstoff oder auch Schmuggelware wurden auf diesem Weg in die Stadt gebracht. Auf einem ganz andern Weg gelangten die Delegierten der von bosnisch-serbischen Truppen belagerten ostbosnischen Enklave Srebrenica ins »Holiday Inn«. Sie wurden mit zwei Helikoptern eingeflogen und am Flughafen mit gepanzerten Fahrzeugen abgeholt. Mitglieder der Delegation sagten Jahre später, sie hätten erstmals seit dem Beginn der Belagerung Srebrenica verlassen können. Das sei ungewöhnlich gewesen. Sie hätten deshalb vermutet, dass an diesem 27. September 1993 in Sarajevo etwas Außergewöhnliches geschehen würde.

Anwesend im »Holiday Inn« waren alle, die damals Rang und Namen hatten, unter ihnen Alija Izetbegović, der Präsident von Bosnien-Herzegowina, Ejup Ganić, sein Stellvertreter, Haris Silajdžić, der damalige Außenminister. Die drei führenden muslimischen Politiker saßen nebeneinander, Izetbegović in der Mitte. Gekommen waren auch Rasim Delić, der Oberkommandierende der bosnischen Regierungsarmee, der Reis-ul-ulema Mustafa Efendi Cerić, das Oberhaupt der bosnischen Muslime, sowie viele muslimische Intellektuelle und Mitglieder der Akademie der Wissenschaften und Künste. Zu ihnen gehörten Muhamed Filipović, zu jener Zeit Chef der Oppositionspartei Liberale Bosnjakische Organisation, Alija Isaković, Präsident des Kongresses der muslimischen Intellektuellen Bosnien-Herzegowinas, und Enes Duraković, Präsident der kulturellen Vereinigung »Preporod« (Wiedergeburt). Anwesend waren auch bosnische Serben und Kroaten, die sich für die Erhaltung des bosnischen Gesamtstaates einsetzten. Gäste waren die Botschafter der Türkei, der Vereinigten Staaten und des Iran. Das bosnische Fernsehen übertrug den ersten Teil der Veranstaltung live. Man sieht, wie die Delegierten im düsteren Saal eng nebeneinander sitzen, Stuhl an Stuhl, viele mit ernsten Gesichtern. Es sind vor allem Männer. An einer Wand hängt eine Karte des Owen-Stoltenberg-Plans, auf der die Territorien eingezeichnet sind, die für die Muslime, die bosnischen Kroaten und die bosnischen Serben vorgesehen waren.

Enes Duraković begrüßte die Anwesenden. Er rief dazu auf, der zivilen Opfer des Krieges und der gefallenen muslimischen Kämpfer zu gedenken, die er als Märtyrer (šehidi) bezeichnete. Alle erhoben sich von ihren Stühlen und verharrten in Schweigen. Gefallen waren auf der Seite der Regierungstruppen allerdings auch christlich-orthodoxe Serben und römisch-katholische Kroaten. Sie wurden mit keinem Wort erwähnt. Duraković wies auch darauf hin, dass die Entscheidungen der Delegierten, die ja nicht von der Bevölkerung gewählt worden waren, am folgenden Tag vom bosnischen Parlament bestätigt werden müssten, um Rechtskraft zu erlangen. Nach den Einführungsreferaten erklärte Duraković: »Jetzt sind wir allein unter uns, in einem schwierigen Moment, in dem wir vor einer außerordentlich heiklen Aufgabe stehen.« Der öffentliche Teil war damit vorbei. Journalisten und Gäste mussten den Saal verlassen. Zurück blieben die Delegierten.

In den darauffolgenden Diskussionen hinter verschlossenen Türen sprachen sich die meisten Redner gegen den Teilungsplan aus. Sie begründeten ihre ablehnende Haltung damit, dass im Falle einer Annahme die ethnischen Säuberungen legitimiert würden. Andere verlangten als Bedingung für die Zustimmung die Rückgabe von zuvor mehrheitlich von Muslimen bewohnten Gebieten, die nun von den Serben beherrscht wurden. Es gab allerdings auch Delegierte, die sich für die Schaffung eines muslimischen Rumpfstaates aussprachen. Nur so könne dem Blutvergießen ein Ende gesetzt werden, lautete ihre Begründung. Auch sei ein gemeinsamer Staat mit den bosnischen Serben und den bosnischen Kroaten nicht mehr möglich. Bei der Abstimmung sprachen sich 53 Anwesende für den Teilungsplan aus, 78 dagegen. Die Mehrheit, 218 Delegierte, wollte diesen nur annehmen, wenn die bosnischen Serben die mit militärischer Gewalt besetzten Territorien wieder zurückgeben. Das kam einer Ablehnung gleich, denn jeder im Saal wusste, dass die Serben dazu nicht bereit waren. Drei Delegierte enthielten sich der Stimme oder waren nicht anwesend. Kurz darauf beschloss das bosnische Parlament, dem nur noch wenige Serben und Kroaten angehörten, in Übereinstimmung mit dem Beschluss der »Bosnjakischen Versammlung«, den Friedensplan nur im Falle einer Rückgabe bestimmter Territorien anzunehmen, die als wichtig für das Überleben des muslimischen Teilstaats bezeichnet wurden. Der Teilungsplan war damit begraben, der Krieg ging weiter.

Doch es war ein anderer Beschluss der »Bosnjakischen Versammlung«, der in die Geschichte Bosniens eingehen sollte, auch wenn damals in den Medien wenig darüber berichtet wurde. Die Rede ist von der Änderung des nationalen Namens. Aus den Muslimen wurden am 27. September 1993 Bosnjaken. Alija Isaković, einer der führenden muslimischen Intellektuellen des Landes, hatte sein Einleitungsreferat mit den Worten begonnen: »Unser traditioneller Name ist Bosnjake, die Bezeichnung unserer Sprache ist Bosnisch. Unser Land nennt sich Bosnien-Herzegowina.« Die beiden ersten Aussagen, die heute eine Selbstverständlichkeit sind, waren für die damalige Zeit ungewöhnlich. Es gab offiziell keine Bosnjaken, nur Muslime, und es existierte auch keine bosnische Sprache. Seit 112 Jahren, sagte Isaković, seien die Muslime als islamisches Relikt im christlichen Europa politisch und wirtschaftlich marginalisiert worden. Man habe ihnen das Recht auf ihren eigenen nationalen Namen verweigert. Jetzt drohe den Muslimen die physische Vernichtung. Die Präsidenten Serbiens und Kroatiens, Slobodan Milošević und Franjo Tudjman, hätten die Absicht, Bosnien-Herzegowina unter sich aufzuteilen. Sie führten einen Kreuzzug gegen die bosnischen Muslime, doch »wir sind da, und niemand kann uns auslöschen«.

Ähnliche Töne schlug Muhamed Filipović in seinem Einführungsreferat an. Er gehörte seit vielen Jahren zu den einflussreichsten muslimischen Intellektuellen Bosniens. In einer schwierigen Zeit voller Ungewissheit seien die Muslime endlich zu ihrem wahren nationalen und historischen Namen Bosnjaken zurückgekehrt. »Damit wird die Identität unseres Volkes an den Namen des Landes und des Staates geknüpft, in dem wir leben. Die Bosnjaken sind die Träger, Hüter und Bewahrer der bosnischen Staatlichkeit durch viele Jahrhunderte hindurch.« In den letzten hundert Jahren seien die bosnischen Muslime herumgeirrt, sie hätten immer nur reagiert, und ihnen sei nie klar gewesen, wer sie seien. »Wir waren das Objekt fremder Interessen.« Immer sei gesagt worden, rief Filipović den Delegierten zu, die Muslime dürften keine Bosnjaken sein, da sie dann ganz Bosnien-Herzegowina für sich allein beanspruchten. Doch die Bosnjaken hätten ein Recht auf das Land, in dem sie lebten: »Unser Staat ist Bosnien, und es ist der gleiche Staat, den unsere Vorfahren vor 1200 Jahren geschaffen, verteidigt und uns übergeben haben, damit wir ihn bewahren und erneuern, sollte ihn jemand zerstören.«

Mit der einstimmig beschlossenen Änderung des nationalen Namens war der langwierige Prozess der Selbstfindung und der Nationsbildung der bosnischen Muslime, die wie die bosnischen Serben und die bosnischen Kroaten slawischer Herkunft sind, zu einem Abschluss gekommen. Begonnen hatte das »Herumirren« mit dem Abzug der osmanischen Verwaltung nach der Okkupation Bosniens durch Österreich-Ungarn im Jahre 1878. Die bosnischen Muslime, die Nachfahren orthodoxer und römisch-katholischer Christen, die vor allem im 16. und 17. Jahrhundert zum Islam übergetreten waren, hatten gegenüber den christlichen Untertanen des Sultans während Jahrhunderten eine privilegierte soziale und politische Stellung. Sie waren keine Türken, auch wenn sie als solche bezeichnet wurden oder sich selber so nannten. »Türke« war zu jener Zeit ein Synonym für Muslim und hatte keine ethnische Bedeutung. Für die slawischen Muslime, die sich über Jahrhunderte mit dem Osmanischen Reich identifiziert hatten, brach mit dem Abzug der Osmanen eine Welt zusammen. Sie fühlten sich unsicher, isoliert, heimatlos, sich selber überlassen. Sollten sie in Bosnien bleiben und als Muslime unter einem christlichen Herrscher leben? Oder sollten sie in Gebiete auswandern, die noch unter der Kontrolle des Sultans waren? Sie schwankten zwischen Widerstand, Anpassung und Emigration.

Ivo Andrić beschreibt in seinem Roman *Die Brücke über die Drina (Na Drini Ćuprija)* an einer Stelle die Gefühle älterer Muslime in der ostbosnischen Stadt Višegrad im Sommer 1913, nachdem das Osmanische Reich fast alle europäischen Territorien verloren hatte. Man kann sich gut vorstellen, dass all das, was Andrić über deren Stimmungslage schrieb, auch den Empfindungen der bosnischen Muslime in Sarajevo nach dem Abzug der Osmanen im Jahre 1878 entsprach: »Und nun mussten sie erleben, wie diese Macht gleich einer phantastischen Ebbe plötzlich zurückgegangen war und sich in unabsehbare Ferne verzogen hatte, während sie, betrogen und bedroht, wie Meerespflanzen auf dem Trockenen, sich selbst und ihrem schlimmen Schicksal überlassen, hier zurückgeblieben waren. Alles kam von Gott, und zweifellos war all das von der göttlichen Fügung vorgesehen, aber es fiel einem schwer, alles zu verstehen; der Atem stockte einem, und das Bewusstsein trübte sich, aber man fühlte, wie einem der Erdboden wie ein Teppich unter den Füßen weggezogen wurde und wie Grenzen, die ewig und fest sein sollten, fließend und veränderlich wurden, sich verschoben, sich entfernten und wie launische Frühlingsbäche verloren.«

Die politische und gesellschaftliche Ordnung des Osmanischen Reiches hatte während Jahrhunderten auf konfessionellen Fundamenten beruht. Die Untertanen wurden entsprechend ihrer Religionszugehörigkeit gegliedert und verwaltet, nicht nach sprachlichen oder ethnischen Kriterien. Die orthodoxen Christen, die Armenier und die Juden bildeten sogenannte Millets. Der Begriff leitet sich vom arabischen Wort »milla« (Religionsgemeinschaft, Konfession) ab. Alle christlich-orthodoxen Untertanen des Sultans, also Slawen, Griechen, Albaner oder Vlachen beziehungsweise Aromunen, gehörten bis zur Bildung einer eigenständigen bulgarischen Kirche im Jahre 1870 formell dem Millet Rum an, unabhängig von ihrer Sprache und ethnischen Herkunft. Das Wort ist eine Ableitung vom Begriff »Romäer« (griechisch: »Romaioi«). Als »Romäer« oder »Römer« verstanden sich die christlich-orthodoxen Bewohner des Byzantinischen Reiches, das aus der östlichen Hälfte des Römischen Imperiums hervorgegangen war. Die Osmanen nannten die von ihnen beherrschten Gebiete Südosteuropas, die zuvor zum Byzantinischen Reich gehört hatten, »Rumeli« (Römerland). Den drei Millets wurde eine gewisse Selbstverwaltung zugestanden, vor allem in kirchlichen und zivilrechtlichen Angelegenheiten. Diese stieß allerdings dort an ihre Grenzen, wo Muslime oder der osmanische Staat betroffen waren. Die Christen hatten zwar den Status von »Schutzbefohlenen«, doch waren sie in mancher Hinsicht benachteiligt. So mussten sie eine Kopfsteuer entrichten. Auch durften sie keine Waffen tragen. Die Behandlung der Christen durch die Staatsmacht schwankte, je nach Region und Zeitpunkt, zwischen Toleranz, Diskriminierung und – vor allem nach Aufständen – brutaler Repression. An der Spitze der Millets stand der höchste Würdenträger der jeweiligen Religionsgemeinschaft, im Falle des Millets Rum war es nominell der Patriarch von Konstantinopel. Er spielte somit zur Zeit der Herrschaft der Osmanen eine wichtige politische Rolle, war er doch gegenüber dem Sultan für alle orthodoxen Christen auf dem Balkan verantwortlich. Erst mit dem Vordringen nationalstaatlicher Ideen und der Bildung von ethnisch definierten Nationalstaaten in der zweiten Hälfte des 19. und in den ersten Jahrzehnten des 20. Jahrhunderts wandelten sich die konfessionellen Identitäten in ethnische. Aus Religionsgemeinschaften wurden Nationen.

Mit dem Erstarken des serbischen und kroatischen Nationalismus in den letzten Jahrzehnten des 19. Jahrhunderts stellte sich für die bosnischen Muslime immer dringender die Frage nach ihrer eigenen Identität. Im Gegensatz zu den orthodoxen bosnischen Serben und den katholischen bosnischen Kroaten entwickelten sie in jener Zeit kein nationales Bewusstsein. Ausschlaggebend für ihr Selbstverständnis war der Islam, der über Jahrhunderte ihre Lebensweise und ihr Denken bestimmt hatte. Die Serben betrachteten die Muslime als islamisierte Serben, die Kroaten als islamisierte Kroaten. Und es dauerte nicht lange, und Serbien und Kroatien machten territoriale Ansprüche geltend. Sie stritten um den »Besitz« der Muslime und damit um die politische Vorherrschaft in Bosnien-Herzegowina. Doch die meisten bosnischen Muslime, die mit nationalen Zuordnungen nichts anfangen konnten, fühlten sich weder als Serben noch als Kroaten, sondern als etwas anderes. Was das genau war, darüber herrschte allerdings keine Klarheit. Die österreichisch-ungarische Verwaltung wollte diesem Schwebezustand ein Ende bereiten. Sie setzte sich zum Ziel, in Bosnien-Herzegowina eine alle drei Religionsgemeinschaften umfassende, regional definierte Nation mit der Bezeichnung »bosnjakisch« zu schaffen. Die den Muslimen, den Serben und den Kroaten gemeinsame Sprache nannte sie »Bosnisch«. Ausschlaggebend für diese Bemühungen waren politische Gründe. Mit der Schaffung einer eigenen bosnjakischen Nation sollte ein Gegengewicht vor allem zum serbischen Nationalismus geschaffen werden, der auch auf die in Bosnien lebenden Serben übergriff und die österreichisch-ungarische Herrschaft gefährdete. Es ging um die Abwehr von Gebietsansprüchen und politischen Vereinnahmungen. Doch zu Beginn des 20. Jahrhunderts wurde das Projekt fallengelassen. Zu sehr hatte vor allem der serbische, aber auch der kroatische Nationalismus die Eliten der bosnischen Serben und der bosnischen Kroaten bereits in ihren Bann gezogen. Diese fühlten sich als Serben und als Kroaten, und es war für sie unvorstellbar, sich als Bosnjaken zu definieren. Doch das überkonfessionelle Nationskonzept der Habsburger stieß auch bei der Mehrheit der bosnischen Muslime auf Ablehnung. Auch sie wollten keine Bosnjaken sein.

In dem 1918 gegründeten Königreich der Serben, Kroaten und Slowenen, das 1929 in Königreich Jugoslawien umbenannt wurde, verschwand Bosnien-Herzegowina als Verwaltungseinheit von der politischen Landkarte. Das Gebiet blieb in der Zwischenkriegszeit ein Tummelplatz serbischer und kroatischer Interessen. Erst mit dem Sieg von Titos Partisanen im Zweiten Weltkrieg stellte sich die Frage nach der nationalen Identität der bosnischen Muslime erneut mit aller Schärfe, denn Bosnien-Herzegowina wurde eine der sechs Teilrepubliken der neuen jugoslawischen Föderation. Jede von ihnen hatte eine Titularnation, nur Bosnien-Herzegowina nicht. Es gab keine bosnische, keine bosnjakische und auch keine muslimische Nation, nur eine serbische und eine kroatische. Die Haltung der Kommunisten zu den bosnischen Muslimen war zwiespältig. Anfänglich hegten sie die Hoffnung, die Muslime – sie galten als »national nicht entschieden« – würden sich im Zuge der wirtschaftlichen und sozialen Modernisierung schon bald als Serben oder als Kroaten mit islamischer Konfession definieren. Doch das erwies sich als Trugschluss. In der ersten Volkszählung nach dem Zweiten Weltkrieg im Jahre 1948 wurde für die Muslime die Kategorie »Muslime ohne Volkstumsbekenntnis« eingeführt. Nur wenige deklarierten sich als Serben oder als Kroaten. Meist handelte es sich um begeisterte Kommunisten. Im Jahre 1953 trug sich die Mehrheit der bosnischen Muslime in der neu geschaffenen Rubrik »Jugoslawen ohne Volkstumsbekenntnis« ein. Beim Zensus von 1961 führten die Kommunisten einen dritten Begriff ein: »Muslime im Sinne einer ethnischen Zugehörigkeit«. Erstmals überhaupt wurden damit die slawischen Muslime von Bosnien-Herzegowina als eine besondere ethnische Gruppe betrachtet. Man erklärte sie aber als »national nicht definierbar«. Immerhin hatte man erkannt, dass die Muslime keine Serben und keine Kroaten sein wollten.

Der entscheidende Schritt erfolgte im Jahre 1968 im Zuge der politischen Dezentralisierung der jugoslawischen Föderation. Auf einer Sitzung des Zentralkomitees des Bundes der Kommunisten Bosnien-Herzegowinas wurden die Muslime mit serbokroatischer Muttersprache trotz heftigen Widerstands der bosnischen Serben und der bosnischen Kroaten als staatstragende Nation anerkannt. Die politische Aufwertung war das Eingeständnis der Partei, dass die Muslime ein eigenes Volk sind. In einer bemerkenswerten Kehrtwende wurde nun erklärt, es habe sich als schädlich erwiesen, die Muslime dazu zu drängen, sich als Serben oder als Kroaten zu definieren. Bei der Volkszählung von 1971 wurde, gegen den Willen der bosnischen Serben und Kroaten, die Rubrik »Muslim im Sinne einer Nation« eingeführt. Für weiteren Unmut sorgte der Umstand, dass nicht nur die Muslime Bosniens, sondern alle Serbokroatisch sprechenden slawischen Muslime Jugoslawiens die Möglichkeit erhielten, die Frage nach ihrer nationalen Zugehörigkeit mit »Muslim« zu beantworten. Die mazedonischen Kommunisten befürchteten, auch die Torbeschen, die Mazedonisch sprechen, könnten sich künftig als Muslime deklarieren und sich so von der mazedonischen Nation abwenden. In der offiziellen Lesart waren alle slawischen Muslime des Landes auch im nationalen Sinn Mazedonier. Im Jahre 1974 wurden die bosnischen Muslime neben den Slowenen, den Kroaten, den Serben, den Montenegrinern und den Mazedoniern als sechste staatstragende Nation in die jugoslawische Verfassung aufgenommen. Es gab aber einen wichtigen Unterschied zu den andern fünf Nationen: Bosnien-Herzegowina wurde als Staat der Muslime, der bosnischen Serben und der bosnischen Kroaten definiert.

Mit der Schaffung einer eigenen Nation wollte man den bosnischen Muslimen, der nach den Serben und den Kroaten drittgrößten Bevölkerungsgruppe der jugoslawischen Föderation, die Möglichkeit geben, sich mit einer Teilrepublik zu identifizieren. Es war ein geschickter politischer Schachzug Titos. Mit der Bildung einer »Puffernation« sollte, ähnlich wie zur Zeit der österreichisch-ungarischen Verwaltung, den Ansprüchen der Serben und der Kroaten auf bosnische Gebiete und der Vereinnahmung der Muslime für die eigene Nation endgültig der Boden entzogen werden. Es gab aber noch einen weiteren Grund für die Anerkennung einer muslimischen Nation. In Titos Konzept der Blockfreiheit spielten muslimische Staaten eine wichtige Rolle, und in diesen von Belgrad umworbenen Ländern wurde die Aufwertung der bosnischen Muslime zu einer Nation mit Genugtuung aufgenommen. Den Begriff »Bosnjake«, eine Ableitung vom Landesnamen Bosnien (Bosna), lehnten die Kommunisten zu jener Zeit entschieden ab. Die Begründung lautete, die Muslime könnten aus einer solchen Definition den Schluss ziehen, sie seien die alleinige staatstragende Nation Bosnien-Herzegowinas, die Republik gehöre also ihnen allein und nicht zugleich auch den bosnischen Serben und den bosnischen Kroaten. Damit aber hätte, so die Befürchtung, das ohnehin labile Gleichgewicht der drei konstitutiven Nationen empfindlich gestört werden können, mit gravierenden Folgen nicht nur für Bosnien, sondern die ganze Föderation.

Ausgerechnet eine kommunistische Partei, die dem Atheismus verpflichtet ist, gab einer von ihr geschaffenen Nation aus politischen Gründen einen religiösen Namen. Doch die neue nationale Bezeichnung war auch unter den bosnischen Muslimen umstritten, vor allem bei jenen, die nicht gläubig waren. Der neue nationale Name hatte seine Tücken. Meinte man die Nation, musste das Wort »Muslim« (Musliman) mit einem großen Anfangsbuchstaben geschrieben werden. Wollte man jedoch die Religionszugehörigkeit zum Ausdruck bringen, hatte man das Wort kleinzuschreiben (musliman). Die Abgrenzung des nationalen Bekenntnisses von der konfessionellen Zugehörigkeit allein durch Groß- und Kleinschreibung trug mehr zur Verwirrung als zur Klärung bei, vor allem im westlichen Ausland. Wie können Muslime eine eigene Nation sein? In Bosnien-Herzegowina gab es nun Muslime mit einem großen »M« und mit einem kleinen »m«. Das waren die gläubigen Muslime. Sie bildeten eine Minderheit. Die meisten Muslime mit einem großen »M« waren keine Muslime mit einem kleinen »m«. Man könnte sie als nichtmuslimische Muslime bezeichnen. Viele von ihnen waren säkularisiert und hatten keine Bindungen zur Religion, für andere war der Islam allenfalls ein kultureller Referenzwert.

Sie waren vor allem deshalb Muslime mit einem großen »M«, weil sie keine Serben und keine Kroaten sein wollten. So begrüßten zwar viele Muslime die Anerkennung einer muslimischen Nation und sahen darin einen großen Fortschritt. Sie bekundeten aber Mühe mit der Verwendung einer konfessionellen Bezeichnung für ihre nationale Identität. Dennoch setzte sich der Begriff »Muslim« als nationaler Name durch. Bei den folgenden Volkszählungen beantwortete die große Mehrheit die Frage nach der ethnischen Zugehörigkeit mit »Muslim«.

Die bosnischen Kommunisten waren in der Folge eifrig bemüht, den Begriff »Muslim« mit großem »M« mit einem säkularen Inhalt zu füllen und die Bedeutung des Islams für die nationale Identität herunterzuspielen. Zugleich aber galt es, die Einführung des Begriffs »Muslim« als Bezeichnung für eine Nation zu rechtfertigen, zumal die Religionen eigentlich hätten überwunden werden sollen. Das aber war ein schwieriger Spagat, ein schwer auflösbares Dilemma. Diskussionen um die Ethnogenese der bosnischen Muslime und deren Nationsbildung hatten nun Hochkonjunktur. Die Aufgabe bestand darin, den Nachweis zu erbringen, dass die Muslime ein Volk sind, dessen Wurzeln bis in die Zeit vor der osmanischen Eroberung im Jahre 1463 zurückreichen. Es ging um die Herstellung einer Kontinuität zum mittelalterlichen Bosnischen Königreich, das in den letzten Jahrzehnten des 14. Jahrhunderts seine größte territoriale Ausdehnung erreichte. Aus dieser Sicht waren die Vorfahren der Muslime Bogomilen und Anhänger der »Bosnischen Kirche«, die zwischen katholisch-westlichen und orthodox-östlichen Einflüssen und Druckversuchen ihre Selbständigkeit bewahren konnte. Die Bogomilen, eine im 10. Jahrhundert im Gebiet des heutigen

Mazedonien und Bulgarien entstandene Bewegung, lehnten die kirchliche Hierarchie und die kirchlichen Besitztümer ab. In der Sicht der Verfechter der muslimischen Nationskonzeption traten die von den beiden großen Kirchen bedrängten bosnischen Bogomilen in großer Zahl zum Islam über. Auf diese Weise hätten sie ihre bosnische Identität bewahrt.

Die »Bosnische Kirche«, über die wenig gesicherte Erkenntnisse vorliegen, war im mittelalterlichen Bosnien verbreitet, verlor aber bereits in den Jahrzehnten vor der osmanischen Eroberung an Einfluss. Es ist auch unklar, ob Bogomilen zu deren Begründern oder Anhängern gehörten. In katholischen Quellen, andere gibt es kaum, werden die Mitglieder der »Bosnischen Kirche«, die sich selber »Christen« (Krstjani) nannten, als Häretiker verunglimpft. Doch hinter dieser abwertenden Einschätzung standen vor allem machtpolitische Interessen. Das gilt etwa für die ungarischen Könige, die Ambitionen auf bosnisches Territorium hegten. Die These, wonach der Erfolg der Islamisierung in Bosnien darauf zurückzuführen sei, dass Anhänger der »Bosnischen Kirche« angesichts der Verfolgung durch die traditionellen Kirchen in Scharen die Religion der osmanischen Eroberer angenommen hätten, gilt heute in der Wissenschaft als überholt. Auch Katholiken und Orthodoxe traten in jener Zeit zum Islam über. Möglich ist aber, dass gerade die unklaren kirchlichen Verhältnisse und die damit verbundene Schwäche der traditionellen lokalen christlichen Kirchen ein Grund dafür waren, dass gerade in Bosnien und in der Herzegowina, an der Nahtstelle zwischen dem lateinisch-katholisch geprägten Westen und dem christlich-orthodoxen Osten, besonders viele Christen zum Islam konvertierten.

Erst im Jahre 1990, als sich die Zeichen des staatlichen Zerfalls in Jugoslawien mehrten, entbrannten in Bosnien erneut heftige Diskussionen um den nationalen Namen und um die Definition der nationalen Identität der Muslime. Der Prozess der nationalen Selbstfindung, der nun wieder verstärkt einsetzte, wurde auch als Befreiung von den Fesseln des Kommunismus verstanden. So fand im Juni 1990 im »Holiday Inn« ein Kongress zum Thema »Bosnien und die Bosnjaken« statt. Im Zentrum stand einmal mehr die Frage, welche Rolle der Islam und das osmanische Erbe spielen sollen. Ist die Religion die tragende Säule, oder soll die muslimische Nation säkular definiert werden? Vor allem religiös indifferente Muslime forderten die Entkoppelung des Nationsbegriffs von der konfessionellen Zugehörigkeit. Sie plädierten für die Ersetzung des Begriffs »Muslim« mit großem »M« durch den nationalen Namen »Bosnjake«, der sich von der Bezeichnung des Territoriums ableitet. Unterschiedliche Meinungen gab es auch in der Frage, ob der Begriff »Bosnjake« nur die in Bosnien-Herzegowina lebenden Muslime slawischer Herkunft umfassen sollte oder auch jene in den andern jugoslawischen Teilrepubliken, die sich seit den siebziger Jahren bei den Volkszählungen ebenfalls als Muslime mit großem »M« deklarierten. Einige gingen noch weiter. Ihrer Ansicht nach sollte der Begriff »Bosnjake«, wie zur Zeit der österreichisch-ungarischen Verwaltung, im Sinne einer überkonfessionellen und das ethnische Korsett sprengenden Konzeption auch jene bosnischen Serben und Kroaten einbeziehen, die sich zu einer gemeinsamen bosnischen Tradition bekennen. Doch ein solcher Ansatz hatte zu Beginn der neunziger Jahre des 20. Jahrhunderts noch weniger Aussicht auf Verwirklichung als in den letzten Jahrzehnten des 19. Jahrhunderts.

Die religiös orientierten Kräfte in der regierenden muslimischen Partei der Demokratischen Aktion von Alija Izetbegović lehnten den nationalen Namen »Bosnjake« ab. Sie sprachen sich für eine enge Verbindung der muslimischen Nation mit dem Islam und dessen Traditionen und Werten aus. In der Religion sahen sie das wichtigste Element der nationalen Identität der Muslime. Auch wollte die Partei von Izetbegović zu einer Zeit, als Jugoslawien noch nicht auseinandergebrochen war, alle slawischen Muslime des jugoslawischen Vielvölkerstaates vertreten. Bosnien-Herzegowina sollte die geistige Heimat aller Muslime mit großem »M« sein. Noch hatte in der regierenden Partei jene Strömung die Oberhand, die als islamisch bezeichnet werden kann. Die meist säkularen Verfechter der Bosnjaken-Konzeption konnten sich nicht durchsetzen. Doch das sollte sich bald ändern.

Muhamed Filipović, Philosoph, Literaturkritiker, Essayist, empfängt den Besucher im September 2014 in seinem kleinen Büro in einem eher schäbigen Gebäude aus der sozialistischen Zeit im Zentrum von Sarajevo, in dem die Akademie der Wissenschaften und Künste untergebracht ist. Der kleine Raum ist mit Büchern und Manuskripten vollgestopft. Filipović, 1929 in Banja Luka geboren, gehört seit Jahrzehnten zu den führenden muslimischen Intellektuellen Bosniens. Er trat 1988 aus der Kommunistischen Partei aus. Er war eines der Gründungsmitglieder der muslimischen Partei der Demokratischen Aktion, die im Mai 1990 entstand. Doch schon im September desselben Jahres wurden Filipović und andere Befürworter des bosnjakischen Nationskonzepts aus der Partei ausgeschlossen. Filipović warf Izetbegović damals vor, er strebe nach einer »Islamisierung der ethnischen Identität«. Mit Adil Zulfikarpašić, der kurz zuvor aus dem Exil in Zürich nach Bosnien zurückgekehrt war, gründete Filipović die Muslimisch-Bosnjakische Organisation. Sie hatte bei den ersten freien Parlamentswahlen, die am 18. November und am 2. Dezember 1990 abgehalten wurden, gegen die Partei der Demokratischen Aktion von Alija Izetbegović nicht den Hauch einer Chance. Wie nicht anders zu erwarten war, gingen die ethnisch definierten Parteien der Muslime, der Serben und der Kroaten als klare Sieger aus den Wahlen hervor. In der Zeit der Krise und der wachsenden Unsicherheit scharten sich die Bewohner um ihre nationalen Führer. Die Zusammenarbeit mit Zulfikarpašić war nur von kurzer Dauer. Schon bald gründete Filipović eine eigene Partei, die Liberale Bosnjakische Organisation.

Bereits 1961 habe er, erzählt Filipović in seinem Büro, auf einer Sitzung des Bundes der Kommunisten gesagt, Nationen würden nicht einfach verschwinden, denn sie hätten alle ihre eigene Geschichte und Kultur. Ebenso illusorisch sei die Hoffnung, die Muslime würden sich eines Tages als Serben oder als Kroaten deklarieren. Da dies in den Jahren danach nicht der Fall gewesen sei, verfielen die Kommunisten auf die Idee, die Bosnjaken als Muslime im nationalen Sinn zu definieren. Durch die Wahl eines konfessionellen Namens seien jedoch vor allem die säkularisierten Bosnjaken ausgeschlossen worden. Diesen sei nichts anderes übriggeblieben, als sich bei den Volkszählungen als Jugoslawen oder als Bosnier zu deklarieren. Filipović betont, er habe schon bei den Diskussionen 1990 die Umbenennung der Muslime in Bosnjaken gefordert: »Wir sind Bosnjaken, Muslim ist ein Name, der uns von den Kommunisten aufgezwungen wurde.« Er sei deswegen als bosnjakischer Nationalist beschimpft worden. Man habe ihm vorgeworfen, er wolle eine Nation erfinden, die es gar nicht gebe.

Dann spricht er darüber, was sich am 27. September 1993 im Keller des »Holiday Inn« abgespielt hat. Teilnehmer der »Bosnjakischen Versammlung« hatten nach dem Ende der Veranstaltung berichtet, Präsident Izetbegović habe an jenem Tag die politische Führung zu einem geheimen Treffen in den Keller des Hotels zitiert. Der Grund lag ihrer Meinung nach darin, dass die Schaffung eines eigenen muslimischen Staates zu scheitern drohte, da sich die meisten Redner dagegen aussprachen. Filipović ist überzeugt davon, dass Izetbegović einer Teilung schon zu Beginn des Krieges trotz gegenteiliger Rhetorik nicht abgeneigt gewesen sei. Als er, Filipović, erfahren habe, dass führende Politiker im Keller des »Holiday Inn« entsprechende Pläne schmiedeten, sei er zu ihnen gegangen und habe sie gefragt, was sie im Schilde führten. Die anwesenden Politiker – unter ihnen war auch Haris Silajdžić – hätten geantwortet: »Wir wollen Bosnien-Herzegowina teilen, wir wollen unseren eigenen muslimischen Staat schaffen.« Filipović antwortete laut seinen eigenen Worten: »Gibt es denn hier nur Verräter? Wie kann man einen Staat zu Grabe tragen, für den noch immer Menschen sterben?« Dann habe er sich zornig an Izetbegović gewandt, der in einer Ecke des Raumes saß: »Was machst du da, wer gibt dir das Recht? Warum sagst du der Bevölkerung nicht, wir haben den Krieg verloren und müssen das westliche Diktat annehmen? Warum handelst du im Geheimen? Wie kannst du dich darauf einlassen, den bosnischen Staat zu zerstören, der mehr als tausend Jahre alt ist?« Filipović verließ, wie er selber sagt, wütend den Raum. Er nennt das, was sich im Keller abspielte, eine Verschwörung. Haris Silajdžić und Ejup Ganić spielten im Gespräch im September 2014 in Sarajevo die Bedeutung der »Bosnjakischen Versammlung« herunter. Silajdžić sagte, er wisse nichts von einer geheimen Sitzung im Keller. Er erinnere sich auch nicht mehr, was auf der Veranstaltung gesagt worden sei. Vergessen hat er auch, dass er dort selber das Wort ergriff. Beide betonten jedoch, die damalige Führung habe eine Teilung Bosniens nie in Betracht gezogen.

Auf der »Bosnjakischen Versammlung« vollzogen neben Präsident Izetbegović auch einige führende muslimische Intellektuelle in der Namensfrage eine Kehrtwende. Für den abrupten Gesinnungswandel gab es verschiedene Gründe. Sie alle hängen mit dem Krieg und dem Teilungsplan zusammen, der damals auf dem Tisch lag. Zum einen war die Bezeichnung »Muslim«, geschrieben mit großem »M«, vor allem im Westen erklärungsbedürftig und sorgte immer wieder für Irritationen. Die Kriegsgegner warfen zudem den Muslimen vor, mitten in Europa einen islamischen Gottesstaat errichten zu wollen, der für die westliche Welt zu einer ernsthaften Bedrohung werden könnte. Doch es ging um mehr als um Rücksichtnahme auf westliche Empfindlichkeiten. Filipović führt den Kurswechsel von Präsident Izetbegović in der Namensfrage auf die geplante Proklamierung eines eigenen muslimischen Staates zurück. Izetbegović sei zur Einsicht gelangt, dass nur ein Volk mit einem richtigen nationalen Namen auch einen eigenen Staat haben könne. Die Befürworter einer Aufteilung Bosniens gingen nach Ansicht von Filipović auch davon aus, dass der Westen niemals zulassen würde, dass mitten in Europa ein Staat entsteht, der sich muslimisch nennt. Als die Namensänderung beschlossen wurde, glaubten offenbar viele Muslime, eine territoriale Aufteilung stehe unmittelbar bevor. Die Botschaft war eindeutig: Die Muslime, die sich nun in enger Anlehnung an das Land Bosnien Bosnjaken nennen, unterstreichen damit in einer Zeit der höchsten Not ihren Anspruch auf Bosnien-Herzegowina. In der von Muhamed Filipović verfassten Deklaration über den nationalen Namen heißt es, dass sich die Bosnjaken mit der Rückgabe des historischen Namens »Bosnjake« eng an ihr Land Bosnien und an dessen staatsrechtliche Tradition, an die bosnische Sprache, an die Geschichte und die geistige Tradition des Landes binden. Für Filipović sind die Bosnjaken die »Erben von all dem, was Bosnien ist, als Land, als Staat und als historisches Subjekt«.

Für viele Muslime kam der Entscheid überraschend. Sie hatten sich an ihren nationalen Namen gewöhnt. Er war Teil ihrer Identität. Ein bosnischer Journalist, der über die Veranstaltung vom 27. September 1993 berichtete, schrieb: »Die Nacht, in der die Versammlung stattfand, war schicksalshaft. Wir schliefen als Muslime ein, und wir erwachten als Bosnjaken.« Der Begriff war zwar nicht neu, auch zur Zeit des Osmanischen Reiches wurde er zu gewissen Zeiten für die bosnischen Muslime verwendet. Die Bezeichnung hatte allerdings nur eine regionale und keine ethnische oder nationale Bedeutung. Doch in den neunziger Jahren des 20. Jahrhunderts wirkte der Begriff »Bosnjake« für viele Muslime künstlich und veraltet. Er war gewöhnungsbedürftig. Einige Monate später wurde die nationale Bezeichnung »Bosnjake« in die Verfassung aufgenommen. Auch in den Verträgen von Dayton, die den Krieg in Bosnien im November 1995 beendeten, wird die neue Terminologie verwendet. Damit war klar: Der nationale Begriff »Bosnjake« bezieht sich nur auf die Muslime, während die Bezeichnung »Bosnier« alle Bewohner Bosnien-Herzegowinas einschließt, die Bosnjaken, die bosnischen Serben, die bosnischen Kroaten und die Angehörigen aller Minderheiten.

Es gab zu Beginn der neunziger Jahre unter den Bosnjaken eine Tendenz, Bosnien-Herzegowina als die Republik der Bosnjaken zu betrachten und die Serben und Kroaten zu Minderheiten zu degradieren. Doch nicht nur die Kriegsgegner, sondern auch die bosnischen Serben und die bosnischen Kroaten, die Bosnien-Herzegowina als ihren Staat betrachteten, lehnten einen solchen Anspruch entschieden ab. Die Behauptung bosnjakischer Intellektueller, die Definition Bosniens als eines Staates mit drei konstitutiven Nationen sei ein auf Lügen aufgebautes Konstrukt der Kommunisten, bestärkte sie in dieser Ansicht. Ein Kroate aus Sarajevo meinte nach dem Beschluss, die nationale Bezeichnung zu ändern, der Begriff »Bosnjake« sei ein »imperialistischer Name«: »Nun sind die Kroaten und die Serben nur noch Untermieter in Bosnien.« Auch die Entscheidung, die Sprache »Bosnisch« und nicht »Bosnjakisch« zu nennen, stieß bei den bosnischen Serben und Kroaten auf Widerstand. Sie sahen darin eine »Negierung ihrer Existenz in Bosnien-Herzegowina«. In der Republika Srpska, also im serbischen Landesteil, wird die Sprache der Bosnjaken bis heute offiziell nicht »Bosnisch« genannt, sondern mit »Sprache des bosnjakischen Volkes« umschrieben.

Ungewiss war nach dem Entscheid vom 27. September 1993, ob die muslimische Bevölkerung den verordneten Namenswechsel akzeptieren würde. Der erste Test, der darüber Aufschluss gab, war die Volkszählung vom Oktober 2013. Die Resultate zeigen, dass die Bosnjaken den Wechsel von der muslimischen zur bosnjakischen Identität weitgehend vollzogen haben. Befürchtungen, eine größere Zahl von Bosnjaken könnte sich wie zu Titos Zeiten als Muslime mit einem großen »M« oder als Bosnier deklarieren und damit die Nation der Bosnjaken schwächen, erwiesen sich als unbegründet. Nur ganz wenige machten davon Gebrauch. Auch Muhamed Filipović hatte im Vorfeld der Volkszählung all jene kritisiert, die mit dem Gedanken spielten, sich als Bosnier zu definieren, um sich so einer nationalen Definition zu entziehen. Damit würden sie unter einem demokratischen Mäntelchen die nationale Identität der Bosnjaken verraten. Das Bekenntnis zur bosnjakischen Nation war für Filipović, zwanzig Jahre nach der Einberufung der »Bosnjakischen Versammlung«, noch immer eine Frage des Überlebens.

Nachdem die bosnischen Muslime am 27. September 1993 über Nacht zu Bosnjaken geworden waren, drängte sich für die Muslime in andern Teilen des zerfallenden Vielvölkerstaates die Frage auf, ob sie sich künftig im nationalen Sinn weiterhin als Muslime und damit als Angehörige einer offiziell nicht mehr existierenden Nation bezeichnen sollen, oder ebenfalls als »Bosnjaken«, auch wenn sie keine familiären Bindungen zu Bosnien hatten. Vor dieser Entscheidung standen die Muslime slawischer Herkunft im südserbischen Sandžak Novi Pazar und in Montenegro. Die gleiche Frage stellte sich auch für die Torbeschen in Mazedonien. Die Antworten fielen unterschiedlich aus. Im Sandžak Novi Pazar definiert sich heute die überwiegende Mehrheit der Muslime als Bosnjaken. Das hat vor allem historische Gründe. Das Gebiet gehörte zur Zeit der Herrschaft der Osmanen während mehreren Jahrhunderten zu Bosnien. Nach den Balkankriegen von 1912/13 wurde der Sandžak zwischen Serbien und Montenegro aufgeteilt. Die Muslime slawischer Herkunft, die in Montenegro leben, sind in der Frage der nationalen Zuordnung gespalten. Beim Zensus von 2011 deklarierte sich fast ein Drittel, nämlich 20 537, im nationalen Sinn wie zu Titos Zeiten als Muslime, 53 605 hingegen als Bosnjaken, von denen viele im montenegrinischen Teil des Sandžaks leben. In den Torbeschen-Dörfern Mazedoniens definieren sich heute nur wenige als Bosnjaken.

Viel verbreiteter ist die bosnjakische Option bei den slawischen Muslimen der Gora, den sogenannten Goranern (Bergbewohnern). Sie leben in zehn Dörfern in Albanien, in zwei in Mazedonien sowie in achtzehn im Kosovo, einige liegen auf über 1500 Metern. Für viele Serben sind die Goraner, deren Zahl auf 15 000 bis 20 000 geschätzt wird, islamisierte Serben, für viele Albaner hingegen slawisierte Albaner. Manche Mazedonier beanspruchen alle Goraner für die eigene Nation – und dies, obschon sich im Kosovo bei der jüngsten Volkszählung von 2011 keiner als Mazedonier deklarierte. National gesinnte Bosnjaken in Bosnien-Herzegowina betrachten die Muslime der Gora als festen Bestandteil der bosnjakischen Nation. In ihren Augen ist Bosnien noch immer, wie zu Titos Zeiten, das Mutterland aller slawischen Muslime des ehemaligen Jugoslawien, ja darüber hinaus des ganzen südlichen Balkans. In Bulgarien ist die Ansicht weit verbreitet, die Goraner seien wie die Pomaken islamisierte Bulgaren. Entsprechend nennen die einen die Sprache der Goraner Serbisch, die andern Mazedonisch, Bosnisch oder Bulgarisch. Viele Goraner bezeichnen ihr lokales slawisches Idiom, in Abwehr fremder Ansprüche und als Ausdruck des Widerstands gegen jegliche sprachliche Vereinnahmung, als die »Unsrige« (našinski).

Die Goraner selber haben sich im Laufe der jüngeren Geschichte immer wieder anders definiert, wie die Ergebnisse der jugoslawischen Volkszählungen zeigen: 1961 bezeichnete sich fast die Hälfte von ihnen als Türken; 1971, 1981 und 1991, zu einer Zeit, als es noch keine Bosnjaken gab, beantwortete die überwiegende Mehrheit die Frage nach der ethnischen Zugehörigkeit mit »Muslim«. Heute betrachtet sich ein Teil der Bewohner der Gora als Goraner im ethnischen Sinn, der andere als Bosnjaken. Die Anhänger beider Optionen sind überzeugt davon, nur so die eigene Identität gegen alle äußeren Anfechtungen bewahren zu können. In der Verfassung des Kosovo, die im Juni 2008, also wenige Monate nach der Proklamierung der Unabhängigkeit, in Kraft trat, sind beide als eigene Minderheit anerkannt. Die Bosnjaken haben ein Anrecht auf drei von zwanzig Sitzen, die im 120-köpfigen Parlament für die Minoritäten reserviert sind. Den Goranern steht ein einziger Sitz zu.

Zwei Punkte sind für unseren Zusammenhang bemerkenswert: Die ethnische Kategorie »Muslime«, die auf einem kommunistischen Konzept beruht, hat den Untergang des von Tito geschaffenen Jugoslawien überlebt. Und als Bosnjaken bezeichnen sich außerhalb Bosnien-Herzegowinas auch Muslime slawischer Herkunft, die keine Bindungen zu Bosnien oder zur Herzegowina haben und deren Vorfahren nicht erst nach der Okkupation Bosniens durch Österreich-Ungarn im Jahre 1878 in den damals noch von den Osmanen beherrschten südlichen Balkan gekommen waren, sondern schon zuvor hier gelebt hatten.

Am 27. September 1993 wurde auf der »Bosnjakischen Versammlung« in Sarajevo die Bildung von drei Teilstaaten innerhalb einer losen bosnischen Union abgelehnt. Der am

14. Dezember 1995 in Paris unterzeichnete Vertrag von Dayton brachte faktisch doch noch eine Aufteilung nach vorwiegend ethnischen Kriterien, auch wenn der Gesamtstaat in den völkerrechtlich anerkannten Grenzen erhalten blieb. Allerdings erhielten die Kroaten und die Bosnjaken, anders als die Serben mit der Serbischen Republik (Republika Srpska), keinen eigenen Landesteil. Sie bilden zusammen die bosnjakisch-kroatische Föderation, die aus zehn ebenfalls nach ethnischen Kriterien gebildeten Kantonen besteht. Bosnien-Herzegowina ist ein komplexes Staatsgebilde mit verschlungenen Entscheidungswegen und ausufernden Bürokratien. Einen Annex des Friedensvertrags bildet die Verfassung. In ihr dominiert, wie zur Zeit des sozialistischen jugoslawischen Vielvölkerstaats, das ethnisch-nationale Prinzip mit seinen Quotenregelungen. Das tief verwurzelte Denken in ethnischen Kategorien wurde weiter zementiert, die Identität weitgehend auf die ethnisch-nationale Komponente reduziert. Die Bewohner des Landes werden so in erster Linie als Serben, als Kroaten und als Bosnjaken wahrgenommen, erst dann – wenn überhaupt – auch noch als bosnische Staatsbürger. Die ethnische Trennung wurde institutionalisiert. Die Politiker haben sich in diesem System wohlig eingerichtet und profitieren davon. Sie drehen in ihrer abgehobenen Welt fern der Nöte der in politische Apathie versunkenen Bevölkerung unbeirrt ihre Runden, während viele gut ausgebildete Fachkräfte auswandern. Sie haben genug von Nationalismus, Misswirtschaft und Korruption. Sie haben die Hoffnung verloren, dass sich etwas ändert. Die Strahlkraft der Europäischen Union ist verblasst, ein Beitritt ihres Landes in weite Ferne gerückt. Bosnien-Herzegowina ist tief gespalten, der Staat funktioniert schlecht. Die den Konfliktparteien in Dayton aufge-

zwungene Verfassung mit ihren Veto- und Blockademöglichkeiten erweist sich als Hemmschuh für die politische und wirtschaftliche Entwicklung sowie für die weitere Integration in die Europäische Union. Sie war als Übergangsverfassung und nicht als eine dauerhafte Lösung gedacht. Man hatte nach dem Ende des Krieges geglaubt, die bosnischen Politiker würden sich schnell auf Änderungen einigen, sollte sich dies als notwendig erweisen. Doch das entpuppte sich als großer Irrtum.

Bosnien-Herzegowina ist noch immer ein Staat, den in dieser Form die meisten Bewohner gar nicht wollen. Die bosnisch-serbischen Politiker halten ihn für eine westliche Missgeburt. Sie würden ihren Landesteil am liebsten von Bosnien abspalten und mit Serbien vereinigen. Nach Auffassung der bosnjakischen Politiker ist der serbische Landesteil das Produkt ethnischer Säuberungen, ja sogar eines Völkermordes. Die bosnischen Kroaten fühlen sich in der Föderation, in der sie gegenüber den Bosnjaken deutlich in der Minderheit sind, ungerecht behandelt und in ihren Rechten eingeschränkt. Die Serben orientieren sich an Serbien, und die meisten bosnischen Kroaten haben Pässe der Republik Kroatien. Was fehlt oder höchstens in Ansätzen vorhanden ist, sind ein staatsbürgerliches Bewusstsein und eine die ethnischen Fesseln sprengende bosnische Identität.

Ein weiteres Problem besteht darin, dass politische Ämter und Posten in der öffentlichen Verwaltung nach einem ethnischen Schlüssel vergeben werden. Bosnjaken, Serben und Kroaten sind entsprechend ihrem Bevölkerungsanteil in den politischen Institutionen vertreten. Die Verfassung von Dayton enthält sogar Paragrafen, die nach einem Urteil des Europäischen Gerichtshofs für Menschenrechte von 2009 gegen das Prinzip der Gleichberechtigung verstoßen und ein grundlegendes Menschenrecht verletzen. Man könnte von einer institutionell verankerten Diskriminierung sprechen. So dürfen nur Bosnjaken, bosnische Serben und bosnische Kroaten, also Vertreter der drei staatstragenden Nationen, in das dreiköpfige Staatspräsidium und in die zweite Parlamentskammer (Haus der Völker) gewählt werden, nicht aber Angehörige von Minderheiten. Benachteiligt sind aber auch all jene, die sich ganz bewusst nicht in ein ethnisches Korsett pressen lassen wollen und sich als Bosnier und nicht als Bosnjaken, als Serben oder als Kroaten definieren. Sie fallen im Dickicht des ethnischen Proporzes bei der Vergabe politischer Ämter meist durch alle Raster. Wer die Staatsangehörigkeit, aus welchen Gründen auch immer, höher wertet als die Volkszugehörigkeit, wird dafür auch noch bestraft. Mit der Fixierung auf die drei staatstragenden Nationen – Kritiker sprechen von einem »Terror der drei konstitutiven Völker« – wird gerade das verhindert, was westliche Politiker unermüdlich fordern: einen gesamtbosnischen Patriotismus über die ethnischen Trennlinien hinweg.

»Wie kann ich einer Nation angehören, die es gar nicht gibt?«

Die Torbeschen in Mazedonien

Im Dorf Labuništa flattert die albanische Fahne mit dem schwarzen Doppeladler im Wind. Dabei liegt der Ort gar nicht in Albanien. Eine mazedonische Flagge mit den acht Strahlen der gelben Sonne auf rotem Hintergrund ist nirgends zu sehen. Labuništa ist eines jener Dörfer in Mazedonien, in denen Torbeschen leben, also – wie allgemein angenommen wird – Muslime slawischer Herkunft, die Mazedonisch sprechen. Allerdings lehnt ein Teil der Torbeschen diese Bezeichnung ab. Sie verstehen sich als Albaner, als Türken, als Mazedonier, als Bosnjaken oder als Muslime, obschon die meisten von ihnen weder Albanisch noch Türkisch, noch Bosnisch sprechen. Ihre mazedonische Muttersprache verbindet die Torbeschen mit den christlich-orthodoxen Mazedoniern, der Islam hingegen mit den im Land lebenden Albanern, von denen fast alle Muslime sind, sowie mit der türkischen Minderheit. Labuništa ist eines der größten Torbeschen-Dörfer Mazedoniens. Es liegt zwölf Kilometer nordwestlich der Stadt Struga im Südwesten des Landes, unweit der Grenze zu Albanien.

Auch im großen Dorf Velešta (albanisch: Veleshta) weiter unten in der fruchtbaren Ebene weht eine albanische Fahne.

Hier leben allerdings, anders als weiter oben am Hang, keine slawischen Muslime, sondern fast nur ethnische Albaner. Die albanische Fahne weist unmissverständlich darauf hin, dass Velešta zum Herrschaftsbereich einer mazedonisch-albanischen Partei gehört. Noch in den neunziger Jahren hätte das Hissen einer solchen Fahne in einem mehrheitlich von Albanern bewohnten Dorf Mazedoniens für große Aufregung gesorgt. Es wäre etwas Ungeheuerliches gewesen, eine Provokation. Die Polizei hätte die Fahne heruntergerissen, und die Schuldigen wären strafrechtlich zur Verantwortung gezogen worden. Erst seit dem Ende des bewaffneten Konflikts zwischen den Sicherheitskräften und albanischen Freischärlern im Jahre 2001 dürfen die Albaner ihre nationalen Symbole im öffentlichen Raum verwenden. Das war eines der Zugeständnisse, das die mazedonische Regierung auf Druck der Europäischen Union und der Vereinigten Staaten im Rahmenabkommen machen musste, das am 13. August 2001 in Ohrid unterzeichnet wurde. Die Vereinbarung beendete die Kämpfe und verhinderte ein Abgleiten des zehn Jahre zuvor im Zuge des Zerfalls Jugoslawiens unabhängig gewordenen mazedonischen Staates in einen Bürgerkrieg. In den mehrheitlich von slawischen Mazedoniern bewohnten Dörfern in der Region nördlich von Struga weht hingegen die mazedonische Fahne. Gerade im Grenzgebiet Mazedoniens zu Albanien im Westen des Landes, wo sich die Siedlungsgebiete oft überlappen, markieren beide, Albaner und Mazedonier, mit ihren nationalen Symbolen in penetranter Weise ihr Territorium und ihren Machtanspruch.

Warum aber weht die albanische Fahne auch im Torbeschen-Dorf Labuništa? Leben dort wirklich mehrheitlich Albaner, wie das die Flagge nahelegt? Oder anders formuliert:

Sind die muslimischen Torbeschen, die nach allgemeiner Einschätzung slawischer Herkunft sind, in Wirklichkeit Albaner? Oder könnte es sein, dass die Fahne in die Irre führt? Mit den vielen mehrstöckigen Häusern sieht Labuništa eher wie ein Städtchen aus. Steile, schmale Sträßchen ziehen sich den Berghang hinauf. Das Labyrinth der Gässchen steht in scharfem Kontrast zu den beiden großen, weiten Plätzen mit den beiden Moscheen, die das Ortsbild prägen. Labuništa, 870 Meter über Meer gelegen, hat laut den Ergebnissen der letzten Volkszählung von 2002 genau 5936 Einwohner, mit den umliegenden Dörfern sind es 8935. Neuere statistische Daten gibt es nicht, denn der jüngste Zensus von 2011 musste bereits nach wenigen Tagen abgebrochen werden. Davon wird später noch die Rede sein.

Es ist Ramadan, ein heißer Tag im Juni 2015, nur wenige Leute sind auf der Straße. In den Cafés sitzen einige Männer vor leeren Tischchen. Es gibt tagsüber nichts zu essen und nichts zu trinken. In Labuništa hält man sich an die Vorschrift des Fastens. Ein älterer Mann, der vor einem geschlossenen Café an einem der Tischchen sitzt, denkt auf die Frage nach seiner nationalen Identität lange nach. Er sei Albaner, wie alle andern hier auch, sagt er schließlich. Dann fügt er in vorwurfsvollem Ton hinzu: »Falls du Torbeschen suchst, hast du vergeblich den weiten Weg zurückgelegt.« Zugleich räumt er aber ein, dass er kein Albanisch spricht, sondern nur Mazedonisch. Ein anderer älterer Mann, der am selben Tischchen sitzt und stumm vor sich hin brütet, stimmt zu. Wenn jemand behaupte, in Labuništa lebten Torbeschen, dann lüge er. Ein anderer Mann sagt, er definiere sich als Albaner, aber eigentlich sei er ein Torbesche. Doch er wolle und könne sich nicht als Torbesche deklarieren, da eine solche Minderheit in Mazedonien offiziell gar nicht existiere: »Wie kann ich einer Nation angehören, die es gar nicht gibt?« Er spricht ebenfalls nur Mazedonisch, kein Albanisch. Ein Vierter, der gerade vorbeikommt und den wir ebenfalls nach seiner Identität fragen, gibt eine ganz andere Antwort. Er sei Bosnjake und nichts anderes. Mit Bosnien-Herzegowina allerdings habe er keine familiären Bindungen. Seine Vorfahren hätten immer in Labuništa gelebt. Er habe sich früher in Titos Jugoslawien im nationalen Sinn als Muslim bezeichnet. Da sich aber die Muslime in Bosnjaken verwandelt hätten, sei er nun eben auch ein Bosnjake. Für ihn ist dieser Begriff ganz offensichtlich nur ein anderes Wort für Muslim und hat nichts mit dem bosnischen Staat zu tun.

Andere Männer im Dorf – Frauen sind an diesem Nachmittag kaum auf der Straße zu sehen – bezeichnen sich als Türken, nur ganz selten sagt einer, er sei Mazedonier oder, wie die offizielle Terminologie lautet, ein »Mazedonier-Muslim«, also ein Mazedonier mit islamischem Glaubensbekenntnis. Auch Torbeschen scheint es keine zu geben. Einzig ein junger Mann, der sich als Mitarbeiter des Hodschas der Mehmed-Ali-Pascha-Moschee vorstellt, erklärt stolz, er sei Torbesche und spreche Mazedonisch, nicht Albanisch. Ein bärtiger junger Mann, der gerade die Moschee verlässt, weigert sich, mit dem Besucher Serbisch zu sprechen. Sein Blick ist finster, ja feindselig. »Wenn du etwas willst, sprich Albanisch mit mir«, sagt er auf Mazedonisch. Abrupt wendet er sich ab. Er ist mit seiner schroffen und abweisenden Haltung eine Ausnahme. Alle andern Dorfbewohner geben freundlich Auskunft, auch wenn sich der eine oder andere über den Fremden wundern mag, der durch ihr Dorf streift und lästige Fragen nach ihrer Identität stellt.

Wenn Männer in Labuništa auf der Straße zusammenstehen, sprechen sie meist Mazedonisch miteinander, nicht Albanisch, und mag ihr Bekenntnis zur albanischen Nation noch so glühend sein. Dieser Eindruck wird durch die Ergebnisse der jüngsten Volkszählung von 2002 weitgehend bestätigt. Die Mehrheit der Bewohner von Labuništa bezeichnete sich als Albaner. Doch klafften die Angaben über die ethnischnationale Zugehörigkeit und die Muttersprache weit auseinander: 4288 von den 5936 Bewohnern des Ortes deklarierten sich als Albaner, also 72 Prozent. Aber nur 925 von ihnen gaben an, Albanisch sei ihre Muttersprache. Während 2002 lediglich 371 Personen die Frage nach der nationalen Zugehörigkeit mit Mazedonier beantworteten, lag die Zahl jener, die Mazedonisch als ihre Muttersprache bezeichneten, bei 4872, also bei 82 Prozent. Weitere 879 Personen definierten sich als Türken, 31 als Bosnjaken, die Übrigen trugen sich in der Rubrik »Andere« ein.

Bei einem früheren Besuch in Labuništa im Oktober 2003 war der Hodscha der Mehmed-Ali-Pascha-Moschee gerne zu einem Gespräch bereit. Er führte den Gast in ein Nebengebäude des Gotteshauses. Dort saßen in einem Raum zahlreiche Kinder auf Holzbänken, vor allem Mädchen, sie alle trugen weiße Kopftücher. Eigentlich hätte nun der Religionsunterricht beginnen sollen. Doch der Hodscha bat den Gast, neben ihm am Lehrertisch vor der Klasse Platz zu nehmen. Die Kinder mussten warten. Zuerst wollte der Hodscha die Fragen des Besuchers beantworten. In Labuništa lebten keine Torbeschen, betonte er, sondern nur Albaner, und zwar unabhängig davon, in welcher Sprache sie sich ausdrückten: »Wenn jemand behauptet, die Bewohner seien mazedonische Muslime oder muslimische Mazedonier, dann beleidigt und irritiert er sie.« Für den muslimischen Geistlichen war die Bezeichnung »Torbesche« ein politisches Konstrukt der mazedonischen Kommunisten zur Schwächung der albanischen Minderheit. In ähnlicher Weise hatten zu Beginn der neunziger Jahre, als der jugoslawische Vielvölkerstaat zerfiel, serbische Nationalisten argumentiert. Auch sie bezeichneten die muslimische Nation in Bosnien-Herzegowina als eine Erfindung Titos, in diesem Fall zur Schwächung des serbischen Volkes. Der Hodscha in Labuništa, der mazedonischer Staatsbürger war, ging noch weiter und behauptete, auch die mazedonische Nation sei ein politisches Konstrukt Titos. Die slawischen Mazedonier seien in Wirklichkeit Bulgaren. Der Hodscha der Mehmed-Ali-Pascha-Moschee war ein Albaner aus der Stadt Tetovo, dem Zentrum der albanischen Minderheit in Mazedonien. Er war beim Besuch 2003 einer der wenigen Bewohner von Labuništa, der Albanisch beherrschte.

Im Gespräch durcheilte er mit Riesenschritten ganze Jahrhunderte, um seine These zu untermauern, dass alle mazedonischen Staatsbürger, die sich heute als Torbeschen, Bosnjaken oder Muslime bezeichneten, in Wirklichkeit Albaner seien. Die Vorfahren der Bewohner von Labuništa seien vor dreihundert Jahren aus Albanien hierhergekommen. Für den Hodscha gab es keinen Zweifel: Alle Dorfbewohner sind Albaner. Auch jene, die sich selber anders definieren, haben ein albanisches Bewusstsein. Es wurde jedoch nach Meinung des Geistlichen durch die Serbisierung nach dem Ersten Weltkrieg, als Mazedonien ein Teil Serbiens war, und später im sozialistischen Jugoslawien durch die Mazedonisierung verschüttet. Nun aber entdeckten immer mehr Torbeschen ihre wahre albanische Identität. Stolz berichtete der Hodscha im Gespräch 2003 von Jugendlichen aus Labuništa, die nach dem

Abschluss der mazedonischsprachigen Grundschule eine weiterführende Schule mit albanischer Unterrichtssprache im nahen Struga besuchten, obschon sie Albanisch von Grund auf lernen mussten. Das zeige, wie sehr sie sich in ihrem Innersten als Albaner fühlten. Der Hodscha forderte die Aufwertung des Albanischen zur zweiten Unterrichtssprache in den Schulen der Torbeschen-Dörfer. Er bezeichnete den Prozess der Albanisierung als eine »freiwillige Rückkehr zu den wahren und eigentlichen Wurzeln«. Mit den gleichen Worten hatten auch die bulgarischen Kommunisten in den sechziger und siebziger Jahren die Zwangsbulgarisierung der slawischen Muslime, also der Pomaken, und später der ethnischen Türken gerechtfertigt. Die Frage, ob bei der Wiederentdeckung der albanischen Wurzeln muslimische Geistliche albanischer Herkunft oder mazedonisch-albanische Parteien nachgeholfen hätten, empfand er als Provokation. Er wollte sie nicht beantworten.

Der Hodscha der Mehmed-Ali-Pascha-Moschee redete und redete. Die Kinder in ihren Bänken wurden immer unruhiger. Das Kichern und Tuscheln wurde lauter, seine Worte waren manchmal kaum mehr zu verstehen. Und so musste er die Kinder immer wieder ermahnen, still zu sein. Er sprach mit ihnen Mazedonisch. Kaum wurde es ruhiger, tauchte er wieder ein in die weite, geheimnisvolle Welt der Albaner und in vergangene Jahrhunderte. Doch dann beendete der Geistliche die historische Lehrstunde abrupt: »Nun habe ich alles gesagt, und es gibt nichts mehr hinzuzufügen.« Er wandte sich wieder den Kindern und dem Koran zu. Beim Besuch im Juni 2015 scheiterte der Versuch, mit dem Hodscha derselben Moschee zu sprechen. Es sei Ramadan, der Geistliche sei müde und schlafe, sagte der junge Mitarbeiter der Moschee, der sich überraschenderweise als Torbesche und nicht als Albaner bezeichnet hatte. Der Hodscha, es ist nicht mehr derselbe wie 2003, sei ohnehin nicht der richtige Gesprächspartner, denn er sei Geistlicher und beschäftige sich mit religiöser Unterweisung und nicht mit Fragen der ethnischen und nationalen Identität der Gläubigen.

Dafür ist der Direktor der Grundschule von Labuništa bereit zu einem Gespräch. Anders als 2003 ist heute Albanisch neben Mazedonisch Unterrichtssprache. Was der Hodscha der Mehmed-Ali-Pascha-Moschee gefordert hatte, ist heute Wirklichkeit. In der Grundschule »Murat Labunishti«, die sich an einem der beiden großen Plätze im Zentrum des Ortes befindet, wird in beiden Sprachen unterrichtet. Alles ist zweisprachig angeschrieben, die Schule selber, die Aushänge und Mitteilungen in den Gängen und in den Klassenzimmern. Wir müssen warten, der Direktor hat noch viel zu tun, denn das Schuljahr neigt sich dem Ende zu. Auch sind wir unangemeldet zu ihm gekommen. Im Warteraum sitzen Mütter und Väter oder Verwandte von Schülerinnen und Schülern, die mit dem Direktor über ihren Nachwuchs sprechen wollen. Sie alle reden untereinander Mazedonisch, nicht Albanisch. Ihre Kinder werden, wie sie betonen, in Mazedonisch unterrichtet, nicht in Albanisch.

Nach einer Stunde ist es so weit. Der Schuldirektor hat nun Zeit. Die Leute auf der Straße seien ungebildet, sagt er gleich zu Beginn des Gesprächs. Deswegen beantworte jeder die Frage nach seiner ethnischen und nationalen Identität anders. Er selber definiert sich als Albaner, der Albanisch und Mazedonisch spricht. Mit dem Gast unterhält er sich in Serbisch. Nach seinen Angaben betrachten sich achtzig Prozent der Bewohner von Labuništa als Albaner, zehn Prozent als Türken, weitere zehn Prozent als Muslime oder als Mazedonier-Muslime, einige auch als Torbeschen oder Bosnjaken. Diese Angaben decken sich mehr oder weniger mit den Ergebnissen der Volkszählung von 2002. Jeder brauche eine Nation, der er sich zugehörig fühle, betont der Direktor. Die Torbeschen aber seien keine Nation wie die Albaner, nicht einmal eine offiziell anerkannte ethnische Gruppe. Er räumt ein, dass in Labunište die mazedonische Sprache dominiert. Albanisch beherrschten vor allem ältere Leute sowie Jugendliche, die in den letzten Jahren in der Schule Albanisch gelernt hätten – ihre eigentliche Muttersprache, wie er hinzufügt. Der Unterricht in albanischer Sprache von der ersten bis zur neunten Klasse sei 2006 eingeführt worden. Am Anfang hätten die mazedonischen Behörden Widerstand geleistet, doch jetzt gebe es keine Probleme mehr. Nach seinen Worten werden 650 Kinder und Jugendliche in albanischer und 450 in mazedonischer Sprache unterrichtet, in verschiedenen Klassen, aber im gleichen Schulhaus. Diese Zahlen scheinen doch etwas übertrieben zu sein, wenn man sich vor Augen hält, wie viele Menschen insgesamt im Ort und in den umliegenden Dörfern leben.

So wie der Hodscha beim Gespräch von 2003 behauptet auch der Schuldirektor, die Bewohner von Labunište seien die Nachfahren von Albanern, die sich vor einigen Jahrhunderten hier angesiedelt hätten. Damit sind aus seiner Sicht alle heutigen Bewohner des Ortes Albaner, auch jene, die sich nicht als solche definieren. Und dann fügt er hinzu: »Das allein ist die Wahrheit. Was ich sage, ist richtig. Du solltest nicht die Leute auf der Straße fragen, ob sie Albaner oder Torbeschen sind.« Wie der Hodscha nimmt auch der Schuldirektor mit größter Selbstverständlichkeit das Recht für sich in Anspruch, allein darüber zu befinden, welcher ethnischen

Gruppe oder Nation die Bewohner von Labuništa angehören. Was diese selber sagen, interessiert ihn nicht. Dass jene, die er als Albaner bezeichnet, mehrheitlich kein Albanisch sprechen, begründet auch er mit der Repressionspolitik der kommunistischen Führung nach dem Zweiten Weltkrieg. In den Schulen sei damals nur in mazedonischer Sprache unterrichtet worden. Die Kommunisten hätten alle gezwungen, Mazedonisch zu sprechen. So sei das Albanische zunehmend in Vergessenheit geraten. Um sich als Albaner zu fühlen, fügt er hinzu, müsse man allerdings nicht unbedingt die albanische Sprache beherrschen. Entscheidend sei die Abstammung, die Herkunft oder – wie er sich ausdrückt – das Blut, das in den Adern fließe. Auch im Ausland gebe es Albaner, die ihre Muttersprache allmählich vergäßen. Trotzdem seien sie in ihrem Herzen Albaner geblieben. Als wir nach dem Gespräch das Schulhaus verlassen, kommt ein Mann mittleren Alters mit eiligen Schritten auf uns zu. Er habe uns etwas Wichtiges mitzuteilen, sagt er mit leiser Stimme und blickt nervös um sich: »Wenn gesagt wird, dass achtzig Prozent der Bewohner von Labuništa Albaner sind, so stimmt das nicht. Sie sind keine Albaner, sondern Torbeschen.« Er wusste genau, dass wir beim Direktor der Grundschule waren, und ahnte, was dieser uns gesagt hatte. Kaum ist der Mann verschwunden, nähert sich mit schnellen Schritten ein anderer und meint: »Siehst du die albanische Fahne dort drüben auf dem großen Platz? Das ist der Beweis, dass wir hier alle Albaner sind und nichts anderes.« Doch was sind sie nun, die Bewohner von Labuništa?

Dolno Količani ist ein anderes Torbeschen-Dorf. Es liegt nur wenige Kilometer südlich von Skopje in der sogenannten Torbešija. Kaum hat man die lärmigen Vororte der Hauptstadt hinter sich gelassen, gelangt man in eine andere, in eine stille, beschauliche und entrückte Welt, in der sich das Leben in einem ganz andern Rhythmus abspielt. Der erste Mann, den wir auf der Straße ansprechen und nach seiner Identität fragen, definiert sich als Torbesche. Doch als ein anderer Mann hinzukommt, ändert er abrupt seine Meinung. Nun ist er plötzlich Türke. »Hier gibt es keine Torbeschen. Wir sind alle Türken«, belehrt uns der zweite Mann, der sich ins Gespräch eingemischt hat. Im Übrigen sei es eine Beleidigung, Torbesche genannt zu werden: »Das musst du dir für immer hinter die Ohren schreiben.« Im Zentrum des Dorfes sitzen im Schatten eines großen Baumes einige ältere Männer auf hölzernen Bänken. Neugierig beobachten sie den Fremden. Sie fragen sich wohl, was diesen nach Dolno Količani geführt hat, in einen Ort, in den es selten einen Ausländer verschlägt. Auf die Frage, ob sie Torbeschen seien, schütteln sie alle bedächtig den Kopf. Nein, sie seien Türken, auch wenn sie sich in Mazedonisch unterhielten, sagt einer von ihnen. Ein anderer aber meint, wenn er sage, er sei Türke, dann wolle er damit zum Ausdruck bringen, dass er ein Muslim sei und kein Christ wie die Mazedonier. Ein Dritter zeigt mit seiner knochigen Hand in die Richtung des Friedhofs. »Dort kannst du sehen, dass wir alle Türken sind, denn es gibt nur Grabinschriften mit türkisch-arabischen Namen, islamischen Symbolen und arabischen Schriftzügen.« Das stimmt allerdings nicht ganz, wie sich später herausstellte. Auf dem Friedhof am Rande des Dorfes finden sich durchaus auch Grabsteine mit Inschriften in mazedonischer Sprache und kyrillischer Schrift. Einer der Männer unter dem Baum fügt hinzu: »Geh hinauf zur Schule, schau sie dir an, dann wirst auch du überzeugt sein, dass wir Türken sind.«

Die Aussagen der Männer stimmen mit den Ergebnissen der jüngsten Volkszählung von 2002 überein. Dolno Količani hatte damals 1510 Einwohner, 1507 von ihnen deklarierten sich als Türken, je einer als Mazedonier und als Albaner. Ein weiterer trug sich in die Rubrik »Übrige« ein. Mit Ausnahme von acht Dorfbewohnern erklärten alle, ihre Muttersprache sei Türkisch. Der Ort gehört zur Gemeinde Studeničani, in der die Albaner mit 68 Prozent die Bevölkerungsmehrheit stellen, gefolgt von den Türken mit 19 Prozent und den Bosnjaken mit knapp 10 Prozent. Nur gerade 309 von 17 246 Einwohnern der Gemeinde bezeichneten sich beim Zensus von 2002 im ethnischen Sinn als Mazedonier. Der Bürgermeister von Studeničani gehört der Demokratischen Partei der Albaner an, die auch in Labuništa an der Macht ist. Während sich in Dolno Količani fast alle als Türken bezeichnen, auch wenn viele von ihnen nicht oder nur ungenügend Türkisch sprechen, definierten sich bei der Volkszählung von 2002 in Gorno Količani, einem weiteren kleinen Torbeschen-Dorf rund eineinhalb Kilometer weiter oben am Hang, 306 von 309 Einwohnern als Albaner. Mit einer einzigen Ausnahme gaben alle an, ihre Muttersprache sei Albanisch.

Wir folgen dem Rat des alten Mannes unter dem Baum in Dolno Količani und machen uns auf den Weg zur Schule, in der Hoffnung, eine Antwort auf die Frage zu finden, warum sich hier fast alle als Türken bezeichnen. Das Schulgebäude liegt etwas außerhalb des Dorfes und trägt den Namen von Mustafa Kemal Atatürk, dem Begründer der Türkischen Republik. Vor dem weiß gestrichenen Haus steht ein Denkmal zu Ehren Atatürks. Seit dem Schuljahr 1999/2000 wird in dieser Schule, wie Dorfbewohner erzählen, auch in türkischer Sprache unterrichtet. Zuvor seien die Kinder einige Jahre lang mit Bussen in eine türkischsprachige Schule nach Skopje gebracht worden, denn die Behörden hätten sich geweigert, die Forderung der Eltern nach Einführung des Türkischen als zweite Unterrichtssprache zu erfüllen. Auch in einigen andern Torbeschen-Dörfern, etwa in Centar Župa in der Nähe der Stadt Debar im Westen Mazedoniens, verlangten die Bewohner nach dem Zerfall Jugoslawiens, dass die Kinder in den Grundschulen entsprechend dem nationalen Bekenntnis ihrer Eltern in türkischer und nicht mehr in mazedonischer Sprache unterrichtet werden. Von dieser Forderung ließen sie sich auch durch den Umstand nicht abbringen, dass viele Kinder überhaupt nicht oder nur ungenügend Türkisch sprachen. Das Verfassungsgericht in Skopje hatte jedoch zu Beginn der neunziger Jahre entschieden, dass die Bewohner von Centar Župa keine Türken sind, sondern slawische Mazedonier. Ihre Muttersprache sei somit nicht Türkisch, sondern Mazedonisch. Deshalb sei in den Grundschulen Mazedonisch die alleinige Unterrichtssprache. Trotzdem werden viele Schüler von Centar Župa schon seit Jahren in Türkisch unterrichtet.

Ein Mann mittleren Alters, der uns während des Rundgangs durch Dolno Količani angesprochen hatte, gibt eine plausible Erklärung dafür, warum sich praktisch alle Dorfbewohner als Türken definieren: »Als wir in Titos Jugoslawien Mazedonier sein wollten und uns auch als solche fühlten, hatten die christlichen Mazedonier uns mit der Begründung abgelehnt, wir seien Muslime.« Später hätten Türken Dolno Količani besucht. Wer genau diese Türken waren und woher sie kamen, weiß er nicht. Jedenfalls hätten sie, anders als die mazedonische Regierung, ein offenes Ohr für die Nöte und Sorgen der Dorfbewohner gehabt und ihnen geholfen. Das Schulhaus wurde renoviert und neu ausgestattet.

Die rund dreißig Kinder, die hier in türkischer Sprache unterrichtet werden, erhielten ihr Schulmaterial gratis: »So haben unsere Kinder wieder eine Perspektive«, betont der Mann. Zwar seien insbesondere vor Parlamentswahlen auch Vertreter mazedonischer Parteien nach Dolno Količani gekommen und hätten versprochen, Arbeitsplätze zu schaffen und die Lebensbedingungen im Dorf zu verbessern. Doch nach den Wahlen hätten sie sich meist nicht mehr blicken lassen, und es habe sich nichts geändert. Das Problem sei nicht, so bringt es ein jüngerer Mann auf den Punkt, ob die Bewohner von Dolno Količani Torbeschen, Türken, Albaner oder Mazedonier sind. Was sie wirklich bedrücke und beschäftige, seien die miserable Wirtschaftslage, die Arbeitslosigkeit, die Armut, die Perspektivlosigkeit. Sie fühlten sich von der eigenen Regierung im Stich gelassen, vernachlässigt, schlecht behandelt, marginalisiert, ausgegrenzt, nicht ernstgenommen. Hilfe komme, wenn überhaupt, von den Türken, und so sei es nicht verwunderlich, dass die Bewohner von Dolno Količani nun Türken sein wollten und keine Mazedonier.

Während in Labuništa die albanische Option dominiert, definieren sich die Bewohner von Dolno Količani als Türken. Es gibt allerdings auch Torbeschen-Dörfer, in denen sich die Mehrheit als Mazedonier mit einem islamischen Glaubensbekenntnis deklariert. In einigen Orten, wie etwa in Dolno Količani und in Gorno Količani, sind die nationalen Selbstdefinitionen mehr oder weniger einheitlich. Andere Dörfer gleichen einem Flickenteppich. Wenn ein Torbesche sagt, er sei ein Albaner oder ein Türke, so heißt das noch lange nicht, dass er sich wirklich als Albaner oder als Türke fühlt. Bezeichnend sind Äußerungen wie: Ich definiere mich zwar als Albaner, aber eigentlich bin ich ein Torbesche. Hinter der türkischen oder albanischen Orientierung kann sich auch, ganz in der Tradition des Osmanischen Reiches, ein Bekenntnis zum Islam verbergen. Der Begriff »Türke« oder »Albaner« ist in diesem Fall nur ein anderes Wort für »Muslim«. Manch einer bezeichnet sich aber auch als Muslim im ethnischen Sinn, weil er sich dem Druck zu eindeutigen nationalen Zuordnungen und der politischen Vereinnahmung durch die Titularnation oder durch große Minderheiten entziehen will, denen die slawischen Muslime Mazedoniens seit dem Zusammenbruch des Osmanischen Reiches immer wieder ausgesetzt waren. Wenn die Torbeschen dazu gezwungen werden, sich zu einer Nation zu bekennen, dann bezeichnen sich viele lieber als Türken oder als Albaner, denn »Mazedonier« wird mit »Christ« gleichgesetzt, und Christen wollen sie in keinem Fall sein. Es ist also davon auszugehen, dass sich slawische Muslime als Torbeschen, als Albaner, als Türken oder auch als Bosnjaken definieren, weil sie damit, in Abgrenzung von den traditionell christlich-orthodoxen Mazedoniern, ihre muslimische Identität betonen wollen. Dies umso mehr, als das Christentum bei der Definition der mazedonischen Nation eine immer bedeutendere Rolle spielt.

Wie für alle slawischen Muslime auf dem Balkan ist auch für die Torbeschen der Islam noch immer – neben der Zugehörigkeit zur Dorfgemeinschaft – das wichtigste Merkmal der kollektiven Identität, und dies trotz der Auflösung der traditionellen Lebensformen, der Säkularisierung, der Modernisierung und dem damit einhergehenden Verlust konfessioneller Bindungen. Das Bekenntnis zum Islam hat auch hier, ebenso wie in Bosnien-Herzegowina, in vielen Fällen nichts mit den religiösen Überzeugungen zu tun. Viele Torbeschen verstehen heute den Islam, so wie die meisten Mazedonier das orthodoxe Christentum, als ein kulturelles Erbe. Gerade weil der Islam traditionell Vorrang vor ethnischen und sprachlichen Bindungen hat, fällt es den Torbeschen leicht, sich als Albaner, als Türken, als Bosnjaken oder auch als Muslime im nationalen Sinn zu definieren. So änderten viele praktisch bei jeder Volkszählung nach dem Zweiten Weltkrieg ihre nationale Identität. Ständige Wechsel der Eigendefinitionen sind für alle slawischen Muslime des südlichen Balkans charakteristisch. Ein Beispiel ist Labuništa. Beim Zensus von 1948 hatten sich alle als Mazedonier bezeichnet, bei den Volkszählungen von 1961, 1971 und 1981 überwog die mazedonische Option. Das änderte sich 1994. Beim ersten Zensus nach der Proklamierung der staatlichen Unabhängigkeit definierte sich eine knappe Mehrheit als Türken, ganz dicht gefolgt von jenen, die sich als Albaner deklarierten. Etwas weiter zurück lagen jene, welche die Frage nach der ethnischen Zugehörigkeit mit »Mazedonier« beantworteten. Erst bei der jüngsten Volkszählung von 2002 bezeichnete sich eine deutliche Mehrheit der Bewohner als Albaner. Da die Torbeschen, im Gegensatz zu den Albanern, den Türken, den Bosnjaken, den Serben, den Vlachen und den Roma, über keinen offiziellen Status verfügen und sich deshalb bei den Volkszählungen auch nicht als Torbeschen deklarieren können, bleibt ihnen nichts anderes übrig, als sich größeren, vom Staat anerkannten Nationen und Minderheiten anzuschließen. Es ist deshalb nicht erstaunlich, dass die Angaben darüber, wie viele Torbeschen in Mazedonien leben, weit auseinandergehen. Torbeschen selber nennen Zahlen von 120 000 bis 180 000. Die meisten Historiker gehen von 50 000 bis 70 000 aus.

Doch ist die Wahl der Eigendefinition keineswegs willkürlich oder zufällig. Dahinter stecken vielmehr klar definierte

Interessen. Die slawischen Muslime, die sich als Türken oder als Albaner definieren, erhoffen sich mehr materielle Hilfe und Unterstützung, ein Ende der Marginalisierung, mehr Anerkennung und Wertschätzung auch als Muslime, eine bessere Vertretung ihrer Interessen gegenüber den Behörden. Die albanische Option ist in jüngerer Zeit auch deshalb attraktiver geworden, weil die Albaner durch das Abkommen von Ohrid an Gewicht und Einfluss im mazedonischen Staat gewonnen haben. In Labuništa regiert die Demokratische Partei der Albaner, und so ist es gewiss kein Zufall, dass sich die Mehrheit der Dorfbewohner für die albanische Option entscheidet. Ein wichtiges Kriterium bei der Wahl der nationalen Eigendefinition sind die politischen Machtverhältnisse. Wer sich als Torbesche oder als Türke zu erkennen gebe, so meint ein Dorfbewohner, habe überhaupt keine Chance, einen der ohnehin raren Arbeitsplätze im öffentlichen Dienst zu ergattern. Es braucht nicht viel Phantasie, um sich vorzustellen, dass auch der Schuldirektor Mitglied der im Dorf regierenden Demokratischen Partei der Albaner ist. Allerdings gibt es viele Anzeichen dafür, dass die Torbeschen weder von den Albanern noch von den Türken als gleichwertige Mitglieder ihrer Ethnie behandelt werden, da sie slawischer Herkunft sind und meist nicht oder nur ungenügend Albanisch oder Türkisch sprechen. Nach Meinung vieler Mazedonier hat sich Labuništa in ein albanisches Dorf verwandelt, obschon es im Ort, wie sie betonen, keine ethnischen Albaner gibt und kaum jemand Albanisch spricht. Die im Dorf herrschende albanische Partei übe Druck auf die Bevölkerung aus und missbrauche den Islam zu politischen Zwecken, lautet die Kritik in Skopje. Labuništa gilt als Hochburg der albanisch orientierten slawischen Muslime und als jener Ort, von dem die Albanisierung der Torbeschen ausgeht. Das allerdings bestreitet der Schuldirektor von Labuništa vehement. Niemand werde gezwungen, sich als Albaner zu definieren.

Die nationalen Selbstbezeichnungen können sogar innerhalb einer einzigen Familie unterschiedlich sein. Ein Helfer, der beim abgebrochenen Zensus von 2011 in Labuništa mit Fragebögen von Haus zu Haus ging, berichtet im Gespräch von einem solchen Fall. Er sagt von sich selber, er fühle sich als Torbesche, deklariere sich aber als Albaner. In einem der Häuser, so erzählt er, habe sich die Mutter als Türkin, der eine Sohn als Torbesche und der andere Sohn als Albaner bezeichnet. Das ist kein Einzelfall. Torbeschen definieren sich nicht nur unterschiedlich. Viele wechseln im Alltag ihre Identität, wenn es darum geht, ein bestimmtes Ziel zu erreichen. Ein Torbesche kann zur gleichen Zeit ein Albaner, ein Türke oder auch ein Mazedonier sein, abhängig vom politischen Kontext und von seinen persönlichen Interessen. Im Unterschied dazu ist ein Albaner im nationalen Sinn immer ein Albaner, ein Serbe ein Serbe und ein Mazedonier ein Mazedonier, auch wenn unter gewissen Umständen andere Merkmale der Identität in den Vordergrund rücken können. Es ist unvorstellbar, dass sich ein Albaner als Serbe, ein Serbe als Albaner, oder ein Mazedonier als Albaner und ein Albaner als Mazedonier deklariert. Ein junger Torbesche, der dem Islam gegenüber indifferent ist und nie in die Moschee geht, sagt zu den multiplen Identitäten: Wenn er sich in Skopje um einen Arbeitsplatz bewerbe, präsentiere er sich als Mazedonier. Das könne allerdings wegen der türkisch-arabischen Vornamen der Torbeschen Probleme mit sich bringen. Suche ein Torbesche eine Stelle in einer von Albanern dominierten Stadt in Mazedonien, etwa in Tetovo, dann sei es von Vorteil, sich zur albanischen Nation zu bekennen. In der Familie oder unter Freunden könne dann dieselbe Person wieder ein Torbesche sein. Sein Fazit lautet: »Wichtig ist, wie man sich deklariert, und nicht, wie man sich fühlt.«

Die Torbeschen liefen im Konflikt zwischen Albanern und Mazedoniern immer Gefahr, zwischen den beiden Völkern aufgerieben zu werden. Im Ersten Weltkrieg war Vardar-Mazedonien, also jener Teil des osmanischen Mazedonien, der nach den Balkankriegen von 1912/13 an Serbien fiel, von bulgarischen Truppen besetzt. Sofia betrieb eine brutale Assimilierungspolitik. Die christlichen Mazedonier galten als Bulgaren, die muslimischen Torbeschen als »vertürkte« Bulgaren. In der Zwischenkriegszeit gehörte das Gebiet zu Serbien. Mazedonien hieß in jener Zeit »Südserbien«. Für die Nationalisten in Belgrad war es ein serbisches Kerngebiet, ja sogar die »Wiege der serbischen Nation«. Die slawischen Bewohner Mazedoniens galten nun als »vom Türkenjoch befreite« Serben, die Torbeschen als islamisierte Serben und nicht mehr als Bulgaren. Mit dem Ziel der Abwehr bulgarischer Ansprüche auf Vardar-Mazedonien wurde die slawische Bevölkerung serbisiert. Serbische Lehrer und Kolonisten kamen nach »Südserbien«. Familiennamen wurden der serbokroatischen Sprache der neuen Machthaber angepasst und erhielten Endungen auf -ić. 1941 besetzte die bulgarische Armee zwei Drittel Vardar-Mazedoniens, einschließlich der Hauptstadt Skopje. Doch die rücksichtslose Politik der Bulgarisierung stieß sogar bei jenen Slawen Mazedoniens auf Widerstand, die zuvor den Bulgaren viel Wohlwollen entgegengebracht oder diese gar als Befreier begrüßt hatten. Der westliche Teil Vardar-Mazedoniens und damit die Hauptsiedlungsgebiete der Albaner sowie der slawischen Muslime wurden Groß-Albanien zugeschlagen, das von Italien kontrolliert wurde. Die neuen Herrscher erklärten die Torbeschen zu Albanern, ihre Nachnamen wurden in vielen Fällen mit typisch albanischen Endungen versehen. Schulen in albanischer Sprache wurden eröffnet, die erste 1941 in Labuništa. Darauf ist der Direktor der Grundschule sehr stolz. Er sieht darin einen weiteren Beweis dafür, dass die Bewohner von Labuništa Albaner sind.

Im sozialistischen Jugoslawien war Mazedonien eine der sechs Teilrepubliken, und die slawischen Mazedonier hatten den Status einer eigenen Nation. Die Muslime slawischer Herkunft, die im Laufe des 20. Jahrhunderts zuerst zu Bulgaren, dann zu Serben und schließlich zu Albanern erklärt worden waren, galten nun als Mazedonier mit einem islamischen Glaubensbekenntnis. Doch die ethnischen Grenzen blieben fließend. Bei der Volkszählung von 1948 hatten sich die meisten Torbeschen als Mazedonier-Muslime deklariert. Das änderte sich 1953 und 1961, wenn auch nicht in allen Dörfern, wie das Beispiel Labuništa zeigt. Nun definierten sich deutlich weniger Torbeschen als Mazedonier-Muslime. Die meisten betrachteten sich als Türken, auch wenn sie keine ethnischen Türken waren und Türkisch für sie eine Fremdsprache war. Beim Zensus von 1961 bekannten sich 67 Prozent aller Torbeschen zur türkischen Option. Einer der Gründe für diese Wahl lag wohl darin, dass die in Jugoslawien lebenden Türken damals die Möglichkeit hatten, in die Türkei zu emigrieren. Zwischen 1953 und 1966 sollen nach offiziellen Belgrader Angaben rund 80 000 Türken das Land verlassen haben, unter ihnen auch Muslime slawischer Herkunft. Man geht davon aus, dass sich manche Torbeschen als Türken deklarierten, weil sie sich dem Exodus anschließen wollten.

Die kommunistische Partei Mazedoniens konnte mit den Ergebnissen der Volkszählungen nicht zufrieden sein. Sie verstärkte deshalb zu Beginn der siebziger Jahre ihre Bemühungen, die zwischen verschiedenen ethnischen Gruppen und Nationen schwankenden Torbeschen für sich zu gewinnen. Aus ihrer Sicht ging es darum, die verschüttete mazedonisch-slawische Identität freizulegen. Die kommunistische Führung war besorgt, denn immer mehr slawische Muslime definierten sich als Albaner, während die Zahl jener slawischen Muslime zurückging, die sich im ethnischen Sinn als Mazedonier deklarierten. Dieser für die Kommunisten unerfreulichen Entwicklung sollte ein Ende gesetzt werden. In einem Beschluss der Partei hieß es, es sei historisch und wissenschaftlich erwiesen, dass die slawischen Muslime, die Mazedonisch sprechen und auf dem Gebiet der Sozialistischen Republik Mazedonien leben, islamisierte Mazedonier seien und keine Albaner, auch keine Türken oder Muslime im ethnischen Sinn, also mit einem großen »M«. Die Aufgabe bestand nun darin, die Torbeschen davon zu überzeugen, dass sie auch als Muslime ein fester Bestandteil der mazedonischen Nation sind. Unermüdlich wurde betont, die Torbeschen seien einst ebenfalls orthodoxe Christen gewesen, die zur Zeit der osmanischen Herrschaft unter Zwang islamisiert worden seien. Doch der Erfolg dieser Bemühungen war bescheiden. Die islamische Kultur, der sich die slawischen Muslime verbunden fühlten, war ihnen wichtiger als die sprachliche Gemeinsamkeit und die gleiche Herkunft. Und so zogen es viele Torbeschen weiterhin vor, sich auf der Grundlage der Religion als Türken oder als Albaner zu deklarieren.

Nach Ansicht von Ljubčo Risteski, Professor am Institut für Ethnologie und Anthropologie an der Kyrill-und-Method-

Universität in Skopje, verstärkte gerade die Betonung der christlichen Wurzeln unter den Torbeschen die Furcht, man wolle sie zum Christentum bekehren. Auch nach der Proklamation der Unabhängigkeit Mazedoniens 1991 habe sich daran nichts geändert. Die grundlegende Frage lautet nach wie vor: Wie kann ein slawischer Muslim im ethnisch-nationalen Sinn ein Mazedonier sein, wenn sich diese als orthodoxe Christen verstehen? Die Zahl jener Torbeschen, die sich als Mazedonier-Muslime definieren, wird heute auf höchstens zwanzig Prozent geschätzt. Es dominieren die türkische und die albanische Option. Risteski kommt zum gleichen Schluss wie der Mann in Dolno Količani, der sich bitter darüber beklagte, dass die Mazedonier die Torbeschen zurückgewiesen hätten, als diese Mazedonier sein wollten. Der mazedonische Staat habe die slawischen Muslime durch sein eigenes Verschulden verloren, betont Risteski.

Ismail Bojda stammt aus Brod, einem Dorf in der Gora. Es liegt im äußersten Südwesten des Kosovo unweit der Grenze zu Mazedonien. Er ist Präsident der Vereinigung der Mazedonier mit einem islamischen Glaubensbekenntnis. Wie er im Gespräch im Juni 2015 in Skopje betont, gibt es keine Torbeschen. Allein schon das Wort sei herabwürdigend und beleidigend. Ljupčo Risteski vertritt die Meinung, der Begriff »Torbesche« sei eine Ableitung vom Wort »torba« (Beutel, Tasche). Die Torbeschen seien zur Zeit der Herrschaft der Osmanen für eine mit Speisen gefüllte Tasche von ihrem christlichen Glauben abgerückt und Muslime geworden. Es gibt allerdings auch andere Theorien über die Herkunft des Worts. Wie dem auch sei, Bojda betrachtet alle slawischen Muslime Mazedoniens, ob sie sich selber als Torbeschen, als

Albaner, als Türken, als Bosnjaken oder als Muslime bezeichnen, nicht nur im staatsbürgerlichen Sinn als Mazedonier, sondern auch im ethnischen und nationalen. In einem Zeitungsartikel vom 29. November 2013 schrieb er über die Torbeschen: »Wir sind Mazedonier, weil wir Mazedonisch sprechen. Wir sind Mazedonier, weil Mazedonien von alters her unser Staat ist. Wir sind Mazedonier, weil wir mit der Milch unserer Mutter Mazedonien gestillt wurden.« Bojda geht aber noch weiter. Für ihn sind auch alle Bewohner der Gora, aus der er selber stammt, Mazedonier, auch wenn sich kaum einer von ihnen als solcher bezeichnet. Sie definieren sich, wie bereits gesagt, als Bosnjaken oder als Goraner im ethnischen Sinn. Bojda lehnt die offizielle Bezeichnung »Mazedonier-Muslime« mit der Begründung ab, dadurch würden die Muslime slawischer Herkunft von den ethnischen Mazedoniern künstlich getrennt. Er spricht von Diskriminierung, denn man nenne die Angehörigen der Titularnation ja auch nicht Mazedonier-Christen. Bojda hält die Religion für eine private Angelegenheit, die bei der Definition der nationalen Identität keine Rolle spielen dürfe. Der orthodoxen Kirche wirft er vor, sie setze die mazedonische Nation in zunehmendem Maße mit der orthodoxen Religion gleich, nach dem Motto: Nur ein orthodoxer Christ kann auch ein Mazedonier sein. Damit aber werden die Torbeschen ausgeschlossen.

Die Gemeinschaft der Torbeschen ist in der Frage der nationalen Zugehörigkeit gespalten. Während sich ein Teil von ihnen einer größeren Nation anschließt, sei es aus Überzeugung, aus pragmatischen Überlegungen, aus Opportunismus oder unter politischem Druck, legen andere großen Wert auf die Bewahrung und Festigung der eigenen Identität. Sie bezeichnen sich selber als Torbeschen, und sie sind stolz darauf, dieser Bevölkerungsgruppe anzugehören. Einer von ihnen ist Seadin Dzaferi. Er ist ein Führungsmitglied der 2006 gegründeten Partei der Torbeschen, die sich »Partei für eine Europäische Zukunft« nennt. An ihrer Spitze steht der Geschäftsmann Fijat Canoski. Er hatte bei den Parlamentswahlen von 2006 sogar ein Mandat gewonnen.

Dzaferi, ein junger Mann mit festen Überzeugungen und großem Engagement, ist so etwas wie der Gegenpol von Ismail Bojda. Es treffe zu, betont er im Gespräch im Juni 2015 in Skopje, dass die Torbeschen verunsichert seien und sich unterschiedlich definierten. Von den Mazedoniern würden sie auf der Grundlage der Sprache vereinnahmt. Die Albaner begründeten ihre Ansprüche mit dem Hinweis auf die gemeinsame Religion: »Ihr seid Muslime wie wir, und nur wir können euch schützen.« Für Dzaferi ist der Fall klar: Wären die slawischen Muslime Mazedoniens als eine eigene ethnische Gruppe offiziell anerkannt, würde in Labuništa und in andern Dörfern kein Torbesche mehr behaupten, er sei Albaner. Die Anerkennung als Minderheit ist seiner Ansicht nach der einzige Weg, das Selbstbewusstsein der Torbeschen zu stärken, den ständigen politischen Manipulationen um ihre nationale Identität – dem »Herumirren zwischen den verschiedenen Ethnien« – ein Ende zu setzen und die Assimilation aufzuhalten. Seine wichtigste Forderung lautet: Aufnahme der Torbeschen unter diesem Namen als ethnische Gemeinschaft in die Präambel der Verfassung. Damit wären die Torbeschen den andern Minderheiten des Landes rechtlich gleichgestellt, und sie müssten sich nicht mehr, wie Dzaferi betont, größeren und einflussreicheren muslimischen Ethnien anschließen. Die Torbeschen seien Staatsbürger Mazedoniens. Sie hätten aber keine slawisch-mazedonische Identität, denn deren zentrales Merkmal sei die christlich-orthodoxe Religion. Dzaferi hat eine Vision: Er ist überzeugt davon, dass die Torbeschen, wären sie als eigene ethnische Gruppe anerkannt, ein stabilisierender Faktor im Konflikt zwischen Mazedoniern und Albanern sein könnten.

So wie Dzaferi fordert auch der Schriftsteller Šerif Ajradinoski in der 2011 in Struga veröffentlichten »Deklaration der Torbeschen« die Anerkennung der slawischen Muslime als eine ethnische Gruppe und deren Verankerung in der Präambel der mazedonischen Verfassung. Für ihn sind alle slawischen Muslime Mazedoniens, Kosovos, Bulgariens und Griechenlands, also die Torbeschen, die Goraner und die Pomaken, ein einziges Volk, verschieden seien nur die Namen. Wenn sich Torbeschen als Albaner oder Türken definierten, sei das ein Akt des Widerstands gegen die Politik des mazedonischen Staates. Wie andere Befürworter der rechtlichen Aufwertung der Torbeschen ist auch Ajradinoski empört darüber, dass in der Verfassung zahlreiche kleine Minoritäten erwähnt werden, etwa die Bosnjaken, die Serben oder die Vlachen. Nur für die Torbeschen, die drittgrößte Bevölkerungsgruppe des Landes nach den Mazedoniern und den Albanern, gebe es keinen Platz. Und dabei gehören die Torbeschen nach Meinung Ajradinoskis zu den ältesten Völkern des Balkans. Zudem hätten sie sich, wie er behauptet, in Titos Jugoslawien als Muslime deklariert. Daraus zieht er den Schluss, dass auch sie, so wie die Muslime in Bosnien-Herzegowina, den Status einer Nation gehabt hätten. Und heute würden sie in Mazedonien nicht einmal als eine eigene ethnische Gruppe anerkannt. Das sei ein großes Unrecht.

Zweifellos ist Seadin Dzaferi zuzustimmen, wenn er darauf hinweist, dass in Mazedonien gemäß der Verfassung von 2001 die ethnische Zugehörigkeit von großer Bedeutung für die Verwirklichung der Rechte des einzelnen Bürgers ist. Die Weigerung, die Torbeschen als eine Minderheit anzuerkennen, kommt seiner Meinung nach einer politischen Diskriminierung gleich. Dzaferi erläutert das an einem Beispiel: Wenn er in einem Bewerbungsgespräch für eine staatliche Stelle sage, er heiße Seadin oder Mustafa oder Ismail, dann erhalte er zur Antwort: »Du bist ein Muslim, du kannst kein Mazedonier sein, denn du hast einen muslimischen Vornamen. Warum bezeichnest du dich nicht als Albaner, und warum sprichst du nicht Albanisch?« Wenn er sich als Torbesche und damit als Angehöriger einer offiziell nicht anerkannten Ethnie zu erkennen gebe, sagt Dzaferi, falle er durch alle Raster und habe keine Chance, die Stelle zu bekommen. Viele Arbeitsplätze im Staatsdienst, in der öffentlichen Verwaltung und in den staatlichen Betrieben werden, ähnlich wie in Bosnien-Herzegowina, nach einem ethnischen Schlüssel vergeben. Der ethnische Proporz ist ein wichtiger Faktor bei der Aufteilung der politischen Macht. Das hat gravierende Folgen, denn der Staat zählt noch immer zu den wichtigsten Arbeitgebern. Die Mazedonier, die Albaner und die Türken haben deshalb ein großes Interesse daran, möglichst viele Muslime slawischer Herkunft für sich zu gewinnen: Je höher ihr Anteil an der Gesamtbevölkerung ist, desto größer wird ihr politischer Einfluss. Überlagert werden die ethnischen Trennlinien von einem ausgeprägten Klientelsystem. Die mazedonische Regierungspartei und ihre albanische Koalitionspartnerin haben den Staat praktisch unter sich aufgeteilt. Sie ermöglichen ihrer Klientel in den von ihnen beherrschten Gebieten des Landes den Zugang zu den wirtschaftlichen Ressourcen und den begehrten Arbeitsplätzen im öffentlichen Dienst. Wichtiger noch als die Zugehörigkeit zur »richtigen« Ethnie ist die Unterstützung der »richtigen« Partei. In einem solchen politischen System ist es für die Torbeschen durchaus von Bedeutung, wie sie sich national deklarieren.

In einem Land, in dem die ethnische Definition der Nation über die politische und staatsbürgerliche dominiert und die Verteilung von Ämtern im öffentlichen Dienst – neben parteipolitischen Bindungen – auch von der zahlenmäßigen Stärke der einzelnen Bevölkerungsgruppen abhängt, ist eine Volkszählung eine brisante politische Angelegenheit. Wie bereits erwähnt, musste der letzte Zensus von 2011 nach wenigen Tagen abgebrochen werden. Allein schon die Frage, wer von der Zählung erfasst werden soll, löste heftige Kontroversen aus. Die Mazedonier warfen den Albanern vor, sie versuchten mit üblen Tricks, die Zahl der Angehörigen ihrer Bevölkerungsgruppe aufzublähen. Die Albaner beschuldigten die Mazedonier, sie ließen nichts unversucht, um diese Zahl möglichst niedrig zu halten. Das gegenseitige Misstrauen war abgrundtief. Schließlich trat die für die Volkszählung zuständige Behörde zurück. Schon bei der Volkszählung von 2002 hatten die albanischen Parteien heftig protestiert. Sie waren der Meinung, die Zahl der Albaner sei bedeutend höher als dies das Ergebnis des Zensus zum Ausdruck bringe. Ihr Anteil lag mit rund 509 000 bei 25 Prozent der Gesamtbevölkerung.

Seadin Dzaferi plädiert für ein modernes Staatsverständnis. Mazedonien müsse als Staat der mazedonischen Bürgerinnen und Bürger definiert werden und nicht als Staat unterschiedlicher ethnischer Gemeinschaften. Solche Versuche gab es nach der Beendigung der Kämpfe 2001. Damals hatte das Parlament in Skopje nach vielen Debatten und erst nach heftigem Drängen der Europäischen Union und der Vereinigten Staaten Verfassungsänderungen verabschiedet. Zwar ist Mazedonien darin im Sinne eines modernen Staatsverständnisses auch als Staat aller seiner Bürger definiert, die auf seinem Territorium leben. Doch wird dabei das mazedonische Volk besonders hervorgehoben, und auch alle offiziell anerkannten Minderheiten werden namentlich aufgezählt. Das war das Ergebnis eines Kompromisses. Ursprünglich hätte Mazedonien nur als Staat seiner Bürger definiert werden sollen. Dieser Vorschlag sorgte in Skopje jedoch für große Aufregung. Slawisch-mazedonische Politiker erklärten, das Verschwinden ihrer Nation aus der Präambel der Verfassung bedeute das Ende des mazedonischen Volkes. Solange aber der mazedonische Staat ethnisch definiert sei, sagt Dzaferi, hätten die Torbeschen als Angehörige einer nicht anerkannten Minderheit kaum eine Chance, eine Stelle im öffentlichen Dienst und in der staatlichen Administration zu erhalten. Die Forderungen Dzaferis und seiner Partei für eine Europäische Zukunft sind bis heute unerfüllt geblieben. Auch im Vorfeld der gescheiterten Volkszählung von 2011 war ihnen der Status einer Minderheit verweigert worden. Canoski, der sich mit Korruptionsvorwürfen konfrontiert sieht, sitzt schon lange nicht mehr im Parlament. Die Meinungen darüber, ob die Torbeschen überhaupt eine ethnische Minderheit sein wollen, und welchen Einfluss die Partei für eine Europäische Zukunft auf sie ausübt, gehen weit auseinander. Eines allerdings ist, wie die Ethnologin Mirjana Mirčevska vom Institut für Ethnologie und Anthropologie der Kyrill-und-Method-Universität in Skopje betont, unverändert geblieben: Niemand kümmert sich um die Torbeschen, sie werden vernachlässigt und in ihrer wirtschaftlichen und sozialen Misere allein gelassen: »Man hat sie vergessen.«

Wer heute durch das Zentrum Skopjes schlendert und die Hauptstadt Mazedoniens von früheren Besuchen kennt, reibt sich verwundert die Augen. Nichts ist mehr so, wie es einst war. Viele Häuser aus der sozialistischen Zeit wurden abgerissen. An ihrer Stelle stehen Gebäude mit neoklassizistischen und neobarocken Fassaden, verziert mit Säulen, Statuen und Reliefs. Darin sind Ministerien, Behörden und Kultureinrichtungen untergebracht. Ins Auge stechen etwa das neue Archäologische Museum oder der monumentale, über zwanzig Meter hohe neoklassizistische Triumphbogen mit dem Namen »Porta Makedonija«, welcher der Unabhängigkeit des Landes gewidmet ist. An der Fassade befinden sich zahlreiche Reliefs mit Szenen aus der mazedonischen Geschichte. Überall stehen Reiterstandbilder, Denkmäler und Büsten von Helden und Heroen, die der Geschichte des Landes zugeordnet werden. Der Mazedonien-Platz im Zentrum der Stadt hat sich völlig verändert. Er wird von einem 25 Meter hohen Reiterstandbild beherrscht. Es trägt den Namen: »Krieger hoch zu Ross«. Auch wenn der Reiter in der Pose eines heldenhaften Eroberers nicht namentlich erwähnt wird, weiß doch jeder, dass der grimmig dreinblickende Mann mit dem gezückten Schwert auf dem sich aufbäumenden Pferd Alexander den Großen darstellt. Am Fuß des Sockels stehen Krieger mit Lanzen, Schutzschilden und Helmen. Es sind die Kämpfer, die Alexander im 4. Jahrhundert vor Christus auf seinem Feldzug bis über den Hindukusch begleitet haben. Rund um das Reiterstandbild plätschert das Wasser in einem mit Löwenfiguren verzierten Brunnen. Wasser- und Lichtspiele sollen die Besucher bei Laune halten, aus einem Lautsprecher wird der weite Platz mit Musik überflutet, von Wiener Walzer bis zu Richard Wagner. Wo Alexander der Große ist, darf natürlich sein Vater, Philipp II., nicht fehlen. Seine riesige Bronzestatue steht auf der andern Seite des Flusses Vardar, in der Nähe der Čaršija, der türkisch-orientalischen Altstadt. Er steht in Heldenpose auf einem großen weißen Sockel: In der einen Hand hält er ein Schwert, die andere streckt er entschlossen in die Höhe.

Vieles wirkt bizarr, kitschig, anachronistisch, wie aus der Zeit gefallen. Zu sehen sind vor allem Feldherren aus dem antiken Mazedonien, Kämpfer gegen die Fremdherrschaft der Osmanen, Verfechter der nationalen Unabhängigkeit Mazedoniens. Ihre Blicke sind grimmig nach vorne oder nach oben gerichtet. In ihren Händen halten sie meist Schwerter, Lanzen oder Pistolen. In dieser heroischen und martialischen Männerwelt bleibt für die Frauen nur die Rolle von Müttern, die auf der Welt sind, um Helden zu gebären und aufzuziehen. Ausdruck davon ist das Denkmal mit den »Müttern Mazedoniens«. Zu sehen ist Olympia, die Mutter Alexanders des Großen, wie sie den künftigen Heerführer auf ihrem Schoß hält und stillt.

Einen Ehrenplatz in der Ahnengalerie haben aber auch die Slawenapostel Kyrill und Method, die aus Saloniki stammten, sowie deren Schüler Kliment und Naum. Kyrill und Method, denen die südslawische Sprache vertraut war, kamen zu Beginn der sechziger Jahre des 9. Jahrhunderts auf Bitten des Fürsten Rastislav in das Großmährische Reich. Zur Verkündigung des Evangeliums übersetzten sie liturgische und biblische Texte aus dem Griechischen ins Südslawische. Dazu schuf Kyrill eine eigene Schrift, allerdings nicht die heute unter anderem in Bulgarien, Mazedonien, Serbien, Russland, Weißrussland und der Ukraine gebräuchliche kyrillische, sondern die glagolitische. Die sogenannte Glagolica wurde später durch die eingängigere kyrillische Schrift ersetzt, die sich teilweise am griechischen Alphabet orientierte. Entstanden war sie in Preslav, der Hauptstadt des Ersten Bulgarischen Reiches, das weite Teile des südlichen und östlichen Balkans umfasste. Kliment und Naum führten das Werk der Slawenapostel Ende des 9. Jahrhunderts in Ohrid weiter. Die Stadt entwickelte sich damals zu einem kirchlichen, religiösen und kulturellen Zentrum, das weit in den südslawischen Raum ausstrahlte.

Man wähnt sich im Zentrum Skopjes auf einer riesigen Theaterbühne, inmitten von Kulissen für ein monumentales historisches Schauspiel. Das Stück, das aufgeführt wird, nennt sich »Nation Building«, und das im wörtlichen Sinn. Hier wird eine Nation gebaut, nach dem Willen und entsprechend dem Geschichtsbild der nationalkonservativen Partei VMRO-DPMNE (Innere Mazedonische Revolutionäre Organisation – Demokratische Partei für Mazedonische Nationale Einheit), an deren Spitze Nikola Gruevski steht. Dieser gehört zu den treibenden Kräften des Mammutprojekts der staatlich verordneten Identitätsbildung, das sich »Skopje 2014« nennt. Die Arbeiten zur Umgestaltung des Stadtzentrums hatten 2010 begonnen, sind aber noch immer nicht abgeschlossen. Sie haben bereits Hunderte von Millionen Euro verschlungen, und das in einem der ärmsten Länder Europas. Man wolle der Hauptstadt, so erklärten die Initianten damals, ein europäisches Gesicht geben. Die neoklassizistischen Gebäude und die vielen Denkmäler sollen Skopje aber nicht nur neuen Glanz verleihen, sondern auch Zeugnis von den europäisch-christlichen Wurzeln des jungen mazedonischen Staates ablegen.

»Skopje 2014« ist vor allem ein politisches Projekt. Es ist

der Versuch, das historische Erbe des antiken mazedonischen Reiches auch für den heutigen Staat Mazedonien in Anspruch zu nehmen. Die Ethnogenese der Nation wird weit in die Vergangenheit zurückverlegt. Die heutigen Mazedonier seien, so lautet die Botschaft, die direkten Nachfahren der antiken Mazedonier. Dabei sind die Slawen erst im 6. und 7. Jahrhundert in den südlichen Balkan eingewandert. Dennoch wird Alexander der Große zum Ahnherrn der heutigen slawischen Mazedonier emporstilisiert, und mehr denn je wird ein oft bizarr anmutender Kult um ihn betrieben. Durch die Betonung der Verbindung mit der Antike soll aber auch das Erbe der über fünfhundertjährigen Herrschaft der Osmanen sowie der kurzen kommunistischen Epoche, die vom Ende des Zweiten Weltkriegs bis zur Proklamierung der staatlichen Unabhängigkeit 1991 dauerte, in den Hintergrund gedrängt werden. Ihre baulichen Hinterlassenschaften hatten das Stadtbild bisher geprägt. Im Geschichtsbild der herrschenden politischen Elite war die Epoche der Osmanen – das »türkische Joch« – ebenso wie jene der Kommunisten eine Zeit der Unterdrückung des mazedonischen Volkes. Dabei wird ausgeblendet, dass es die kommunistische Partei war, die den Mazedoniern den Status einer eigenen Nation gab. Die Botschaft, die »Skopje 2014« aussenden soll, lautet: Auch die slawischen Mazedonier sind ein autochthones Volk auf dem südlichen Balkan, deren Wurzeln bis in die Antike zurückreichen. Folglich kann Athen das Erbe Mazedoniens und Alexanders des Großen nicht für sich allein beanspruchen.

Die forcierte nationale Selbstinszenierung im Zentrum Skopjes hat zweifellos auch kompensatorische Züge. Sie ist Ausdruck einer fragilen und ungefestigten nationalen Identität, die von den Nachbarstaaten noch immer in Frage gestellt wird. Mazedonien ist im Vergleich zu andern Balkanländern eine junge Nation. Von den siebziger Jahren des 14. Jahrhunderts bis zum Ersten Balkankrieg 1912 wurde das Gebiet von den Osmanen beherrscht, länger als die meisten andern Regionen Südosteuropas. Das osmanische Mazedonien war flächenmäßig größer als die heutige Republik Mazedonien. Es umfasste rund 63 000 Quadratkilometer und erstreckte sich vom Šar-Gebirge im Norden über den Ohrid-See im Westen, das Pindos-Gebirge und die Ägäis im Süden bis zu den Rhodopen im Osten. Mazedonien bildete in der Zeit der Herrschaft der Osmanen jedoch nie eine administrative Einheit. Ende des 19. Jahrhunderts war das Gebiet, das über zwei Millionen Einwohner zählte, in drei Provinzen (Vilayets) unterteilt: Selanik (Saloniki), Monastir, das sich heute Bitola nennt, sowie – seit 1877 – Kosovo mit dem Zentrum Üsküb (Skopje). Im osmanischen Mazedonien bildeten nicht die Muslime die Bevölkerungsmehrheit, sondern die orthodoxen Christen, zu denen vor allem Griechen, Slawen und Vlachen gehörten.

Im Ersten Balkankrieg vom Oktober 1912 bis zum Mai 1913 eroberten Serbien, Bulgarien, Griechenland und Montenegro mit vereinten Kräften fast alle dem Osmanischen Reich verbliebenen europäischen Territorien. Im kurzen Zweiten Balkankrieg vom Juni und Juli 1913 kämpften die Verbündeten gegeneinander um die Beute. Gegenstand der Begierden war vor allem Mazedonien. Jeder von ihnen rechtfertigte seine territorialen Ambitionen mit angeblichen historischen Rechten und der ethnischen Zusammensetzung der dortigen Bevölkerung. Im Bukarester Friedensvertrag vom August 1913 wurde das umstrittene Gebiet zwischen Griechenland, Serbien und Bulgarien aufgeteilt. Das Osmanische Reich verlor mit Ausnahme Ostthraziens mit der Stadt Edirne alle europäischen Besitzungen. Rund die Hälfte Mazedoniens, das sogenannte Ägäis-Mazedonien mit der Stadt Saloniki, wurde Griechenland zugesprochen. Die Griechen bildeten in den neu erworbenen Gebieten fast überall eine Minderheit. Vardar-Mazedonien (rund vierzig Prozent), das sich weitgehend mit der heutigen Republik Mazedonien deckt, fiel an Serbien. Bulgarien erhielt mit Pirin-Mazedonien (zehn Prozent) nur ein kleines Stück des Kuchens. Sofia hatte den Zweiten Balkankrieg im Vertrauen auf seine militärische Stärke und in der Hoffnung auf weitere Geländegewinne begonnen und verloren. Das Land musste im Vertrag von Bukarest zuvor eroberte Gebiete an die Nachbarstaaten abtreten, nämlich Ostthrazien, das im Osmanischen Reich verblieb, sowie weite Teile Mazedoniens. Nach dem Ersten Weltkrieg ging auch Westthrazien verloren, das bulgarische Truppen wenige Jahre zuvor unter ihre Kontrolle gebracht hatten. Die Region wurde Griechenland zugesprochen. Der über Jahrzehnte gehegte Traum von einem Groß-Bulgarien mit Zugang zur Ägäis musste endgültig begraben werden. Die im Vertrag von Bukarest festgelegten Grenzen entsprechen weitgehend den heutigen.

Entscheidend für den Prozess der mazedonischen Nationsbildung waren der Zweite Weltkrieg und die Jahre danach. Titos Partisanen proklamierten im August 1944 die Sozialistische Republik Mazedonien mit einem eigenen Parlament, einer eigenen Regierung und einer eigenen Verfassung. Auch erhielten die slawischen Mazedonier im Rahmen der jugoslawischen Föderation den Status einer eigenen Nation. Schon damals witterte Athen hinter dieser Politik Titos territoriale Ambitionen Jugoslawiens auf den griechischen Teil Mazedoniens. Erst jetzt festigte sich die mazedonische Identität, die sich in Ansätzen schon in der Zwischenkriegszeit herausgebildet hatte. Das Institut für Nationalgeschichte wurde gegründet, eine mazedonische Historiografie mit den unvermeidlichen nationalen Mythen geschaffen, eine mazedonische Standardsprache kodifiziert. Die mazedonischen Historiker suchten damals die Wurzeln der Nation nicht so sehr in der Antike als vielmehr – in Abwehr bulgarischer Ansprüche – im frühen Mittelalter. Zu einer ordentlichen Nationsbildung gehörte auf dem Balkan nicht nur ein möglichst großes und glanzvolles mittelalterliches Reich, auf das man sich berufen konnte. Unerlässlich waren auch Helden, die sich den osmanischen Unterdrückern mutig entgegenstellten und ihr Leben für die Befreiung der eigenen Nation opferten. Doch hatte Mazedonien das Pech, dass die historischen Persönlichkeiten, die das Land für sich beanspruchte, bereits fester Bestandteil der bulgarischen Geschichtsschreibung waren. Im Nachbarland Bulgarien hatte der Nationsbildungsprozess nämlich früher begonnen. In Sofia wurde denn auch immer wieder darüber geklagt, dass sich Skopje die bulgarische Geschichte aneignen wolle. Ein wichtiges Element der Konsolidierung der mazedonischen Nation nach dem Zweiten Weltkrieg war die Loslösung der mazedonisch-orthodoxen Kirche von der serbisch-orthodoxen Mutterkirche. Sie erklärte sich 1967 mit Unterstützung der Kommunistischen Partei Mazedoniens für autokephal, das heißt: Sie wurde selbständig. Sie wird allerdings weder von der serbisch-orthodoxen Kirche noch von den andern orthodoxen Kirchen anerkannt, auch nicht vom Ökumenischen Patriarchat.

Durch den Zerfall Jugoslawiens wurde Mazedonien 1991 ein unabhängiger Staat. Skopje hatte sich lange, ebenso wie Sarajevo, für die Erhaltung des Vielvölkerstaats eingesetzt.

Beide hatten von der Politik Titos profitiert. Es gab in Mazedonien, anders als in Serbien oder in Kroatien, vor der Proklamierung der Eigenstaatlichkeit keine nationale Mobilisierung. Bulgarien war zwar das erste Land, das den neuen mazedonischen Staat anerkannte. Allerdings gab die Führung in Sofia zugleich deutlich zu verstehen, dass sie die mazedonische Nation als ein politisches Produkt Titos betrachtet. Die slawischen Mazedonier gelten als Bulgaren. Auch leugnet Bulgarien die Existenz einer eigenen mazedonischen Sprache. Aus der Sicht Sofias wird im westlichen Nachbarland ein bulgarischer Dialekt gesprochen.

Erbitterten Widerstand leistete vor allem Griechenland. Athen lehnt den in der Verfassung verankerten Staatsnamen Mazedonien, der für die slawischen Mazedonier eng mit der Nation verbunden ist, bis heute mit der Begründung ab, er impliziere territoriale Ansprüche Skopjes auf das gleichnamige Gebiet im Norden Griechenlands. Auch sieht die griechische Regierung darin eine Usurpation der mazedonischen Geschichte und Kultur, die sie ausschließlich für ihr eigenes Land in Anspruch nimmt. Griechenland sprach zu Beginn der neunziger Jahre erneut, wie während des Bürgerkrieges von 1946 bis 1949, von einer Bedrohung der griechischen Nation durch Slawen aus dem Norden und verlangte zumindest eine geografische Präzisierung des Staatsnamens Mazedonien. Anders als die Regierung in Skopje nach der Proklamation der Unabhängigkeit 1991 hatte Josip Broz Tito Mitte der vierziger Jahre durchaus Ambitionen auf Ägäis-Mazedonien. Dabei berief er sich auf die dort lebenden slawischen Mazedonier, die er für seine politischen Ziele zu instrumentalisieren versuchte. In den Jahrzehnten des Kalten Krieges, als Mazedonien eine Teilrepublik Jugoslawiens war, hatte in

Griechenland niemand Anstoß daran genommen, dass an den Grenzübergängen Schilder mit der Aufschrift »Sozialistische Republik Mazedonien« standen. Das änderte sich erst nach der Proklamation der Unabhängigkeit. Nun setzte Athen durch, dass das nördliche Nachbarland in den internationalen Organisationen »Ehemalige Jugoslawische Republik Mazedonien« (»Former Yugoslav Republic of Macedonia«, abgekürzt FYROM) genannt werden musste. Im Jahre 2008 scheiterte der Beitritt Mazedoniens zur Nato am Veto Griechenlands. Die nationalistische Verhärtung in Skopje, wie sie unter anderem im Projekt »Skopje 2014« zum Ausdruck kommt, ist zweifellos auch eine Folge der Obstruktionspolitik Athens, das die weitere EU-Integration des nördlichen Nachbarlandes blockiert.

Mit der Staatsgründung 1991 begann eine gewisse Umorientierung in der Identitätspolitik Mazedoniens. Da Athen mit allen Mitteln verhindern will, dass sich das nördliche Nachbarland Mazedonien nennt, haben Historiker in Skopje die Wurzeln der jungen Nation vermehrt in die Antike verlegt. Sie wollen damit den Nachweis erbringen, dass auch ihr Land ein Recht auf das historische und kulturelle Erbe Mazedoniens und damit auf seinen Staatsnamen hat. Die Antikisierung ist also auch eine Reaktion auf die griechischen Forderungen, den Staatsnamen zu ändern. Doch das ist nur die eine Seite. Wie in sozialistischer Zeit, von der sich Gruevski und seine Partei eigentlich abgrenzen wollen, geht es beim Projekt »Skopje 2014« auch um eine Mazedonisierung des Mittelalters. Mazedonien existierte, so lautet die Botschaft, bevor die Osmanen das Land eroberten. Auch Mazedonien hatte ein mittelalterliches Reich, auf dessen kulturelle und staatsbildende Traditionen sich die heutige Generation berufen kann. Solche Ansprüche führten jedoch zwangsläufig zu neuen Kontroversen mit Bulgarien, denn Skopje und Sofia beanspruchen zahlreiche historische Persönlichkeiten für ihre jeweilige Nationalgeschichte. Das gilt für Simeon, in dessen Herrschaftszeit (893 bis 927) das Erste Bulgarische Reich seine größte territoriale Ausdehnung erreichte; ebenso für Samuil, der sich 997 zum bulgarischen Zaren krönen ließ und bis 1014 regierte. Sie sind in der »Nation Building«-Inszenierung in Skopje ebenso ein Bestandteil der mazedonischen Nationalgeschichte wie Kyrill und Method und deren Schüler Kliment und Naum. Von mazedonischer und von bulgarischer Seite werden ethnische und nationale Kategorien in eine Zeit verlegt, der ein solches Denken völlig fremd war. Es gab damals keine Nationen, weder eine bulgarische noch eine mazedonische. Kliment und Naum waren ebenso wenig Bulgaren, wie sie Mazedonier waren, auch wenn ihre Wirkungsstätte Ohrid heute in der Republik Mazedonien liegt. Auf der Suche nach einer eigenen revolutionären Tradition werden in Mazedonien Freiheitskämpfer für die eigene Nation beansprucht, von denen sich viele auch wegen der Zugehörigkeit zur bulgarischen Nationalkirche als Bulgaren verstanden, was immer dieser Begriff damals auch bedeutete.

Aufschlussreich ist nicht nur, was im Projekt »Skopje 2014« gezeigt wird, sondern auch, was fehlt. Es ist offensichtlich, dass das osmanische Erbe, auf das viele mazedonische Muslime stolz sind, fast völlig ausgeblendet und im buchstäblichen Sinn des Wortes in den Hintergrund gedrängt wird. Die alten Moscheen in der Čaršija aus der osmanischen Zeit werden von klassizistischen und neobarocken Fassaden verdeckt. Den Blick auf die von den Türken im 15. Jahrhundert errichtete steinerne Brücke über den Vardar, eines der

Wahrzeichen Skopjes, verstellen neue Repräsentationsbauten. Mit der staatlich verordneten Konstruktion einer ethnisch-slawisch begründeten mazedonischen Identität stößt die mazedonische Führung nicht nur Athen vor den Kopf. Sie vertieft auch die ethnischen Gräben im eigenen Land und untergräbt die Bemühungen um die Schaffung eines staatsbürgerlich-politisch definierten Staates. Die Muslime, ob Albaner, Türken oder Torbeschen, die immerhin ein Drittel der Gesamtbevölkerung des Landes ausmachen, können mit der Hinwendung zur Antike und der penetranten Betonung der christlich-orthodoxen Tradition Mazedoniens nichts anfangen. Sie werden ausgegrenzt.

Welche Bedeutung der Religion beigemessen wird, zeigt auch der Bau der mit Abstand größten mazedonisch-orthodoxen Kathedrale des Landes im Zentrum von Skopje. Kritiker nennen sie die Kirche des heiligen Nikola, in Anspielung an Nikola Gruevski. Staat und Kirche sind in Mazedonien eng miteinander verzahnt. Die christlich-orthodoxe Religion hat, wie bereits gesagt, in jüngerer Zeit in der mazedonischen Gesellschaft und bei der Definition der nationalen Identität an Bedeutung gewonnen. Schon zu Beginn dieses Jahrhunderts war mit staatlicher Unterstützung auf dem Vodno, dem Hausberg Skopjes, ein fast siebzig Meter hohes Kreuz aufgestellt worden – offiziell aus Anlass des zweitausendjährigen Bestehens des Christentums. Viele sind allerdings der Meinung, die mächtige, von weither sichtbare und in der Nacht beleuchtete Stahlkonstruktion sei nicht zufällig nach dem Ende der Kämpfe zwischen den mazedonischen Sicherheitskräften und albanischen Freischärlern errichtet worden. Damals war Skopje zu schmerzhaften politischen Zugeständnissen gezwungen worden. Mit dem Kreuz auf dem Berg Vodno soll, wie mit andern religiösen Symbolen auch, zum Ausdruck gebracht werden, dass Mazedonien ein christlich-orthodoxes Land ist und kein muslimisches. Was die einen als anti-albanische und anti-muslimische Provokation empfinden, ist für die andern ein Ausdruck der vom Christentum geprägten mazedonischen Kultur. Das soll auch im öffentlichen Raum sichtbar gemacht werden.

Allerdings ist auch für die mazedonischen Albaner der Islam als ein zentrales Merkmal der nationalen Identität wichtiger geworden. Dies ist umso bemerkenswerter, als für die Albaner in Albanien und auch im Kosovo die Religionszugehörigkeit bei der Definition der eigenen Identität traditionell nicht im Vordergrund steht. In vielen mehrheitlich von Albanern bewohnten Ortschaften im Westen Mazedoniens, vor allem in den Dörfern am westlichen Stadtrand von Skopje, sind mit finanzieller Hilfe aus Saudi-Arabien und der Türkei große Moscheen mit auffällig hohen Minaretten errichtet worden, manche in Sichtweite des großen Kreuzes auf dem Berg Vodno. Die Botschaft ist klar: Auch wir Muslime leben hier. Mazedonien ist nicht nur ein christliches, sondern auch ein muslimisches Land. Beide Religionsgemeinschaften wetteifern nicht nur mit mazedonischen und albanischen Fahnen, sondern auch mit Kirchen und Kreuzen, mit Moscheen und Minaretten um Präsenz im öffentlichen Raum. Die religiösen Symbole sind zu Anhängseln der Nation geworden. Der penetrante Nationalismus auf konfessioneller Grundlage erschwert die Integration der Muslime und treibt die Torbeschen mit ihrer tief verwurzelten muslimischen Identität erst recht in die Arme der Albaner und Türken.

Wie aus Ibrim Emin Kadri
Ivan Kadriev wurde

Die Pomaken in Bulgarien

Ibrim Emin Kadri führt den Besucher in einen leeren Raum in einem der Häuser am Hauptplatz von Kornica. Wir setzen uns auf wacklige Plastikstühle. Er will das vereinbarte Gespräch nicht auf der Straße führen, wo er von allen gesehen werden kann. Im Dorf kennt jeder jeden. Offenbar befand sich im Raum früher einmal ein Laden, und nun wird umgebaut. Aber es ist niemand zu sehen, der Hand anlegt. Das Dorf, in dem der 87-jährige Ibrim Emin Kadri geboren wurde und in dem er noch immer lebt, liegt im Südwesten Bulgariens in der Gemeinde Goce Delčev. Trotz der drückenden Hitze trägt der Mann eine Wollmütze auf dem Kopf. Seine Augen strahlen, als ihm ein Freund einen mit Bier gefüllten Plastikbecher in die Hand drückt. Ibrim Emin Kadri trinkt langsam, Schluck um Schluck mit sichtlichem Genuss, geschützt vor den neugierigen Blicken der Passanten. Er wolle nicht, dass man sehen könne, wie er Alkohol trinke, meint er mit einem schalkhaften Augenzwinkern. Er sei ein Muslim, sagt Ibrim Emin Kadri. Er sei aber auch Türke, fügt er sogleich hinzu. Seine Vorfahren waren, wie er erzählt, aus einem Dorf in Nordgriechenland, das bis 1912 zum Osmanischen Reich gehört hatte, nach

Kornica gekommen. Wie der Ort seiner Vorfahren hieß, weiß er nicht. Ob er selber wirklich türkischer Herkunft ist, wird nicht klar. Es könnte ebenso gut sein, dass auch für ihn der Begriff »Türke«, ganz in der Tradition des Osmanischen Reiches, ein anderes Wort für »Muslim« ist. In Kornica leben mehrheitlich slawische Muslime, also Pomaken. Es gibt hier allerdings nicht nur eine Moschee, sondern auch eine orthodoxe Kirche – ein Hinweis darauf, dass in dem Ort auch orthodoxe Christen wohnen. Ibrim Emin Kadri spricht kein Türkisch, nur Bulgarisch. Er will nicht, dass man ihn als Pomake bezeichnet. Nur seine Mutter sei eine Pomakin gewesen. Sein Vater aber, der so wie er selber in Kornica geboren worden sei, habe immer gesagt, er sei Türke. Und darauf sei sein Vater stolz gewesen. Und auch er sei stolz darauf.

Gerne erzählt Ibrim Emin Kadri, was sich am frühen Morgen des 28. März 1973 in seinem Dorf abgespielt hat. Damals wurden die Bewohner abrupt aus ihrem gewohnten Leben gerissen. Die Kommunistische Partei, die in jener Zeit an der Macht war, hatte sich zum Ziel gesetzt, die traditionellen türkisch-arabischen Vornamen der Pomaken durch bulgarisch-slawische zu ersetzen. Mit den neuen Namen wollte sie ihnen auch eine bulgarische Identität aufzwingen. Sie durften keine Türken sein. Ibrim Emin Kadri weigerte sich mit der Begründung, er sei Türke und kein Pomake. Er wurde gefragt, woher er denn wisse, dass er ein Türke sei. Niemand nahm ihm seine türkische Herkunft ab. Man brachte ihn auf den Polizeiposten von Kornica. Doch auch andere Dorfbewohner leisteten Widerstand. Sie waren nicht bereit, einen bulgarischen und damit aus ihrer Sicht einen christlichen Vornamen anzunehmen, schließlich waren sie Muslime und keine Christen wie die Bulgaren. Der Vorname war für sie eng mit der

Religion verbunden. Der Islam hatte im Leben und im Selbstverständnis der Pomaken schon immer einen zentralen Platz eingenommen. Doch die Kommunisten gaben nicht nach, und so schickten sie, wie Ibrim Emin Kadri erzählt, Truppen nach Kornica. Diese blockierten die einzige Zufahrtsstraße. »Wir verlangten Freiheit, nichts anderes«, sagt Ibrim Emin Kadri. Dorfbewohner bewarfen die Sicherheitskräfte mit Steinen, und diese feuerten nach einigen Warnschüssen in die Menge. Fünf Männer wurden getötet und viele andere verletzt. Ibrim Emin Kadri kannte sie alle gut, eines der Opfer war sein bester Freund. Ein anderer alter Mann, der zur Runde stößt, zeigt dem Besucher Narben am Oberkörper, die nach seinen Worten von Verletzungen herrühren, die ihm damals durch Schüsse zugefügt wurden. Auch er sagt, er sei Türke. Das Wort »Pomake« empfindet er ebenfalls als beleidigend.

Wie Ibrim Emin Kadri weiter erzählt, nahm die Polizei am 28. März 1973 viele muslimische Dorfbewohner fest, dreißig wurden in die Verbannung geschickt. Zu jenen, die Kornica verlassen mussten, gehörte auch er selber. Während seine Familie bleiben durfte, wurde er in ein Dorf in der Nähe der nordwestbulgarischen Stadt Vidin an der Grenze zu Rumänien und Serbien gebracht, wo er drei Jahre lang ausharren musste. Er wurde dort mehrmals verhört. Man warf ihm vor, er sei ein »protürkischer Aufständischer« und einer der Ideologen einer illegalen Bewegung, deren Anhänger sich gegen die Namensänderungen in Kornica zur Wehr gesetzt und bewaffneten Widerstand geleistet hätten. Über diese Anschuldigungen muss Ibrim Emin Kadri noch heute lachen. In dem kleinen Dorf, in das er verbannt wurde, seien die Leute aber gut zu ihm gewesen, betont er. Sie hätten ihn immer mit seinem muslimischen Vornamen Ibrim angesprochen. Über die blutigen Ereignisse in Kornica hätten sie nichts gewusst. Als er davon berichtet habe, hätten sie nicht glauben können, dass die Staatsführung solche Verbrechen begehe. Nach drei Jahren durfte Ibrim Emin Kadri wieder zu seiner Familie nach Kornica zurückkehren. Diese hatte ihn zuvor mehrmals besuchen dürfen. Doch nun musste er seinen Vornamen und seinen Familiennamen ändern. Hätte er Widerstand geleistet, wäre er wieder in das Dorf bei Vidin zurückgebracht worden. Das aber wollte er auf keinen Fall. Ibrim Emin Kadri sagt, er hätte seinen neuen Vornamen selber auswählen können, doch er habe sich geweigert. Dazu sei er nach all den Demütigungen zu stolz gewesen. So hätten ihm die lokalen Behörden den Vornamen Ivan gegeben. Sein bisheriger Familienname Kadri wurde mit der bulgarisch-slawischen Endung -ev versehen, sein zweiter Vorname fiel einfach weg. So wurde aus Ibrim Emin Kadri gegen seinen Willen Ivan Kadriev. Nach dem Ende der Herrschaft der Kommunisten im November 1989 durften die Pomaken ihre alten Namen wieder annehmen. Von diesem Recht machte auch Ivan Kadriev Gebrauch. Seit 1990 heißt er wieder Ibrim Emin Kadri. Er ist glücklich darüber, dass er nicht mit dem bulgarischen Namen sterben muss. Das ist ihm wichtig, denn er will nach islamischem Brauch auf einem muslimischen Friedhof bestattet werden. Er ist überzeugt davon, dass die kommunistischen Machthaber den slawischen Muslimen mit den Namen auch die islamische Religion wegnehmen wollten.

Dann steht Ibrim Emin Kadri auf. Der Plastikbecher ist leer. Mit dem Stock in der einen Hand huscht er überraschend flink und leichtfüßig für einen Mann seines Alters auf die andere Seite des mit Gemüseständen vollgestopften Platzes. Dort steht ein Denkmal, das er dem Besucher unbedingt zeigen will. Die Inschrift lautet: »Zur Erinnerung an die Todesopfer der Assimilationspolitik des kommunistischen Regimes im März 1973.« Dann werden die Toten namentlich aufgezählt: Hjusein Karaalil, Mocharem Bargan, Salich Amidein, Tefik Chadži, Ismail Kaljor. Über den Namen der Opfer stehen die Worte: »Mögen sie immer in unseren Herzen leben.« Das schmale, mit Runzeln überzogene Gesicht von Ibrim Emin Kadri erlischt plötzlich, es wirkt wie versteinert, der Schalk ist aus seinen Augen gewichen. Er versinkt für einige Zeit in sich selber. Reglos steht er da, dann erhebt er die schweren, von der harten Arbeit auf dem Feld gezeichneten Hände und spricht ein Gebet für die fünf Opfer. Danach meint Ibrim Emin Kadri traurig, der Raub der Namen sei ein Genozid gewesen. Die Kommunisten hätten nicht einmal die Toten in Ruhe gelassen. Auch die Namen der Verstorbenen seien in den offiziellen Dokumenten und sogar auf den Grabsteinen geändert worden. Das macht ihn noch heute wütend.

Es gibt in Bulgarien allerdings auch ganz andere Versionen darüber, was an jenem verhängnisvollen 28. März 1973 in Kornica geschah. Sie weichen in Teilen so sehr von dem ab, was Ibrim Emin Kadri erzählt, dass sich manchmal der Eindruck aufdrängt, es handle sich um verschiedene Ereignisse. Vor allem in der Darstellung der Kommunistischen Partei waren die Täter die Opfer und die Opfer die Täter. Nach dieser Version entstand im Oktober 1972 im Dorf eine illegale Organisation. Am 14. Dezember 1972 hätten Verschwörer die Macht übernommen und erklärt, Kornica sei ab sofort türkisches Territorium. Am 23. Januar 1973 hätten sie die »Türkische Republik Kornica« ausgerufen, die bulgarische Fahne auf dem Hauptplatz eingezogen und die türkische gehisst. Jene Bewohner, die dieses Vorgehen abgelehnt und sich zur bulgarischen Nation bekannt hätten, seien von den Aufständischen bedroht und terrorisiert worden. Mehrere Versuche, die antibulgarische Rebellion friedlich zu beenden, seien gescheitert. Schließlich hätten Armeeangehörige, Polizisten und Freiwillige den Aufstand niedergeschlagen und die Souveränität Bulgariens in Kornica wiederhergestellt. Dabei seien sie mit Messern und Äxten angegriffen worden. Zwei Polizisten hätten ihr Leben verloren. Auch drei Bulgaren-Mohammedaner, wie die Pomaken in Bulgarien noch heute offiziell genannt werden, seien ums Leben gekommen. Aufständische hätten sie umgebracht, denn man habe sie für kommunistische Agenten gehalten.

Auch nach dem Ende der Herrschaft der Kommunisten im November 1989 wurde meist an der Darstellung festgehalten, wonach in Kornica eine gut organisierte antibulgarische Rebellion stattgefunden habe und die lokalen Aufständischen Verbindungen zu offiziellen türkischen Stellen in Bulgarien gehabt hätten. Ein Beispiel dafür ist ein Artikel in der Internetausgabe der Zeitung *24 časa (24 Stunden)* vom 12. März 2012. Darin ist ebenfalls von einer illegalen Widerstandsorganisation die Rede, von der Proklamierung der »Türkischen Republik Kornica« und von Anweisungen aus der türkischen Botschaft in Sofia an die Führer des Aufstandes. Allerdings wird auch ein Dorfbewohner mit den Worten zitiert: »Wir wollten nur unsere Namen und unseren Glauben behalten.« Am frühen Morgen des 28. März 1973 seien nach gescheiterten Verhandlungen Sicherheitskräfte in das Dorf eingedrungen, um die illegale Aktion zu beenden. Die Rebellen hätten sich jedoch mit Steinen, Äxten und Messern zur Wehr gesetzt. Bei der Niederschlagung des Aufstandes seien fünf Pomaken getötet worden. Achtzig Personen, bedeutend mehr als in der

Darstellung von Ibrim Emin Kadri, seien nach Nordbulgarien verbannt worden. Laut Angaben der Zeitung wurden zehn Anführer des Aufstandes zu Gefängnisstrafen verurteilt. Der Vorwurf lautete: Bildung einer illegalen Organisation, Teilnahme an einem Aufstand, Untergrabung der sozialistischen Ordnung sowie Verbreitung staatsfeindlicher und verleumderischer Schriften. Der Name Ibrim Emin Kadri taucht im Artikel nirgends auf, auch in andern Berichten nicht. Was immer am 28. März 1973 in Kornica genau geschah, die Ereignisse haben das Leben von Ibrim Emin Kadri verändert.

Lidija Asenova Hadžieva empfängt den Besucher im Juni 2015 in ihrem kleinen Haus in Čepino. Das Dorf ist seit 1948 Teil der Stadt Velingrad, die in den nordwestlichen Rhodopen liegt. Sie bezeichnet sich, anders als Ibrim Emin Kadri in Kornica, als Pomakin, und sie betont, sie sei stolz darauf, dieser besonderen Bevölkerungsgruppe anzugehören. Auch Lidija Asenova Hadžieva, die 1949 geboren wurde, hatte früher einen andern Namen. Sie hieß Hjusnie Asan Hodžova. Sie war noch Schülerin, als sie und ihre Familie im Jahre 1962, elf Jahre früher als Ibrim Emin Kadri, von den kommunistischen Behörden gezwungen wurden, ihre türkisch-arabischen Namen abzulegen und bulgarische anzunehmen. Ihr Urgroßvater war muslimischer Geistlicher gewesen, ein angesehener Hodscha im Dorf Čepino. Sein Familienname lautete deshalb Hodžov, und so trugen auch seine Nachkommen diesen Namen. Der Onkel von Lidija Asenova Hadžieva, sein Name war Ali Mehmet Hodžov, wurde eines Tages, wie die Frau erzählt, ins Gemeindehaus bestellt. Dort teilten ihm die Behörden mit, welchen neuen Namen sie sich für ihn und seine Familie ausgedacht hatten. Sie sollten künftig Popov heißen, in der weiblichen Form Popova. Aus einem Hodscha sollte also ein Pope werden. Ausgerechnet kommunistische Funktionäre, die nicht nur den Islam bekämpften, sondern auch die christlich-orthodoxe Religion, verordneten einen solchen Namen. Das habe der Onkel als Zumutung empfunden, als Gipfel des Zynismus, sagt Lidija Asenova Hadžieva. Er sei empört gewesen. Ali Mehmet Hodžov lehnte den Familiennamen Popov denn auch entschieden ab. Daraufhin wurde er heftig geschlagen und musste zu Hause gepflegt werden. Später, als der Onkel wieder gesund war, schlug er den Behörden den Namen Hadžiev vor, der schließlich akzeptiert wurde. Im zweiten Anlauf konnte er also seinen neuen Namen selber bestimmen, was längst nicht überall der Fall war. In andern Dörfern, wie etwa in Kornica, wurden Listen mit Namen vorgelegt, die den Behörden genehm waren. Die Bewohner mussten einen von ihnen auswählen. In manchen Orten gingen lokale Funktionäre der Kommunistischen Partei sogar von Haus zu Haus. Sie drückten den Pomaken, die sie dort antrafen, neue Personalausweise in die Hand, die alten nahmen sie mit. Es gab keine Möglichkeit, sich gegen die neuen Namen zu wehren. Innerhalb kurzer Zeit wurden alle offiziellen Dokumente geändert. Die kommunistische Bürokratie erwies sich bei den Namensänderungen für einmal als erstaunlich effizient.

Der Onkel von Lidija Asenova Hadžieva hatte mit dem neuen Familiennamen Hadžiev, in der weiblichen Form Hadžieva, eine überaus geschickte Wahl getroffen. Zum einen wich der neue Name nur wenig vom alten ab. Er klang ähnlich. Zum andern aber, und das war entscheidend, konnte er muslimisch und christlich interpretiert werden. Das Wort »Hadschi«, das gleich ausgesprochen wird wie die ersten zwei

Silben des Familiennamens Hadžiev, bezeichnet einen Muslim, der eine Pilgerfahrt nach Mekka (Hadsch) unternommen hat. In der bulgarischen Tradition trägt aber auch ein orthodoxer Christ, der die heiligen Stätten in Jerusalem besucht hat, den Ehrentitel »Hadschi«. Wie Ibrim Emin Kadri ist auch Lidija Asenova Hadžieva besonders empört darüber, dass nicht einmal die Toten in Ruhe gelassen wurden. Auch sie erhielten slawische Namen, die alten muslimischen mussten von den Grabsteinen auf dem Friedhof entfernt werden, ebenso die muslimischen Symbole und die arabischen Inschriften: »Man hat sogar den Toten ihre Namen und damit ihre Identität gestohlen.« Diese Respektlosigkeit gegenüber den Verstorbenen sei noch schlimmer gewesen als der erzwungene Namenswechsel bei den Lebenden.

Lidija Asenova Hadžieva erinnert sich sehr gut daran, welchem Druck sie als Dreizehnjährige ausgesetzt gewesen war. Wer mit einem muslimischen Namen in die Schule kam, dem wurde gesagt, er müsse ihn innerhalb von zwei Tagen durch einen bulgarisch-slawischen ersetzen. Andernfalls werde er von der Schule verwiesen. »Das waren schwierige Zeiten«, sagt sie seufzend und fügt hinzu: »Man hatte keine Wahl.« Ihr Vater hat nach der demokratischen Wende von 1989, im Gegensatz zu vielen andern Pomaken, den von den kommunistischen Behörden verordneten bulgarischen Namen behalten. Diese Entscheidung habe er damit begründet, erzählt Lidija Asenova Hadžieva, dass er sein Leben nicht noch einmal habe durcheinanderbringen wollen. Er wisse, wer er sei, und das genüge ihm, habe er zu ihr gesagt. Der Vater von Lidija Asenova Hadžieva hieß bis 1962 Asan Mehmet Hodžov, danach Asen Hadžiev. Er musste damals seinen neuen bulgarischen Vornamen, ebenso jenen seiner Frau und seiner Kinder, aus einer Liste auswählen, die ihm kommunistische Funktionäre präsentierten. Er entschied sich für Asen, weil sich dieser Name nur geringfügig von Asan unterschied. Auch viele andere, die Asan hießen, wählten den Namen Asen, wenn sie denn überhaupt eine Wahl hatten. Asan Mehmet Hodžov ist mit seinem bulgarisch-slawischen Namen Asen Hadžiev gestorben, und er wurde, wie er das auch gewünscht hatte, von einem Hodscha nach islamischem Brauch beerdigt. Das war in den ersten Jahren nach der Wende nicht selbstverständlich. Es gab Geistliche, die sich weigerten, Muslime zu bestatten, die es zu Lebzeiten abgelehnt hatten, zu ihren früheren türkisch-arabischen Namen zurückzukehren. Ein Muslim, so argumentierten sie, müsse einen muslimischen Namen haben, wenn er auf einem muslimischen Friedhof beerdigt werden wolle. Für einen gläubigen Muslim kam dies einer Katastrophe gleich, denn erst die islamischen Bestattungsrituale öffnen den Zugang zum Paradies. Umgekehrt soll es aber auch vorgekommen sein, dass orthodoxe Geistliche nicht bereit waren, Pomaken zu beerdigen, auch wenn diese bulgarisch-christliche Namen trugen und vor ihrem Tod eine Bestattung nach christlichem Ritual gewünscht hatten. In den Augen dieser Priester blieben Pomaken Muslime, was immer sie für einen Namen trugen. Als solche gehörten sie nicht auf einen christlichen Friedhof.

Lidija Asenova Hadžieva sagt, man hätte die Namensänderungskampagne in den sechziger und zu Beginn der siebziger Jahre besser vorbereiten sollen. Sie ist überzeugt davon, dass dann vor allem jüngere Pomaken freiwillig bulgarische Namen angenommen hätten, denn nur wenige seien gläubige Muslime gewesen. Diese Meinung teilen die meisten Bulgaren. Die aufgezwungene Namensänderung habe sie, so betont

Lidija Asenova Hadžieva, in zwei Teile zerrissen: »Ich wusste nicht mehr, wer ich bin.« Zu Hause wurden die muslimischen Namen verwendet, in der Öffentlichkeit die bulgarischen. Manche Bekannte benutzten im Umgang mit ihr den alten Namen, manche den neuen. »Wir waren Muslime und Christen zugleich. Unser Leben wurde zerstört. Man hat uns nicht ernstgenommen. Wir wurden zu Menschen mit zwei Schicksalen, mit zwei Identitäten.« Das empfanden viele Pomaken so. Nach der Wende sei das Durcheinander noch größer geworden, klagt Lidija Asenova Hadžieva. Die einen verlangten ihre alten Namen zurück, die andern hielten an den neuen fest, auch wenn sie diese nicht selber gewählt hatten. Lidija Asenova Hadžieva behielt wie ihr Vater den neuen bulgarischen Namen, obschon sie eine gläubige Muslimin ist und dereinst ebenfalls nach islamischem Brauch bestattet werden will. Sie nennt verschiedene Gründe für diese Entscheidung: Sie habe den bulgarischen Vornamen als Kind erhalten und sich daran gewöhnt. Man kenne sie überall unter diesem Namen. Warum sollte sie ihn also wieder ändern und damit neue Verwirrung stiften? Auch hätte sie vor ein Gericht gehen müssen, um ihren alten Namen zurückzubekommen. Dafür aber hätte sie Gebühren bezahlen müssen, und dazu sei sie nicht bereit gewesen. Der Name spiele für sie ohnehin keine große Rolle. Die erzwungene Namensänderung war aber für beide, für Ibrim Emin Kadri in Kornica und für Lidija Asenova Hadžieva in Čepino, eine traumatische Erfahrung, die sie nicht mehr losgelassen hat.

In Čepino gab es zwar keine Toten wie in Kornica. Doch auch hier kam es vor der bulgarisch-orthodoxen Kirche zu Protesten gegen die Politik der Regierung. Es half nichts. Die Bewohner hatten, wie Lidija Asenova Hadžieva sagt, keine andere Wahl. Sie mussten sich fügen. Wer sich weigerte, die neuen Ausweispapiere mit den bulgarischen Namen entgegenzunehmen, existierte für den kommunistischen Staat nicht mehr. Er war administrativ gestorben, was gravierende Auswirkungen haben konnte, etwa den Entzug jeglicher staatlicher Leistungen, den Ausschluss vom Bildungssystem oder den Verlust des Arbeitsplatzes. Es kam auch vor, dass Schülern und Lehrlingen mit türkisch-arabischen Vornamen nach bestandener Prüfung die Abschlusszeugnisse und Diplome verweigert wurden. Kommunistische Funktionäre drohten sogar, Neugeborene mit einem muslimischen Vornamen nicht in das Geburtenregister einzutragen. Manche Pomaken wussten sich zu helfen und gaben ihren Kindern zwei Vornamen, einen bulgarischen, der offiziell verwendet wurde, und einen türkisch-arabischen für den privaten Gebrauch.

Der Pomake Ahmed Mustafa Charun ist Hodscha in einer der drei Moscheen im Dorf Sărnica in den westlichen Rhodopen. Der Ort hat 3800 Einwohner und liegt auf 1200 Metern über Meer, umgeben von weiten Wäldern. In Sărnica leben wie in Kornica mehrheitlich Pomaken. In einem Nebenraum der Moschee sitzen fünf Frauen mit ihrem Lehrer. Sie sind damit beschäftigt, den Koran in arabischer Sprache zu rezitieren, auch wenn sie nicht verstehen, was sie lesen. Die Frauen treffen sich einmal in der Woche. Wenn sie den ganzen Koran in der ihnen fremden arabischen Sprache von der ersten bis zur letzten Sure laut gelesen haben, wird ein großes Fest gefeiert. Doch noch ist es nicht so weit. Ahmed Mustafa Charun sagt: »Allah hat versprochen, jeden zu belohnen, der die heiligen Texte im Original gelesen hat. In seinem Grab wird Licht sein.« Für ihn ist das Wort »Pomake« keineswegs abwertend und beleidigend. Als erniedrigend empfindet er vielmehr den offiziellen Begriff »Bulgaren-Mohammedaner«. Sich selber bezeichnet er als Muslim und als Pomake, als bulgarischen Staatsbürger mit islamischem Glaubensbekenntnis. In Särnica versteht sich kein Pomake, wie der Hodscha betont, als Türke. Die Türkisierung der Pomaken sei höchstens in den ersten Jahren nach der demokratischen Wende von 1989 ein Problem gewesen.

Auch Ahmed Mustafa Charun musste in den siebziger Jahren einen bulgarischen Namen annehmen. Er war damals in der dritten Klasse. Von einem Tag auf den andern hieß er ganz anders, nämlich Rossen Sabinov Albenov. In der Schule machte er die gleichen Erfahrungen wie Lidija Asenova Hadžieva. Die Schüler wurden bestraft, wenn die Lehrer mitbekamen, dass sie sich mit den alten Namen anredeten. Auch die Familie von Ahmed Mustafa Charun verwendete in den siebziger und achtziger Jahren zu Hause die türkisch-arabischen Vornamen, in der Öffentlichkeit hingegen die aufgezwungenen bulgarisch-slawischen. Das war fast in allen Pomaken-Dörfern der Rhodopen so. »Man gewöhnte sich daran«, sagt der Hodscha, jedenfalls gilt das für die Kinder und die Jugendlichen. Für die älteren Leute sei es viel schwieriger gewesen. Sie hätten gelitten. Seit der Wende heißt Rossen Sabinov Albenov wieder Ahmed Mustafa Charun.

Die Rhodopen waren Ende des 14. Jahrhunderts unter die Herrschaft der Osmanen gekommen. Die Pomaken galten nach der Bildung eines eigenen bulgarischen Staates in den letzten Jahrzehnten des 19. Jahrhunderts als Renegaten und Verräter, denn sie standen auf der Seite der Osmanen und beteiligten sich auch an der Niederschlagung von Aufständen.

Durch die staatliche Neuordnung auf dem Balkan nach dem Zusammenbruch des Osmanischen Reiches wurde das Siedlungsgebiet der Pomaken durchschnitten. Der größere Teil der Rhodopen kam 1912 unter bulgarische Herrschaft. Westthrazien hingegen, und damit die Pomaken-Dörfer an den südlichen Abhängen des Rhodopen-Gebirges, wurden 1919 Griechenland zugesprochen, nachdem das Gebiet zuvor einige Jahre lang von Bulgarien kontrolliert worden war. Nach dem Zweiten Weltkrieg verschwand Bulgarien bis zur Wende vom November 1989 hinter dem Eisernen Vorhang. Das gilt erst recht für die Pomaken in ihren entlegenen Dörfern, von denen viele während des Kalten Krieges in schwer zugänglichen militärischen Sperrgebieten lagen. Von der Assimilierungspolitik, von den erzwungenen Namensänderungen und den Opfern der Willkür erfuhr man im westlichen Teil des Kontinents kaum etwas. Die Tragödie der Pomaken in den sechziger und der ersten Hälfte der siebziger Jahre spielte sich weitgehend im Verborgenen ab.

Nach bulgarischer Auffassung sprechen die Pomaken einen bulgarischen Dialekt. Der Sprachwissenschaftler Emil Subašiev, der unter anderem zahlreiche Untersuchungen zur Sprache und Geschichte der Pomaken in den Rhodopen veröffentlicht hat, bezeichnet im Gespräch im Juni 2015 in der Stadt Smoljan den Rhodopen-Dialekt der Pomaken als »reine« bulgarische Sprache, die dem altbulgarischen (kirchenslawischen) Idiom der Slawenapostel Kyrill und Method von allen slawischen Sprachen am nächsten komme. Damit soll offenbar jeder Zweifel an der bulgarischen Identität der Pomaken ausgeräumt werden. Sie sind im Gegenteil, so wird suggeriert, noch bulgarischer als die übrigen Bulgaren. Auch die Pomaken jenseits der Grenze in Griechenland sprechen, wie Subašiev betont, den gleichen bulgarischen Rhodopen-Dialekt, allerdings durchsetzt mit einer größeren Anzahl türkischer Wörter. Sie seien zwar griechische Staatsbürger, zugleich aber wie die Pomaken Bulgariens ein Teil der bulgarischen Nation. Das sehen die Pomaken in Griechenland allerdings ganz anders. Das Fazit von Subašiev lautet: »Trotz fünfhundertjähriger osmanischer Herrschaft haben die Pomaken in den Rhodopen ihre nationale bulgarische Identität bewahrt.«

Bulgarien hat die Pomaken nie als eine eigene Minderheit anerkannt. So können sie sich bei Volkszählungen auch nicht als solche deklarieren, nicht einmal als Bulgaren-Mohammedaner, obschon sie offiziell so genannt werden. Sie gelten als Bulgaren, und so tauchen sie in keiner amtlichen Statistik als eine eigene Kategorie auf. Die Antworten auf die Frage nach der nationalen Identität fallen bei den bulgarischen Pomaken, so wie bei den Torbeschen in Mazedonien, unterschiedlich aus. Die einen bezeichnen sich als Bulgaren, andere als Muslime oder Türken, wieder andere als Pomaken. Wie für die Torbeschen ist auch für die Pomaken der Islam ein zentrales Element ihrer Identität. Welche Bedeutung die Religionszugehörigkeit – und sei es nur im Sinne einer kulturellen Referenz – trotz der Modernisierung, der Säkularisierung und dem während Jahrzehnten verordneten Atheismus noch immer hat, ist allein schon daraus ersichtlich, dass viele der in den traditionellen pomakischen Siedlungsgebieten lebenden Gesprächspartner noch immer von Muslimen und Christen reden, wenn sie Pomaken und Bulgaren meinen.

Der fehlende Minderheitenstatus sowie die Mehrfachidentitäten sind wichtige Gründe dafür, warum es so schwierig ist, die Zahl der in Bulgarien lebenden Pomaken auch nur zu schätzen. Die Angaben schwanken zwischen 150 000 und

250 000. Die Volkszählung von 1992, die erste nach der Wende, war insofern bemerkenswert, als auch nach der ethnischen Zugehörigkeit, der Muttersprache und der Religion gefragt wurde. Allerdings konnte man sich ethnisch nur als Bulgare oder als Türke deklarieren. Pomaken, die weder das eine noch das andere sein wollten, mussten sich in der Rubrik »Andere« eintragen. Die Möglichkeit, sich als »Bulgaren-Mohammedaner« oder als islamisierte Bulgaren oder als bulgarische Muslime oder gar als Pomaken zu definieren, gab es nicht. Nach bulgarischen Interpretationen der Ergebnisse des Zensus hat sich eine deutliche Mehrheit der Pomaken als Bulgaren deklariert, gefolgt von jenen, die sich im ethnischen Sinn als Muslime bezeichneten. Nur relativ wenige, nämlich 25 000, hätten die türkische Option gewählt, vor allem in den westlichen Rhodopen. Andere nennen allerdings höhere Zahlen.

Auch über die Herkunft der Pomaken gibt es verschiedene Theorien. Sie sind gute Beispiele dafür, wie man aus politischen Gründen Identitäten manipuliert und Herkunftsmythen von ethnischen Gemeinschaften konstruiert, die für die eigene Nation beansprucht werden. Für die überwiegende Mehrheit der Bulgaren sind die Pomaken unter Zwang islamisierte Bulgaren. Eine von türkischen Autoren verbreitete Version hingegen besagt, dass die Pomaken in Bulgarien und Griechenland Nachfahren des Turkvolkes der Petschenegen oder der Kumanen sind, die lange vor der Expansion der Osmanen von Nordosten her in das Gebiet des heutigen bulgarischen Staates eingewandert waren. In dieser Sichtweise, in der die türkische Herkunft betont wird, können die Pomaken keine islamisierten Slawen und damit auch keine ethnischen Bulgaren sein, auch wenn sie Bulgarisch und nicht Türkisch sprechen. Griechische Nationalisten wiederum sehen in den

Pomaken Nachfahren der antiken Thraker, die sich in dunkler Vorzeit mit den Hellenen vermischt hätten und hellenisiert worden seien. Das aber bedeutet: Die Vorfahren der Pomaken haben bereits lange vor der slawischen Landnahme im 6. und 7. Jahrhundert und auch vor dem Auftauchen von Turkvölkern in den Rhodopen gelebt. Sie wurden slawisiert und später, zur Zeit der Herrschaft der Osmanen, islamisiert. Sie können also keine Bulgaren und keine Türken sein. So werden die Pomaken Bulgariens und Griechenlands auch noch zu ethnischen Griechen. Die politische Botschaft der Verfechter dieser These liegt auf der Hand: Bulgarische und türkische Ansprüche auf die Pomaken und auf deren Siedlungsgebiete in den griechischen Rhodopen entbehren jeglicher Grundlage.

Ungeklärt ist auch die Herkunft des Begriffs »Pomake«, der in verschiedenen Quellen erst Mitte des 19. Jahrhunderts als Bezeichnung für Gruppen von slawischsprachigen Muslimen auftauchte. Das war die Zeit des nationalen Erwachens. Die slawischen Muslime Bulgariens, die wie alle Muslime des Osmanischen Reiches zuvor als »Türken« gegolten hatten, wurden nun erstmals überhaupt als ethnische Bulgaren und damit auch als Teil des bulgarischen Volkes wahrgenommen. Laut einer verbreiteten Theorie ist das Wort »Pomake« eine Ableitung von »pomagač« (Helfer). Die Pomaken hätten den Osmanen bei der Eroberung der Rhodopen geholfen. Das bedeutet: Sie waren schon Muslime, bevor das Gebiet unter die Herrschaft des Sultans kam. Diese Ansicht vertritt Ibrim Emin Kadri in Kornica ebenso wie der Hodscha Ahmed Mustafa Charun in Sărnica. Eine andere Theorie besagt, die Bezeichnung »Pomake« gehe auf das bulgarische Wort »măka« (Leiden, Qual) zurück. Man habe die Pomaken so genannt, weil sie vor ihrem Glaubenswechsel unter den Osmanen viel gelitten hätten. Beide Ableitungen gelten in der Wissenschaft als Volksetymologien.

In Bulgarien ist die Ansicht weit verbreitet, dass die Islamisierung der slawischen Muslime in den Rhodopen nicht freiwillig erfolgt sei. Vielmehr hätten die Osmanen während ihrer fast fünfhundertjährigen Herrschaft viele Pomaken zur Annahme des islamischen Glaubens gezwungen. Die Konvertiten seien aber in ihrem Herzen immer Christen und damit Bulgaren geblieben. Sie hätten heimlich ihre früheren christlichen Traditionen und Bräuche weiter gepflegt. Mit andern Worten: An der bulgarischen Identität der Pomaken kann nicht gerüttelt werden. Damit wird die Bedeutung des Islams als identitätsstiftendes Merkmal heruntergespielt. Ein alter Grabstein aus einem Pomaken-Dorf, der im ethnografischen Museum der Stadt Smoljan zu besichtigen ist, wird als Beweis dafür herangezogen, dass viele Pomaken versteckte Christen geblieben sind. Auf dem sichtbaren Teil des Grabsteins finden sich islamische Symbole, auf jenem Stück aber, das verborgen unter der Erde lag, ist ein Kreuz eingeritzt. Der Grabstein wurde auf einem muslimischen Friedhof gefunden.

Božidar Dimitrov, der Direktor des nationalen historischen Museums in Sofia, räumt im Gespräch im Juni 2015 ein, dass es neben erzwungenen auch freiwillige Glaubenswechsel gegeben habe, vor allem in den Städten. Die neuen Muslime hätten dort nach der Konversion die türkische Sprache angenommen. In vielen Regionen der Rhodopen hingegen sei es vor allem in der zweiten Hälfte des 17. Jahrhunderts zu Zwangsislamisierungen gekommen. Den Grund sieht Dimitrov darin, dass die osmanischen Truppen nach einer Reihe von verlustreichen Niederlagen neue Soldaten benötigt hätten. Da nur Muslime Militärdienst leisten durften, seien die

Bewohner vieler Pomaken-Dörfer in jener Zeit zwangsislamisiert worden. Diese hätten aber, anders als die Konvertiten in den Städten, die bulgarische Sprache bewahrt.

Die Vertreter der These von einer umfassenden Zwangsislamisierung der christlichen Bevölkerung in den Rhodopen stützen sich vor allem auf die Chronik des orthodoxen Geistlichen Metodi Draginov. Demnach wurden in der zweiten Hälfte des 17. Jahrhunderts alle christlichen Bewohner von Čepino und anderen Dörfern der Region, auch die orthodoxen Priester, nach einem Aufstand gegen die Osmanen gezwungen, zum Islam überzutreten, und zwar – wie im Text betont wird – auf Veranlassung des »boshaften griechischen Metropoliten Gavril«. Hätten sie sich geweigert, wären sie getötet worden. Andere Historiker, vor allem außerhalb Bulgariens, gehen jedoch davon aus, dass die Chronik das Werk eines bulgarischen Patrioten aus der zweiten Häfte des 19. Jahrhunderts ist, als sich die bulgarische Kirche von der Vorherrschaft des Patriarchats von Konstantinopel löste. Sie weisen darauf hin, dass die Behauptung, der griechische Klerus sei für die Zwangsislamisierung der Pomaken verantwortlich, einem damals verbreiteten Topos entspricht. Der Freiheitskampf der Bulgaren richtete sich nicht nur gegen die Herrschaft der Osmanen, sondern auch gegen die kirchliche und kulturelle Dominanz des Patriarchats. Nach Meinung dieser Historiker waren in Čepino, wie überall in den Rhodopen, die Motive für den Religionswechsel vorwiegend sozialer und wirtschaftlicher Natur. Sie gehen davon aus, dass sich die Zahl der Muslime in Čepino seit dem 16. Jahrhundert kontinuierlich erhöht hat und erst zu Beginn des 18. Jahrhunderts bei fast neunzig Prozent lag. Lidija Asenova Hadžieva, die in dem Ort wohnt, weiß nicht, ob die damaligen Religionswechsel erzwungen waren oder freiwillig erfolgten. Sie sagt, alle ihre Vorfahren seien Muslime gewesen.

Es gab in Bulgarien vier Anläufe, die Pomaken zu bulgarisieren und ihre türkisch-arabischen Namen durch bulgarische zu ersetzen: im Jahre 1912, nachdem bulgarische Truppen Teile der Rhodopen erobert hatten; von 1937 bis 1944, von 1962 bis 1964 und schließlich von 1971 bis 1974. Beim ersten Versuch wollte die bulgarische Führung mit der tatkräftigen Unterstützung der orthodoxen Kirche den Pomaken nicht nur neue Namen aufzwingen. Sie sollten auch getauft und auf diese Weise in den christlichen bulgarischen Staat integriert werden. Sofia verfolgte mit der Politik der Zwangschristianisierung politische Ziele. Es ging vor allem darum, die Herrschaft über die mehrheitlich von slawischen Muslimen bewohnten Rhodopen, die auch andere Balkanstaaten für sich beanspruchten, zu rechtfertigen und zu festigen. Im Jahre 1912 sollen über 200 000 Pomaken zwangsgetauft worden sein. Doch der Widerstand unter den slawischen Muslimen war groß, und schon Ende 1913, nach der Niederlage Bulgariens im Zweiten Balkankrieg, erfolgte vor allem aus wahltaktischen Gründen eine Kehrtwende. Die unter Zwang getauften Pomaken durften wieder Muslime sein und ihre alten Namen verwenden. Das taten dann auch fast alle. In den folgenden zwei Jahrzehnten wurden die Pomaken in Ruhe gelassen.

Eine neue Kampagne begann 1937 mit der Gründung der Vereinigung »Rodina« (Heimat) in der Stadt Smoljan in den mittleren Rhodopen. Ihr gehörten vor allem pomakische Intellektuelle an. Das Ziel dieser Bildungs- und Kulturorganisation bestand darin, unter den slawischen Muslimen ein bulgarisches Nationalbewusstsein zu wecken und zu festigen. Der Islam sollte mit der bulgarischen nationalen Identität in Einklang gebracht werden. »Rodina« setzte auf soziale und wirtschaftliche Entwicklung und Modernisierung. Die Vereinigung wollte das Los der Frauen in den traditionellen Gesellschaften der Pomaken-Dörfer verbessern und die Beschneidung der Knaben abschaffen. Erstmals wurde auch der Koran ins Bulgarische übersetzt. Die Mitglieder von »Rodina« verstanden sich anfänglich als Aufklärer, die eine zivilisatorische Mission zu erfüllen hatten. Die Pomaken, die aus ihrer Sicht Bulgaren waren, mussten von den ethnischen Türken getrennt werden, deren Einfluss auf die slawischen Muslime stetig zunahm. Geplant waren eigene Schulen für die Pomaken. In diese Zeit fallen auch zahlreiche Änderungen von Ortsnamen. In den mittleren und östlichen Rhodopen, also etwa in der Region von Smoljan, verzeichnete »Rodina« gewisse Erfolge, nicht aber in den westlichen Rhodopen. Doch wurden die Methoden, mit denen die Vereinigung die Integration der slawischen Muslime in den bulgarischen Staat durchzusetzen versuchte, immer repressiver. Die Regierung erließ 1942 ein Gesetz zur »Bulgarisierung der Namen der Bulgaren-Mohammedaner«. Wieder verfiel man dem Irrglauben, mit einem neuen Namen würden sich die Pomaken mit einem Schlag in »richtige« Bulgaren verwandeln. Auch diesmal war der Widerstand groß. Einmal mehr wurde unterschätzt, wie eng die muslimischen Vornamen mit der Religion verknüpft sind, und wie zentral der Islam für die individuelle und die kollektive Identität der Pomaken ist.

Die Kommunistische Partei, die am 9. September 1944 an die Macht kam, nahm die Maßnahmen zur Zwangsbulgarisierung wieder zurück. Die Vereinigung »Rodina« wurde zu einer »faschistischen Organisation« erklärt und verboten. Erneut durften die Pomaken ihre alten türkisch-arabischen Namen wieder annehmen. Als die Partei in den fünfziger Jahren die Schaffung einer homogenen bulgarischen Nation auf sozialistischen Grundlagen zu propagieren begann, kamen die Pomaken abermals unter Druck. Wie die Anhänger der Vereinigung »Rodina« Ende der dreißiger Jahre wollte nun auch die kommunistische Führung den türkischen Einfluss auf die Muslime slawischer Herkunft zurückdrängen. Sie sah in der türkischen Minderheit eine potenzielle Gefahr für die territoriale Integrität des bulgarischen Staates. Wieder wurden die slawischen Muslime gezwungen, ihre türkisch-arabischen Namen abzulegen und bulgarische anzunehmen. Die Grundlage für diese Politik bildete ein Beschluss des Zentralkomitees der Kommunistischen Partei vom April 1962. Er richtete sich auch gegen die muslimischen Roma, die sich zunehmend als Türken definierten. Einmal mehr glaubten die Machthaber, sie könnten die Pomaken durch eine forcierte Politik der sozialen Modernisierung, der wirtschaftlichen Entwicklung, der Hebung des Bildungsniveaus und der damit verbundenen Verbesserung der Lebensbedingungen für sich gewinnen. Unermüdlich wurde die Überlegenheit des atheistischen Sozialismus über den als rückständig hingestellten Islam propagiert. Zwar gab es slawische Muslime, welche die neuen Namen bereitwillig annahmen. In der Anfangsphase schien denn auch alles reibungslos zu verlaufen. Doch dann nahm der Widerstand in der Bevölkerung zu, vor allem in den westlichen Rhodopen. Die Namensänderungskampagne kam ins Stocken. Die Partei übte sogar Selbstkritik. 1962 war das Jahr, in dem Lidija Asenova Hadžieva und ihre Familie in Čepino bulgarische Namen annehmen mussten.

Zu Beginn der siebziger Jahre startete die kommunistische Führung einen neuen Versuch, den Pomaken bulgarische Namen aufzuzwingen. Den Startschuss gab ein Beschluss des Sekretariats des Zentralkomitees vom Juli 1970 über die »Reinigung des Partei- und Klassenbewusstseins und die Verstärkung der patriotischen Erziehung der Bulgaren-Mohammedaner«. Das Ziel war dasselbe wie ein Jahrzehnt zuvor: Stärkung des bulgarischen nationalen Bewusstseins der Pomaken. Damit sollte verhindert werden, dass sie sich auf der Grundlage der gemeinsamen Religion den ethnischen Türken im Lande anschließen. Noch eindringlicher als zuvor wurde die Gefahr einer Abspaltung der muslimischen Siedlungsgebiete und einer Zerstückelung des bulgarischen Staates heraufbeschworen. In der kommunistischen Propaganda war die Rede von einem Wiedergeburtsprozess, von einer Rückkehr zu den verschütteten bulgarischen Wurzeln, von einem entscheidenden Schritt hin zu einem homogenen sozialistischen Staat, zu einer einheitlichen bulgarischen Nation. Dieses Ziel wollte man nicht mit repressiven Maßnahmen erreichen, sondern durch Überzeugungsarbeit. Doch das gelang nicht überall. Im kommunistischen Geist erzogene Pomaken, unter ihnen viele Parteimitglieder, die vom Islam nichts mehr wissen wollten und sich als atheistische Aufklärer verstanden, gingen mit gutem Beispiel voran und änderten ihre Namen. Sie glaubten, alle Pomaken seien nun bereit, im Namen des sozialistischen Fortschritts mit ihren neuen bulgarischen Namen auch den islamischen Glauben für immer hinter sich zu lassen. Doch sie täuschten sich.

Der Kampf der Kommunistischen Partei galt auch dem Islam und dessen Symbolen. Die religiösen Rituale und Traditionen der Pomaken wurden als Relikte aus der »Zeit der

Sklaverei« hingestellt, die es zu überwinden galt. Der Islam war aus der Sicht der Kommunisten ein Hindernis auf dem Weg der Integration der Pomaken in den sozialistischen Staat. Er galt, wie auch das Christentum, als reaktionär und rückständig, während der Sozialismus mit wirtschaftlichem Fortschritt und Modernisierung gleichgesetzt wurde. Deshalb verbot die Partei auch religiöse Bräuche und das Tragen muslimischer Kleider. Ihre Propagandisten priesen die »Schönheit« und »Erhabenheit« der kommunistischen Feiertage. Die religiösen Geburts-, Heirats- und Bestattungsrituale sollten durch sozialistische Zeremonien ersetzt werden. Moscheen wurden geschlossen und teilweise in kulturelle Einrichtungen umgewandelt. Wer seinen Namen nicht freiwillig änderte, den zwang man dazu – auch mit Gewalt, wie das Beispiel von Kornica zeigt. Anders als noch zehn Jahre zuvor war die Staatsführung nun entschlossen, nicht zurückzuweichen und jeglichen Widerstand im Keim zu ersticken. Mitte der siebziger Jahre war die Kampagne abgeschlossen. Fast alle Pomaken hatten nun, zumindest nach außen hin im Umgang mit den Behörden, slawische Namen. Ibrim Emin Kadri hieß Ivan Kadriev, während Hjusnie Asan Hodžova schon seit mehr als einem Jahrzehnt mit dem Namen Lidija Asenova Hadžieva leben musste. Doch die Hoffnungen der Regierung gingen einmal mehr nicht in Erfüllung, trotz Repression und intensivierten Säkularisierungsbemühungen. Zwar hatten nun die meisten Pomaken bulgarisch-slawische Namen, doch das hieß noch lange nicht, dass sie sich als Bulgaren fühlten. Viele gingen nun noch mehr auf Distanz zum Staat, der sie drangsalierte und ihnen den Islam und damit einen zentralen Teil ihrer Identität wegnehmen wollte.

Zu Beginn der achtziger Jahre erklärten die kommunistischen Machthaber in einer halsbrecherischen Kehrtwende sogar die im Lande lebenden 800 000 Türken zu ethnischen Bulgaren und damit zu Slawen. Damals lag der Anteil der Türken an der Gesamtbevölkerung bei rund zehn Prozent. Auch ihnen wurden nun bulgarisch-slawische Namen aufgezwungen. Sogar die Verwendung der türkischen Sprache in der Öffentlichkeit wurde verboten. Das Zentralkomitee legte folgende Sprachregelung fest: Die türkischen Bewohner des Landes sind ethnische Bulgaren. Bei der bisher fälschlicherweise als Türken bezeichneten Bevölkerungsgruppe handelt es sich um Slawen, die während der Herrschaft der Osmanen einer religiösen und einer sprachlichen Assimilation ausgesetzt waren. In dem nun eingeleiteten »Prozess der Wiedergeburt« und der »Rückkehr zur wahren nationalen Identität« müssen die alten slawischen Vornamen und Familiennamen »rekonstruiert« werden. Das ist nicht nur die Pflicht jedes aufrichtigen Kommunisten, sondern jedes bulgarischen Patrioten. Mitglieder der Akademie der Wissenschaften erhielten die undankbare Aufgabe, den bulgarisch-slawischen Ursprung der zuvor als »Bulgaren türkischer Herkunft« bezeichneten ethnischen Türken nachzuweisen. In der kommunistischen Propaganda war die Rede von der »Rückkehr unserer Brüder und Schwestern, denen das Bewusstsein über Jahrhunderte vernebelt worden war, in die gemeinsame bulgarische Familie«. Die Annahme eines neuen bulgarischen Namens wurde als »revolutionärer Akt der Befreiung« und als »Ausdruck des Glaubens an die Weisheit der Partei« gefeiert. Türken, die sich weigerten, ihre Namen in slawisch-bulgarische umzuwandeln, wurden zu Klassenfeinden abgestempelt. Das konnte gravierende Folgen haben. Mitte März 1985 verkündete die Kommunistische Partei den erfolgreichen

Abschluss des »spontanen und freiwilligen« Prozesses der Namensänderung und der nationalen Wiedergeburt.

Doch die Assimilationskampagne, die im Winter 1984/85 ihren Höhepunkt erreichte, erwies sich als Bumerang. Die Partei schaufelte sich damit ihr eigenes Grab. Die bulgarische Nation wurde nicht geeint, wie die kommunistische Propaganda verkündete, sondern zutiefst gespalten. Die ethnische Identität der Türken wurde nicht geschwächt, sondern gefestigt. Von einer freiwilligen Rückkehr zu den angeblichen bulgarischen Wurzeln konnte keine Rede sein, im Gegenteil. In den von Türken besiedelten Gebieten im Südosten und auch im Nordosten des Landes kam es zu Unruhen, die blutig niedergeschlagen wurden. Am 29. Mai 1985 kündigte der Parteichef Todor Živkov überraschend an, dass allen »ethnischen Bulgaren mit einem türkischen Bewusstsein«, die das Land in Richtung Türkei verlassen wollten, Ausreisedokumente ausgestellt würden. Allein schon die neue Sprachregelung war ein Eingeständnis des Misserfolgs. Die Grenzöffnung führte zu einem Massenexodus. Mehrere Hunderttausend Türken, aber auch Pomaken, verließen Bulgarien in Richtung Türkei. Jeden Tag, schrieb das bulgarische Parteiblatt *Rabotničesko Delo* am 28. Juni 1989, würden allein am wichtigsten Grenzübergang Kapitan Andreevo 3500 Personen abgefertigt. Etwa die Hälfte der bulgarischen Türken, die das Land verließen, kehrte später wieder zurück.

Die völlig verfehlte Politik gegenüber der türkischen Minderheit und der Zusammenbruch der Wirtschaft in Teilen des Landes als Folge des Exodus der Türken diskreditierten die kommunistische Führung vollends. Sie trugen dazu bei, dass Todor Živkov am 10. November 1989 vom reformwilligen Flügel der Partei seines Amtes enthoben wurde. Schon kurz nach seinem Sturz beschloss die neue Führung, den Türken und den Pomaken das Recht auf die Verwendung der alten muslimischen Namen zurückzugeben. Auch wurden alle von den Kommunisten verordneten Einschränkungen beim Gebrauch der türkischen Sprache und bei der Ausübung der islamischen Religion aufgehoben. Die Moscheen wurden wieder geöffnet. Zu jenen Muslimen, die sogleich nach der Wende nach Sofia fuhren und ihren alten Namen zurückforderten, gehörte auch Ivan Kadriev. Sie hätten, so erzählt er, vor dem Parlamentsgebäude demonstriert und immer wieder das gleiche Wort gerufen: »Namen! Namen!«

Die ethnischen Türken wurden in der ersten Zeit nach dem Machtwechsel noch immer als »Bulgaren mit einem türkischen Bewusstsein« bezeichnet, nicht als Angehörige einer türkischen Minderheit. Das änderte sich erst im Laufe der Zeit, als Bulgarien zahlreiche internationale Konventionen zum Schutz der Minderheiten unterzeichnete. Doch unmittelbar nach der Wende war die Furcht groß, die neu ins Leben gerufene Bewegung für Rechte und Freiheiten, welche die Interessen der Türken und Pomaken vertrat, könnte territoriale Autonomie oder gar den Anschluss der von Türken und Pomaken besiedelten Gebiete Bulgariens an die Türkei fordern. Der Zerfall Jugoslawiens verstärkte solche Ängste. Die neue Partei wurde als Bedrohung empfunden. Viele sahen in ihr ein Instrument Ankaras zur Durchsetzung einer pantürkischen Politik. Bulgarien habe die Aufgabe, so lautete der Tenor, das christliche Europa vor dem Vordringen des Islams zu schützen. Der Chef der aus der Kommunistischen Partei hervorgegangenen Sozialisten in Kărdžali, Stefan Stefanov, sagte im Oktober 1991 nach der Niederlage bei den Kommunalwahlen im Gespräch, seine Partei werde niemals zulassen, dass bulgarisch-türkische Politiker ihr eigentliches Ziel verwirklichen, nämlich die Schaffung eines autonomen Gebiets und dessen schrittweise Abspaltung von Bulgarien. Bewohner von Kărdžali klagten damals darüber, die Türken hätten bei der Wiederherstellung ihrer muslimischen Namen große administrative und bürokratische Hindernisse überwinden müssen.

Nach der Wende stellte sich für die Pomaken einmal mehr die Frage nach ihrer Identität, nach der Rolle des Islams in ihrem Leben, der in der kommunistischen Zeit aus dem öffentlichen Raum weitgehend verschwunden war, nach ihrem Platz in der Gesellschaft, nach ihrem Verhältnis zum neuen bulgarischen Staat. Die Unsicherheit war groß, und manche Pomaken stürzten in eine neue Identitätskrise. Die eine Frage, mit der sie sich auseinandersetzen mussten, lautete: Soll ich den bulgarischen Namen behalten oder zum muslimischen zurückkehren? Es ging meistens nur um die Vornamen, denn viele hatten, anders als Ibrim Emin Kadri oder der Hodscha Ahmed Mustafa Charun, bereits vor Beginn der Assimilationskampagne Familiennamen mit bulgarischen Endungen. Eng verknüpft mit dieser Frage war eine andere: Wer sind wir, und wie sollen wir uns künftig definieren, als Bulgaren, als Türken, als Muslime oder als Pomaken und damit als Mitglieder einer eigenen ethnischen Gruppe? Das Spektrum der Antworten reichte von der Übernahme der türkisch-muslimischen Identität bis hin zur Taufe und damit, so hatte es zumindest von außen den Anschein, zur vollständigen Assimilierung in die bulgarische Gesellschaft. Zwar wurden die Pomaken nun nicht mehr vom Staat bedrängt, auch wenn er sie weiterhin als ethnische Bulgaren betrachtete. Er schrieb ihnen nicht mehr vor, wie sie sich zu definieren haben. Zumindest war das keine offizielle Staatspolitik mehr. Doch waren die Pomaken bei der Wahl ihrer Namen andern Zwängen ausgesetzt. Viele standen zu Beginn der neunziger Jahre unter dem Druck ihrer Familie, von Hodschas oder von lokalen Politikern. Auch der Wunsch nach beruflichem Fortkommen beeinflusste die Entscheidung. Manche sahen die beste Lösung in zwei Vornamen, einem bulgarischen und einem türkisch-arabischen, die je nach Bedarf verwendet werden konnten. Pomakische Eltern gaben ihren Kindern oft zwei Vornamen. Andere wählten neutrale Namen, die nicht eindeutig zugeordnet werden konnten und in beiden Kulturkreisen geläufig waren.

Ein Teil der Pomaken entschied sich, die alten türkisch-arabischen Namen wieder anzunehmen. Ob es die Mehrheit war oder nicht, darüber gehen die Meinungen auseinander. Eine solche Entscheidung bedeutete, dass erneut alle offiziellen Dokumente geändert werden mussten: Identitätsausweise, Pässe, Geburtsscheine, Zeugnisse, Führerscheine, Heiratsurkunden, Universitätsabschlüsse, Bankkarten. Die einen sagen, das sei kein Problem gewesen, und es sei alles schnell erledigt worden. Andere hingegen klagen darüber, dass die Prozedur mühsam gewesen sei. Immer wieder hätten ihnen die Behörden Steine in den Weg gelegt. Man kann wohl davon ausgehen, dass es, wie immer in solchen Fällen, lokal große Unterschiede gab. Pomaken im Dorf Satovča in den westlichen Rhodopen sagten bei einem Besuch im Juli 1993, lokale Funktionäre, vor allem Mitglieder der Sozialistischen Partei, hätten Gesuche zur Namensänderung absichtlich verschleppt. Umgekehrt wurde aber auch darüber geklagt, dass Hodschas gedroht hätten, jenen Pomaken, die ihren von der früheren Staatsmacht aufgezwungenen bulgarischen Namen behalten wollten, eine Beerdigung nach islamischen Ritualen zu verweigern. Manche Bulgaren sehen darin einen der Hauptgründe dafür, dass vor allem ältere Pomaken ihre muslimischen Namen zurückverlangten. Mit einem christlich-bulgarischen Namen und ohne die islamischen Beerdigungsrituale zu sterben, war für einen gläubigen Muslim undenkbar. Zu ihnen gehörte Ibrim Emin Kadri. Er setzte alles daran, so schnell wie möglich wieder seinen alten Namen tragen zu dürfen. Das war ihm wichtig, denn zu einem gläubigen Muslim gehört aus seiner Sicht auch ein türkisch-arabischer Vorname.

Wie bereits erwähnt, fand 1992 die erste Volkszählung nach der Wende statt. Die Ergebnisse sorgten in Sofia für große Aufregung, denn ein Teil der Pomaken hatte sich entgegen den Erwartungen der neuen Regierung als Türken deklariert. Einer der Gründe war, dass sie sich von den christlichen Bulgaren abgrenzen und ihre muslimische Identität betonen wollten. Die Hinwendung zur türkischen Option bedeutete noch lange nicht, dass sie sich im ethnischen und nationalen Sinn als Türken fühlten. Wer sich als Türke deklarierte, kehrte auch zu seinem alten muslimischen Namen zurück. Ihre Zahl war in den mehrheitlich von Pomaken besiedelten Dörfern in den westlichen Rhodopen am höchsten. Es handelte sich um Gebiete, in denen – anders als weiter östlich – kaum ethnische Türken lebten. Im Westen der Rhodopen und in Pirin-Mazedonien war die Staatsmacht bei der Namensänderungskampagne der siebziger Jahre auch auf den größten Widerstand gestoßen. Zu den Dörfern, in denen sich beim Zensus relativ viele Bewohner als Türken bezeichneten, gehörte Satovča. Der damalige Bürgermeister, ein Pomake, war Mitglied der kurz nach der Wende gegründeten Bewegung für

Rechte und Freiheiten. Sie hatte nicht nur in Kărdžali, sondern auch in vielen Pomaken-Dörfern die Lokalwahlen vom Oktober 1991 gewonnen. Es waren die ersten nach dem Ende der kommunistischen Herrschaft. Beim Besuch im Juli 1993 amtierte er allerdings nicht mehr als Bürgermeister. Er war wenige Monate zuvor suspendiert worden. Wie er im Gespräch erklärte, hatte ihm die Regierung vorgeworfen, Druck auf die Pomaken ausgeübt zu haben, damit sich diese beim Zensus als Türken und nicht als Bulgaren deklarierten. Daraufhin wurde in Sofia ein parlamentarischer Untersuchungsausschuss gebildet. Er kam in seinem Anfang 1993 veröffentlichten Bericht zum Schluss, Vertreter der Bewegung für Rechte und Freiheiten hätten in einigen Dörfern ihre Machtstellung missbraucht und die Pomaken dazu gedrängt, ihre alten türkisch-arabischen Namen wieder anzunehmen. Auch hätten die Kinder in der Grundschule Türkisch lernen müssen. Die Ergebnisse der Volkszählung wurden daraufhin in einigen Orten annulliert. Der suspendierte Bürgermeister wies im Juli 1993 alle Vorwürfe zurück. Es treffe zwar zu, dass die meisten Dorfbewohner ihre früheren Namen wieder angenommen hätten, allerdings freiwillig. Zum Unterricht in türkischer Sprache in der Grundschule von Satovča sei niemand gezwungen worden. Das zeige allein schon die Tatsache, dass nur dreißig Schüler in Türkisch unterrichtet worden seien. Der heutige Bürgermeister, Arben Mimenov, der seit 1999 im Amt ist, räumte im Gespräch im Juni 2015 allerdings ein, dass die Bewegung für Rechte und Freiheiten zu Beginn der neunziger Jahre durchaus Druck auf jene Pomaken ausgeübt habe, die ihre bulgarischen Namen hätten behalten wollen. Doch diese Zeiten seien längst vorbei.

Der abgesetzte Bürgermeister hatte mich zum Gespräch in

sein Haus eingeladen. Doch dabei blieb es nicht. Er räumte das eheliche Schlafzimmer, damit ich dort als sein Gast die Nacht verbringen konnte. Bevor es allerdings so weit war, sprachen wir lange über die Pomaken, die türkische Minderheit und die Politik der demokratisch gewählten neuen Regierung in Sofia. Dann wurde ich zu Tisch gebeten, an dem bereits mehrere Männer aus dem Dorf saßen. Es wurde ausgiebig gegessen und getrunken, einige schütteten den hochprozentigen Selbstgebrannten wie Mineralwasser aus großen Gläsern in sich hinein. Dabei waren sie alle Muslime. Die Vorspeise kam um Mitternacht auf den Tisch. Das Mahl zog sich hin. Die Männer tranken, aßen, lachten, diskutierten über Gott und die Welt und die Frauen, dann legten sie sich erschöpft ins Bett und schnarchten. Die Frauen kochten und servierten das Essen. Sie mischten sich nicht in die Gespräche der Männer ein. Bevor der Morgen graute, melkte die Frau des Ex-Bürgermeisters die einzige Kuh, die sie besaßen. Sie war bereits wieder mit den Vorbereitungen für das Frühstück beschäftigt, das fast so üppig ausfiel wie das nächtliche Essen. Die Gastfreundschaft führte dazu, dass es einem Affront gleichgekommen wäre, hätte ich auch die politischen Gegner im Dorf besucht und sie nach ihrer Meinung befragt. Der Ex-Bürgermeister nannte seine Kontrahenten »alte Kommunisten«, die sich mit dem Verlust der Macht und ihrer Privilegien nicht hätten abfinden können.

Der wirtschaftliche und soziale Niedergang nach der Wende traf die pomakischen Siedlungsgebiete in den Rhodopen besonders hart. Die Tabakindustrie brach zusammen, ebenso der Bergbau. Viele Betriebe mussten schließen. Tausende von Arbeitsplätzen gingen verloren. Die Arbeitslosigkeit war in den Pomaken-Dörfern besonders hoch. Beim Besuch im Juli

1993 klagten viele Bewohner von Satovča darüber, dass sich in Sofia niemand um sie kümmere, weder die Sozialisten noch die neuen demokratischen Kräfte, noch die Bewegung für Rechte und Freiheiten, die vorgebe, sich für die Verbesserung ihrer Lebensverhältnisse einzusetzen. Sie fühlten sich von allen im Stich gelassen, vernachlässigt, marginalisiert. Ein Bewohner meinte verbittert, wenn es um das materielle Überleben gehe, seien die Namen zweitrangig. Ob er mit einem türkischen Namen im Elend versinke oder mit einem bulgarischen, spiele für ihn keine Rolle. So wie die Torbeschen im mazedonischen Dorf Dolno Količani erhofften sich auch viele Pomaken in den westlichen Rhodopen, die bei der Volkszählung von 1992 die türkische Option gewählt hatten, materielle Vorteile, ein Ende der Armut, neue Arbeitsplätze, wirtschaftlichen Aufschwung, Schutz als Muslime. Sie hatten mit dem kommunistischen Regime schlechte Erfahrungen gemacht. Doch auch die Hoffnungen, die sie in die neue Regierung setzten, wurden bald enttäuscht. Der Transformationsprozess verlief chaotisch und schleppend. Er nahm vielen von ihnen das wenige, das sie hatten. So sahen manche Pomaken, auch wenn sie sich als bulgarische Staatsbürger verstanden, in der Türkei den Retter in der Not. Das mächtige muslimische Nachbarland wurde als Rückhalt in einer Zeit der Unsicherheit, der Ungewissheit und des wirtschaftlichen Niedergangs empfunden. Das war ganz offensichtlich für viele der wichtigste Grund, warum sie sich bei der Volkszählung von 1992 als Türken deklarierten. Das jedenfalls sagten Einwohner von Satovča, mit denen ich 1993 gesprochen hatte.

Andere Pomaken, unter ihnen Lidija Asenova Hadžieva, wollten nach 1989 ihren Namen nicht mehr wechseln. Diese Haltung war vor allem in der jüngeren und mittleren Generation verbreitet. Unter ihnen waren viele Pomaken, die erst nach dem Ende der Namensänderungskampagne zu Beginn der siebziger Jahre geboren wurden oder die damals noch Kinder waren. Wie Lidija Asenova Hadžieva hatten sie sich an ihren neuen Namen gewöhnt, er war ihnen vertraut geworden. Andere hatten gar nie einen muslimischen Namen gehabt, denn ihre Eltern nahmen schon früh einen bulgarischen an. Die meisten Pomaken, die ihre bulgarischen Namen behielten, hatten keine oder wenig Bindungen zur Religion. Der Islam war für sie ein kulturelles Erbe, ein Teil der lokalen Tradition. Auch jene Pomaken, die in den Städten lebten, blieben meist bei ihren bulgarischen Namen, oft auch aus wirtschaftlichen und sozialen Gründen. Die Assimilierung brachte ihnen persönliche Vorteile. Man müsse sich eben anpassen und in der Definition der eigenen Identität flexibel sein, wenn man in der bulgarischen Gesellschaft vorankommen wolle, meint ein junger Mann in Sofia, der seine pomakische Herkunft keineswegs verleugnet. Wie andere Muslime slawischer Herkunft betont auch er, das Wort »Pomake« löse in Bulgarien noch heute negative Konnotationen aus und werde mit Rückständigkeit gleichgesetzt. Pomake zu sein sei noch immer mit einem Stigma behaftet. Die Meinung ist weit verbreitet, dass Pomaken mit einem bulgarischen Namen in der Gesellschaft eher akzeptiert würden und bei der ohnehin schwierigen Suche nach einem Arbeitsplatz bessere Chancen hätten. Ein muslimischer Name wird als Nachteil empfunden. Wer die Absicht habe, im Ausland zu arbeiten, sagt der Pomake Aliosman Imamov im Gespräch im Juni 2015 in Sofia, der wolle dies mit einem bulgarischen Namen tun, nicht mit einem türkisch-arabischen. Viele seien überzeugt davon, dass ein muslimischer Name im Westen abschreckend wirke. Und dorthin zieht es viele. Imamov ist der stellvertretende Chef der Bewegung für Rechte und Freiheiten und Abgeordneter im bulgarischen Parlament.

Viele Pomaken hatten sich nach der Wende für die Beibehaltung des bulgarisch-christlichen Namens entschieden, weil sie genug davon hatten, als Bürger zweiter Klasse behandelt zu werden. Die bulgarische Option war für sie auch eine Flucht aus der Benachteiligung, der Stigmatisierung, der Marginalisierung und der Isolation. Doch die Hoffnungen erfüllten sich nicht immer. Die Bulgaren wollen zwar, dass die Pomaken Bulgaren sind. Doch auch wenn sich diese zur bulgarischen Nation bekennen, werden sie von vielen noch immer nicht als »richtige« Bulgaren akzeptiert. Das gilt auch für jene, die bulgarisch-slawische Namen haben oder sogar zum orthodoxen Christentum konvertiert sind. Aber auch viele Türken halten Pomaken, die sich für die türkische Option entschieden haben, nicht für gleichwertige Mitglieder ihrer Bevölkerungsgruppe, weil diese slawischer Herkunft sind und nicht Türkisch sprechen. Auch haben die Pomaken andere Bräuche und Traditionen. Die Lage der slawischen Muslime Bulgariens ist vergleichbar mit jener der Torbeschen in Mazedonien: Sie können tun und lassen, was sie wollen, sie werden an den Rand der Gesellschaft gedrängt, sie gehören nie wirklich dazu, weder zur bulgarischen noch zur türkischen Nation, und sie werden von beiden nicht wirklich akzeptiert.

Die Gesetze seien nicht für alle gleich, klagt Ahmed Mustafa Charun, der Hodscha von Sărnica: »Man achtet uns Pomaken nicht in gleicher Weise wie die andern Bürger Bulgariens. Doch es wird von Jahr zu Jahr besser.« Auch Nebi Bosov, der Bürgermeister von Sărnica, hatte einst einen andern Namen. Doch darüber will er nicht reden. Die Frage, wie er vor der Wende geheißen habe, empfindet der Pomake als eine Beleidigung. Wie der Hodscha besuchte auch er die dritte Klasse, als er eines Tages aus heiterem Himmel einen neuen Namen erhielt. Bosov sagt dasselbe wie Lidija Asenova Hadžieva: »Man hat uns nicht ernstgenommen.« Die Zeiten, in denen die Religion ein Faktor der Trennung war, sind seiner Meinung nach vorbei. Dennoch gebe es noch immer christliche Bulgaren, welche die Pomaken nicht als gleichwertige Bürger behandelten. Er nennt ein Beispiel: Pomakische Kandidaten aus Sărnica, die sich für den Polizeidienst beworben hatten, wurden nur deshalb nicht berücksichtigt, weil sie Pomaken und damit Muslime waren. Das zumindest ist seine Interpretation. Nebi Bosov glaubt auch, dass es noch eine weitere Generation braucht, bis sich diese Denkweise ändert. Dann erzählt er eine andere Geschichte: Eine Nichtregierungsorganisation aus Sofia mit dem Namen »Pamet« (Gedächtnis), die sich eigentlich um die im Ausland lebenden Bulgaren kümmern sollte, wollte ausgerechnet in Sărnica eine Zweigstelle gründen. Einer ihrer Vertreter stellte sich als Oberst der Sicherheitspolizei vor. Für Bosov war der Fall klar: Die Muslime sollten, wie er sich ausdrückt, ideologisch bulgarisiert werden. So hätten Vertreter von »Pamet« im Dorf erzählt, in den späten dreißiger Jahren hätten sich muslimische Geistliche als Bulgaren gefühlt und den Koran in bulgarischer und nicht in arabischer Sprache gelesen. Das war die Zeit, in der die Vereinigung »Rodina« aktiv war. »Pamet« organisierte zudem, wie Bosov voll Bitterkeit erzählt, für die Schüler von Sărnica eine Reise nach Mazedonien. Auch die Lehrer wurden eingeladen. Die Reise war für alle kostenlos. In Mazedonien besuchten sie christliche Friedhöfe und Kirchen. Der Bürgermeister spricht von einer politischen Manipulation. Nach ihrer Rückkehr erschienen auf Facebook Fotos, auf denen die Schüler während eines christlich-orthodoxen Gottesdienstes zu sehen sind. »Das ist ein neuer Wiedergeburtsprozess, nur mit andern Mitteln als in den siebziger Jahren«, lautet das Fazit von Nebi Bosov.

Auch nach Meinung von Arben Mimenov, dem Bürgermeister von Satovča, galten die Pomaken lange als Bürger zweiter Klasse. Sie seien außerhalb ihrer Gemeinschaft verachtet worden. Das sei jetzt besser. Doch es sei noch immer nicht so, wie es sein müsste. Auch er nennt ein Beispiel: In Satovča liegt der Anteil der Christen an der Gesamtbevölkerung bei dreißig Prozent. In den meisten Dörfern, die zur Gemeinde gehören, leben aber nur Muslime, also Pomaken. Trotzdem ist laut dem Bürgermeister jeder zweite Beschäftigte in der Gemeindeverwaltung ein Christ. Auch der 1953 geborene Abgeordnete des nationalen Parlaments Aliosman Imamov betont, keine andere bulgarische Partei hätte einen Muslim als Kandidaten für das Amt des Vizepräsidenten der bulgarischen Legislative aufgestellt. Die Bewegung für Rechte und Freiheiten sei die Ausnahme. Im Mai 2013 wurde er in dieses hohe Amt gewählt. Er hat sich, wie er betont, immer als Pomake bezeichnet und nie Probleme mit seinem muslimischen Namen gehabt. Bei der letzten Volkszählung von 2011 beantwortete er die Frage nach der ethnischen Zugehörigkeit weder mit »Bulgare« noch mit »Türke«. Er trug sich vielmehr in der Rubrik »Andere« ein, mit dem Zusatz »Pomake«. Dennoch spricht auch Imamov von einer Benachteiligung der Pomaken, auch jener mit einem bulgarisch-slawischen Namen. Dann fügt er hinzu: »Benachteiligung ist ein zu schwaches Wort, Diskriminierung trifft den Sachverhalt besser.«

Die Frage drängt sich auf, ob die besondere pomakische Identität angesichts der Abwanderung, die sich in den neunziger Jahren verstärkt hat, der Auflösung traditioneller Lebensformen, der Modernisierung und Säkularisierung nicht immer mehr verlorengeht. Der Hodscha Ahmed Mustafa Charun sagt, als er im Jahre 2000 nach Sărnica gekommen sei, hätten 150 bis 160 Kinder am Religionsunterricht teilgenommen, jetzt seien es noch höchstens 25. Dennoch ist er optimistisch. In der Fremde werde der Islam für die Pomaken oft wieder wichtiger, meint er. Auch wer nicht gläubig sei, respektiere die mit dem Islam verbundenen Bräuche und Rituale. Eine junge Frau in einem Café im Ort bestätigt die Worte des Hodschas. Der Islam sei für sie wichtig, auch wenn sie selten in die Moschee gehe. Sie schäme sich nicht, eine Pomakin zu sein. Die meisten Muslime, die Sărnica auf der Suche nach Arbeit verlassen hätten, blieben in ihrem Herzen Pomaken, auch wenn sie bulgarische Namen hätten und sich als Bulgaren definierten. Nebi Bosov, der Bürgermeister von Sărnica, ist überzeugt, dass die pomakische Identität bei den Arbeitsmigranten tief genug verwurzelt ist, um allen Anfechtungen standzuhalten.

Christo Ginevski ist Historiker und gilt als Kenner der Pomaken. Er wohnt in der Stadt Smoljan, die rund 30 000 Einwohner zählt. Wie er im Gespräch im Juni 2015 erklärt, liegt der Anteil der Muslime an der Gesamtbevölkerung der Stadt bei fünfzig Prozent. Es sind in erster Linie Pomaken. Er räumt ein, dass es ein großer Fehler war, den slawischen Muslimen neue Namen aufzuzwingen. Das wäre auch gar nicht nötig gewesen. Ginevski spricht von einem »natürlichen Prozess« der freiwilligen Namensänderungen, der schon früh nach der kommunistischen Machtergreifung eingesetzt habe. Als Beispiel nennt er den von Pomaken bewohnten Ort Zabărdo in den nördlichen Rhodopen. Dort hätten die Bewohner schon Anfang der fünfziger Jahre freiwillig neue Namen angenommen. Sie hätten in ihrem Dorf sogar eine Kapelle errichtet. Später seien viele von ihnen Christen geworden. Nach seiner Darstellung mussten in Smoljan nur wenige Pomaken gezwungen werden, ihre Namen zu ändern. Den meisten sei bewusst gewesen, dass die christlichen Bulgaren und die muslimischen Pomaken gemeinsame Wurzeln hätten. Die in den siebziger Jahren von der kommunistischen Staatsmacht durchgesetzte Politik der Namensänderung hat sich, wie er betont, positiv ausgewirkt. Sie habe in Smoljan die Grundlage für einen Modernisierungsschub geschaffen. Die Stadt habe sich nach der Namensänderungskampagne viel schneller entwickelt, es seien mehr Arbeitsplätze geschaffen worden, die Löhne seien gestiegen, die Infrastruktur habe sich verbessert. »Die neuen bulgarischen Namen haben die Leute motiviert, sich besser auszubilden.«

Wie viele Bulgaren setzt auch Ginevski Christentum mit Fortschritt, mit Zugehörigkeit zu Europa und damit zur modernen und zivilisierten Welt gleich, während er Islam mit Stillstand, Rückständigkeit, Hinwendung zum Orient und religiösem Fanatismus verbindet. Laut seinen Worten haben in Smoljan nach der Wende nur fünf Prozent der Pomaken ihre türkisch-arabischen Namen wieder angenommen. Er räumt allerdings ein, dass diese Zahl in den umliegenden Dörfern höher gewesen sei. Ähnlich argumentiert der Sprachwissenschaftler Emil Subašiev. Er bezeichnet sich als nicht religiösen Muslim und als überzeugten Bulgaren. Seinen bulgarischen Namen, den er Anfang der sechziger Jahre freiwillig angenommen hatte, änderte er nach der Wende nicht: »Wir haben die christlichen Namen behalten, nur Fanatiker haben die muslimischen Namen wieder angenommen«, lautet seine Begründung. Seine beiden Kinder leben in gemischten Ehen, seine vier Enkelinnen sind alle getauft. Darauf ist er stolz.

Nach der politischen Wende von 1989 meldeten sich Pomaken zu Wort, die von der Regierung die Anerkennung als eine eigene Bevölkerungsgruppe verlangten. Sie sahen darin den einzigen Weg, das Selbstwertgefühl der seit Jahrzehnten bedrängten slawischen Muslime zu stärken. Auch forderten sie die Regierung auf, sich endlich um die Siedlungsgebiete der Pomaken zu kümmern und deren miserable wirtschaftliche und soziale Lage zu verbessern. Im Dezember 1992 wurde die Demokratische Partei der Arbeit gegründet. An ihrer Spitze stand Kamen Burov, ein Pomake, der aus einem Dorf in den östlichen Rhodopen stammt. Eines seiner wichtigsten Anliegen war die Einführung der ethnischen Kategorie »Pomaken« bei den Volkszählungen. Doch blieb diese Forderung unerfüllt, wie alle andern Anliegen auch. Allerdings stieß die Partei von Burov selbst bei den slawischen Muslimen auf geringes Interesse. Nach kurzer Zeit verschwand sie wieder in der Versenkung. Auch im Zusammenhang mit der Ratifizierung der Rahmenkonvention des Europarats über nationale Minderheiten wurde in Bulgarien heftig darüber debattiert, ob die Pomaken als eine nationale Minorität anerkannt werden sollten. Das Parlament in Sofia sprach sich dagegen aus. Im Jahre 2013 scheiterte der jüngste Versuch, eine pomakische Partei zu gründen. Die Initianten brachten die für die Registrierung notwendigen fünftausend Unterschriften nicht zusammen. Subašiev sagte damals in einem Interview mit einer bulgarischen Nachrichtenagentur, wer die pomakische Partei unterstütze, spalte die bulgarische Nation, und das in einer Zeit, in der das Land ohnehin von politischen und sozialen Konflikten zerrissen werde.

Christo Ginevski zieht aus dem Scheitern des Projekts den Schluss, dass die Pomaken gar keine Minderheit sein wollen, weil sie sich als Bulgaren fühlten. Doch das trifft nicht für alle slawischen Muslime zu. Es gibt nach wie vor einen pomakischen Diskurs, der im Widerspruch steht zum offiziellen bulgarischen. Doch dürfte der Einfluss jener pomakischen Aktivisten gering sein, die vom Staat die offizielle Anerkennung als Minderheit fordern. Ihr Programm lässt sich wie folgt zusammenfassen: Die Pomaken sind ein eigenes Volk, weder ethnische Bulgaren noch Türken. Sie haben eine eigene Identität, eine eigene Geschichte, eigene Traditionen, eine eigene Kultur. Sie sprechen eine slawische Sprache, aber nicht Bulgarisch und auch keinen bulgarischen Dialekt, sondern Pomakisch. Sie fordern die Anerkennung und den Schutz der pomakischen Sprache sowie das Recht, in der Schule auf Pomakisch unterrichtet zu werden. Auch verlangen sie eine offizielle Entschuldigung für das Unrecht, das ihrem Volk in kommunistischer Zeit angetan wurde. Ihrer Ansicht nach leben Pomaken nicht nur in Bulgarien und in Griechenland, sondern auch in Albanien, im Kosovo, in der Türkei und in Mazedonien, das sie entsprechend der offiziellen griechischen Terminologie »Former Yugoslav Republic of Macedonia« (FYROM) nennen. Auf diese Weise vereinnahmen jene, die sich für eine rechtliche Aufwertung der Pomaken in Bulgarien einsetzen, die Torbeschen in Mazedonien und die Goraner im Dreiländereck Kosovo–Mazedonien–Albanien. Dass diese gar keine Pomaken sein wollen, wird nicht zur Kenntnis genommen.

Zlatograd ist eine Kleinstadt in den mittleren Rhodopen, in der Nähe der Grenze zu Griechenland. Ein altes Viertel ist auf eindrückliche Weise in ein Freilichtmuseum umgewandelt worden, mit Werkstätten, Restaurants, Cafés, Hotels und einem ethnografischen Museum. Die schön renovierten Häuser im traditionellen bulgarischen Stil stammen aus dem 19. Jahrhundert. Das neue Zentrum, einige hundert Meter entfernt, wird von einer 2014 fertiggestellten Moschee dominiert. Das alte muslimische Gotteshaus war in kommunistischer Zeit zerstört worden. Das Städtchen Zlatograd hat rund 7000 Einwohner. Nach Angaben von Efim Ušev, dem Chefredakteur des Lokalblattes *Zlatogradski Vestnik (Zlatograder Zeitung)*, liegt der Anteil der Muslime im Ort bei rund sechzig Prozent, es sind vor allem Pomaken. Auch er betont im Gespräch im Juni 2015, dass in Zlatograd nach der demokratischen Wende nur wenige Pomaken ihren früheren muslimischen Namen wieder angenommen hätten. Es seien vor allem ältere Leute gewesen, die sich von der Drohung des Hodschas, ihnen nach dem Tod die muslimischen Bestattungsrituale zu verweigern, hätten beeindrucken lassen. Ušev ist Bulgare und kein Pomake. Er sagt von sich, er sei ein Christ und er sei auch immer ein Christ gewesen. Er spricht von einem »kontinuierlichen und natürlichen Prozess der Christianisierung« in den Rhodopen, vor allem durch Mischehen. Allerdings räumt auch er ein, dass die Pomaken insbesondere in den westlichen Rhodopen, die stärker an ihren Traditionen festhielten, noch immer benachteiligt würden.

Zlatograd hat allerdings nicht nur einen schön renovierten alten Ortsteil, sondern auch einen gemischten christlich-muslimischen Friedhof. Es ist der einzige dieser Art in den Rhodopen, und er ist in der Tat außergewöhnlich. Seit Mitte der siebziger Jahre werden hier Muslime und Christen bestattet. Bemerkenswert ist, dass die Gräber nicht getrennt sind, also die Christen in einer und die Muslime in einer andern Ecke. Vielmehr liegen sie nebeneinander. Es fällt auch auf, dass die Namen der Verstorbenen auf allen Grabsteinen mit kyrillischen Buchstaben geschrieben sind. Arabische Inschriften oder muslimische Symbole fehlen, im Gegensatz zu den muslimischen Friedhöfen von Dolno Količani oder Labuništa in Mazedonien. Es gibt Grabsteine mit türkisch-arabischen und mit bulgarisch-christlichen Namen. Im Falle von Familiengräbern kommt es sogar vor, dass der eine Name bulgarisch-christlich ist, der andere hingegen türkisch-arabisch. So finden sich auf einem Grabstein die Namen Fatma A. Memova (1896 bis 1980) und Katja K. Memova (1932 bis 2003). Es handelt sich dabei wohl um Mutter und Tochter. Der Vorname der Mutter ist muslimisch, jener der Tochter bulgarisch. Es ist nicht klar, ob die Mutter mit diesem Namen gestorben ist, oder ob er, was viel wahrscheinlicher ist, erst nach der politischen Wende von 1989 in den Grabstein eingeritzt wurde. Im Jahre 1980, als die Mutter starb, war die Assimilationskampagne abgeschlossen, und praktisch alle Pomaken hatten bulgarische Namen.

Doch wie kam es überhaupt zu diesem gemischten Friedhof? In der Darstellung von EfimUšev hatten sich in den siebziger Jahren der Hodscha und der christlich-orthodoxe Geistliche von Zlatograd sehr gut verstanden. Sie seien zum Schluss gekommen, dass Christen und Muslime, die zuvor im gleichen Ort friedlich miteinander gelebt hätten, auch nach dem Tod nicht getrennt werden sollten. FürUšev ist der gemischte Friedhof ein Symbol der Toleranz zwischen Christen und Muslimen, ein Zeichen des gegenseitigen Respekts. Das klingt sehr schön. Es gibt allerdings auch eine ganz andere Version. In der Darstellung von Faik Gluchov, dem Hodscha von Zlatograd, ist der konfessionell gemischte Friedhof ein Produkt der kommunistischen Repression. Seine Entstehung hat in der Version des muslimischen Geistlichen nichts mit Toleranz zu tun. Bis 1976/77 hatten die Christen und die Muslime laut seinen Worten getrennte Friedhöfe. Das wollte die Kommunistische Partei ändern. So habe sie vor allem zur Zeit der Assimilationskampagne großen Druck auf die Muslime von Zlatograd ausgeübt und von ihnen verlangt, künftig ihre Toten auf dem gleichen Friedhof zu bestatten, auf dem die übrigen Bulgaren ihre letzte Ruhe fanden. Das geschah dann auch. Nach 1989 hätten vor allem ältere Muslime den Wunsch nach einem eigenen Friedhof geäußert, denn sie wollten nicht am gleichen Ort wie die Christen begraben werden. Doch die Mehrheit sei der Meinung gewesen, Muslime und Christen hätten in Zlatograd immer zusammengelebt. Es sei deshalb unangemessen, sie nach dem Tod zu trennen.

Bojan Saraev ist orthodoxer Priester in Kărdžali, einer Stadt in den östlichen Rhodopen. Er legt im Gespräch im Juni 2015 großen Wert auf die Feststellung, dass die Pomaken unterschiedliche Vorstellungen über ihre Identität hätten. Jeder definiere sich anders. Sie bildeten keine homogene Gruppe. Die meisten seien sich aber bewusst, dass sie Bulgaren sind, keine Pomaken und erst recht keine Türken. Die Mehrheit orientiere sich an christlichen Werten: »Schließlich waren auch sie Christen, bevor ihnen der Islam aufgezwungen wurde.« Die meisten Pomaken seien keine gläubigen Muslime, sie feierten die christlichen Festtage und hätten christliche Namen. Sie lebten wie die Christen, auch wenn sie nicht getauft seien. Und dann sagt er: »Viele Pomaken sind zum christlich-orthodoxen Glauben übergetreten. Ich bin einer von ihnen.« Sarăev bezeichnet die muslimischen Geistlichen als die größten Manipulatoren. Und wieder kommt der Tod ins Spiel. Der wichtigste Hebel, um die Pomaken auf ihre Seite zu ziehen, sei die Drohung, verstorbene Muslime mit einem christlich-bulgarischen Namen nicht nach islamischem Brauch zu bestatten.

Sarăev, ein Pomake, war also früher ein Muslim, allerdings kein praktizierender, wie er betont. Er hatte auch nie einen türkisch-arabischen Namen, nur einen christlichen. Seine Eltern seien eben fortschrittlich und modern gewesen, lautet seine Erklärung. Später jedoch, als er gegen dreißig Jahre alt war, wurde die Religion in seinem Leben plötzlich doch noch wichtig, allerdings nicht der Islam, sondern das Christentum: »Ich erkannte, dass das Christentum die wahre und einzige Religion der zivilisierten Welt ist.« Und so wurde Sarăev orthodoxer Priester. Gott habe ihm bei dieser Entscheidung geholfen. Seit 1990 ist er Geistlicher in Kărdžali, in einer großen bulgarisch-orthodoxen Kirche mit einem Kloster und einem prächtigen Garten mit vielen roten und weißen Rosen. Die Stadt ist mehrheitlich von Türken bewohnt.

Nach seiner Priesterweihe glaubte Sarăev, eine Mission erfüllen zu müssen, nicht nur eine religiöse, sondern auch eine zivilisatorische. Er sah seine Aufgabe darin, die slawischen Muslime zum Christentum zu bekehren und ihnen damit, wie er sich ausdrückt, die Pforte zur modernen Welt und zur europäischen Zivilisation zu öffnen. Nach dem Übertritt zum Christentum begann Sarăev die Rhodopen zu bereisen und Pomaken zu taufen, vor allem junge Leute. Diese hätten nach der Wende und dem Scheitern der kommunistischen Ideologie neue Werte und eine neue Religion gesucht, denn der Islam sei nicht das Richtige für sie gewesen. Sogar ethnische Türken habe er zum christlichen Glauben geführt. Wie hat er das getan? Welche Methoden hat er angewandt? Dazu sagt Saraev nur, er habe auf öffentlichen Plätzen und in Jugendclubs gepredigt, allerdings nicht in den westlichen, sondern nur in den mittleren und östlichen Rhodopen. Zudem seien viele Pomaken aus eigenem Antrieb zu ihm in die Kirche gekommen und hätten den Wunsch geäußert, den christlichen Glauben anzunehmen. Sie hätten begriffen, so lautet seine Begründung, dass der Islam ihnen aufgezwungen worden sei und nichts mit ihrer wahren Identität zu tun habe, denn diese sei bulgarisch-christlich.

Zweifellos gab es nach der Wende Pomaken, die keine Muslime mehr sein wollten und sich taufen ließen. Doch wurden sie damit noch lange nicht zu überzeugten Christen. Viele von ihnen hatten zuvor den Islam, so wie die meisten Bulgaren das orthodoxe Christentum, im Sinne eines kulturellen Erbes verstanden. Mit dem Religionswechsel erhofften sie sich mehr Akzeptanz in der bulgarischen Gesellschaft und bessere berufliche Aussichten. Auch Saraev räumt ein, dass der Übertritt zum Christentum oft pragmatische Gründe habe und wirtschaftliche Faktoren eine zentrale Rolle spielten. Mehr sagt er zu seinen Bekehrungsmethoden nicht. Dann aber meint er mit Blick auf jene Pomaken in den westlichen Rhodopen, die sich als Türken bezeichnen: »Meine Erfahrung ist, je primitiver eine Gesellschaft, desto bedeutender die Rolle des Islams. Die Pomaken werden von ihren religiösen und politischen Führern manipuliert. Zwar gibt es auch Pomaken, denen die moderne Zivilisation nicht unbekannt ist. Doch die meisten leben wie in einem Reservat, weit entfernt von der europäischen Zivilisation.« Für Saraev gehört der Islam nicht zu Bulgarien und nicht zu Europa. Er ist vielmehr von fremden Mächten mit finsteren Absichten nach Bulgarien gebracht worden und hat mit den christlich-europäischen Werten, was immer der Geistliche darunter auch verstehen mag, nichts zu tun.

Saraev weiß nicht, wie viele Pomaken er bereits zum christlichen Glauben bekehrt und damit, wie er betont, zu »richtigen« Bulgaren gemacht hat. In den frühen neunziger Jahren, zu Beginn seiner Bemühungen, hatte er in Interviews eine Zahl von 50 000 genannt. Viele halten diese Angaben für übertrieben. Ganz offensichtlich ging es in der turbulenten Umbruchzeit auch darum, die neu entstandene Bewegung für Rechte und Freiheiten zu schwächen. Sie hatte in den Rhodopen viele Anhänger. Angehörige der türkischen Minderheit und die Pomaken erhofften sich von der neuen Partei ein Ende der politischen und religiösen Diskriminierung. Heute ist Saraev bescheidener geworden, wenn es um die Zahl der Bekehrten geht. Er selber habe Tausende von Pomaken getauft, die Zahl der Konvertiten steige unaufhörlich. Er spricht aber auch von einem »natürlichen Prozess der Christianisierung« in den mittleren und östlichen Rhodopen. Genauso hatte sich auch EfimUšev in Zlatograd ausgedrückt. Als einer der wenigen rechtfertigt Saraev die kommunistische Politik der Zwangsassimilierung. Kein Staat könne zulassen, dass ein Teil der eigenen Bevölkerung unter den Einfluss der türkischen Propaganda sowie illegaler Organisationen gerate und von der bulgarischen Nation abgetrennt werde. Sein Zorn richtet sich vor allem gegen jene Pomaken, die sich als Türken definierten: »Der Staat musste etwas tun, um zu verhindern, dass die Pomaken Türken werden.«

Nach Ansicht Saräevs ist der Islam eine ernsthafte Bedrohung für die bulgarische Nation. Die Hodschas schreckten vor nichts zurück, um den Islam zu verbreiten. Er verweist auf die vielen neuen, großen und repräsentativen Moscheen, die nach der Wende von 1989 mit Unterstützung von Stiftungen aus der Türkei und Saudi-Arabien in Pomaken-Dörfern errichtet wurden, und zwar auch, wie Saräev betont, in Ortschaften, in denen nur noch wenige Muslime leben. Für viele Gläubige sind die neuen Gotteshäuser vor allem auch Ausdruck eines neuen Selbstbewusstseins nach jahrzehntelanger Unterdrückung und Diskriminierung. Doch darüber spricht Saräev nicht. Auch die Zerstörung vieler Moscheen in kommunistischer Zeit erwähnt er mit keinem Wort. Hinzu kommt, dass zu Beginn der neunziger Jahre auch zahlreiche orthodoxe Kirchen gebaut wurden. Jene Pomaken, die sich nach der Wende auf der Suche nach ihrer Identität verstärkt dem Islam zuwandten, verunglimpft Saräev pauschal als Islamisten und islamische Fanatiker. Doch das waren nur wenige.

Saräev spricht vom »islamischen Bogen«, zu dem neben Mazedonien, Albanien und Bosnien-Herzegowina auch die Rhodopen gehörten, von den türkischen Ideen eines Wiederauflebens des Osmanischen Reiches. Er sieht seine Aufgabe darin, die Pomaken vor der Türkisierung und der religiösen Radikalisierung zu bewahren, indem er sie christianisiert, bulgarisiert und damit, wie er betont, auch europäisiert. Ohne ihn, sagen seine Anhänger, würden sich heute in den Rhodopen alle Pomaken als Türken bezeichnen. Sie verehren ihn als »Ritter des wahren Glaubens«, als »Retter der Rhodopen«. Für die Kritiker, die Saräev den beschnittenen Popen nennen, ist er ein bulgarischer Nationalist, der einen persönlichen Kreuzzug gegen den Islam führt und sich vor den Karren nationalistischer und antimuslimischer Kräfte spannen lässt. Die von Saräev betriebene Christianisierung der Pomaken ist in den Augen seiner Gegner die Fortführung der Politik der Assimilierung aus kommunistischer Zeit mit andern Mitteln. Kritiker sind denn auch überzeugt davon, dass der Geistliche bei seinen Bemühungen von bulgarischen Organisationen und von staatlichen Organen unterstützt wird. Auf die Frage, wie er seine Beziehungen zu den muslimischen Geistlichen in Kărdžali beschreiben würde, antwortet er vieldeutig: »Wir dulden uns.«

Doch was hat der 1956 in einem Dorf in der Umgebung von Kărdžali geborene Saräev getan, bevor er orthodoxer Priester wurde? Es gibt Berichte, laut denen er in den achtziger Jahren im Innenministerium tätig war, bis er wegen politischer Unzuverlässigkeit 1987 entlassen wurde. Zuvor soll er an einer Polizeiakademie zum Offizier ausgebildet worden sein. Andere sagen, er habe dem Geheimdienst angehört und Mitte der achtziger Jahre bei der erzwungenen Assimilierung der türkischen Minderheit eine bedeutende Rolle gespielt. Von einer seriösen Ausbildung zum Geistlichen ist jedenfalls nirgends die Rede. Nach dem Übertritt zum Christentum und der Priesterweihe gründete er im Mai 1990 die »Bewegung für Christentum und Fortschritt Ioan Predteča« (Johannes der Täufer). Ihr erklärtes Ziel war die Christianisierung der Pomaken und damit – wie es im Programm der Bewegung heißt – die endgültige Verschmelzung der slawischen Muslime mit den ethnischen Bulgaren. Ein bulgarischer Vorname allein genügte nicht. Im Vordergrund stand also eine politische und nicht eine religiöse Mission. Er sei überall, so erklärte Saräev zu Beginn der neunziger Jahre seinen Glaubenswechsel, wie ein Mensch zweiter Klasse behandelt worden, weil er beschnitten sei. Nur die Hinwendung zum orthodoxen Christentum habe es ihm ermöglicht, den quälenden inneren Zwiespalt zu überwinden, der darin bestanden habe, ein Bulgare und ein Muslim zu sein. Im Gespräch im Juni 2015 begründet er seinen Übertritt zum christlichen Glauben mit den folgenden Worten: »Ich wollte nicht mehr innerlich zerrissen sein. Ich hatte genug davon, von andern vereinnahmt zu werden.« Es ist anzunehmen, dass sich ein Teil der Pomaken in den westlichen Rhodopen aus dem genau gleichen Grund als Türken definiert. Dafür müsste Saraev eigentlich Verständnis aufbringen.

»Wir wissen nicht mehr, wer wir sind«

Die Pomaken in Griechenland

Pomaken leben nicht nur im Süden Bulgariens, sondern auch auf der andern Seite der Grenze in Griechenland. Ihre traditionellen Siedlungsgebiete liegen in Westthrazien im äußersten Nordosten Griechenlands, nördlich der beiden Städte Xanthi und Komotini. Diese abgelegenen Pomaken-Dörfer, die von der zweiten Hälfte des 14. Jahrhunderts bis zum Ersten Balkankrieg von 1912 zum Osmanischen Reich gehört hatten, sind auch für die meisten Griechen eine völlig fremde Welt. Kaum einer weiß, dass in seinem Land Pomaken leben, geschweige denn, wer sie sind. Die Zahl der Muslime slawischer Herkunft in Griechenland wird allgemein auf 30 000 bis 50 000 geschätzt. Im Gegensatz zu den slawischen Muslimen in Bulgarien, die offiziell als Bulgaren gelten, genießen die Pomaken in Westthrazien auf dem Papier einen Minderheitenschutz, allerdings nur im Rahmen der sogenannten muslimischen Minderheit. Dazu gehören auch die ethnischen Türken, deren Zahl auf 60 000 geschätzt wird, sowie 10 000 bis 20 000 muslimische Roma, von denen sich viele als Türken bezeichnen. Die Türken, die Pomaken und die muslimischen Roma bilden also zusammen eine Minderheit. Sie ist die einzige, die in Griechenland offiziell anerkannt wird. Sie ist nicht ethnisch, sprachlich oder kulturell definiert, sondern wie zur Zeit der Herrschaft der Osmanen konfessionell. Zuständig für die muslimische Minderheit in Westthrazien ist nicht, wie man das erwarten würde, das Innenministerium, sondern das Außenministerium, dessen Vertreter in einem der schönsten Häuser der Altstadt von Xanthi residiert. Dass der Umgang Athens mit der muslimischen Minderheit in Westthrazien immer auch eine außenpolitische Angelegenheit ist, hat mit der Geschichte zu tun.

Die slawischen Muslime hatten keine mächtigen Interessenvertreter, die sich für sie einsetzten, als auf den Trümmern des Osmanischen Reiches Nationalstaaten entstanden. Es gab kein nationales Erwachen, keine Bestrebungen, einen eigenen Staat zu bilden. Sie waren Muslime, und sie blieben dem Sultan bis zum Ende treu ergeben. Westthrazien wurde 1919 im Friedensvertrag von Neuilly Griechenland zugesprochen, nachdem es zuvor sechs Jahre lang von Bulgarien beherrscht worden war. Nach dem Zweiten Weltkrieg trennte der Eiserne Vorhang die bulgarischen und die griechischen Pomaken. Die Grenzen waren praktisch undurchlässig. Auf beiden Seiten wurden militärische Sperrgebiete eingerichtet, die ohne spezielle Bewilligung nicht betreten oder verlassen werden durften. Damit waren viele Pomaken-Dörfer in den wenig entwickelten Randgebieten noch schwerer zugänglich. Kontakte über die griechisch-bulgarische Grenze hinweg gab es kaum noch.

Das änderte sich erst nach dem Ende der Herrschaft der bulgarischen Kommunisten im November 1989 und vor allem nach dem Beitritt Bulgariens zur Europäischen Union 2007. So wurde im Januar 2010 ein neuer Grenzübergang eröffnet, durch den Zlatograd und Xanthi einander näher rückten. Sie liegen knapp sechzig Kilometer auseinander. Wer zuvor von der einen in die andere Stadt hatte reisen wollen, musste einen langen Umweg von mehreren hundert Kilometern in Kauf nehmen. Heute gehen viele Pomaken, die in Westthrazien leben, über die Grenze nach Bulgarien zum Einkaufen. Manche Waren sind dort billiger als in Griechenland. Der Übergang werde von den Pomaken rege benutzt, heißt es auf beiden Seiten. Die sprachliche Verständigung bereitet keine Schwierigkeiten, denn hüben wie drüben wird im Prinzip die gleiche südslawische Sprache gesprochen. Die einen nennen sie Bulgarisch, die andern Pomakisch. Trotz dem offenbar guten Einvernehmen im Alltag gibt es jedoch kaum Anzeichen dafür, dass die Pomaken diesseits und jenseits der nun offenen Grenze enger zusammenrücken und auf der Grundlage der slawischen Herkunft und der sprachlichen Nähe ein Zusammengehörigkeitsgefühl entwickeln.

Dass in Westthrazien heute überhaupt noch autochthone Muslime slawischer Herkunft leben, ist dem Ökumenischen Patriarchat von Konstantinopel zu verdanken. Das klingt nur auf den ersten Blick paradox. Der Patriarch, der am Goldenen Horn in Istanbul residiert, ist Ehrenoberhaupt (Primus inter Pares) aller orthodoxen Christen. Zugleich aber ist er auch das geistliche Oberhaupt der wenigen Griechen, die heute noch in der Türkei leben. Es sind nach Angaben des Patriarchats einige Tausend. Für die türkische Regierung ist der Ökumenische Patriarch allerdings nur das geistliche Oberhaupt der griechisch-orthodoxen Minderheit in der Türkei, die immer weiter schrumpft. Von der überragenden Stellung und der politischen Bedeutung, die der Patriarch als Oberhaupt des großen christlich-orthodoxen Millets Rum im Osmanischen

Reich während Jahrhunderten gehabt hatte, ist heute nichts mehr übrig geblieben.

Nach dem Ersten Weltkrieg, zu dessen Verlierern auch das Osmanische Reich gehörte, glaubte die griechische Regierung unter Eleftherios Venizelos, der Zeitpunkt sei gekommen, den Traum von der Wiederherstellung des Byzantinischen Reiches mit militärischen Mitteln zu verwirklichen. Alle von Griechen besiedelten Gebiete, vor allem an der Westküste Kleinasiens, sollten zusammen mit Konstantinopel dem griechischen Staat einverleibt werden. Doch die »Megali Idea« (Große Idee) führte in eine große Katastrophe. Die rund dreitausendjährige griechische Präsenz auf der östlichen Seite der Ägäis in Kleinasien fand ein jähes Ende. Mit der Billigung Großbritanniens hatte Griechenland 1919 einen Feldzug nach Anatolien gestartet, der auch nach der überraschenden Wahlniederlage von Venizelos im folgenden Jahr und dem damit verbundenen Machtwechsel nicht abgebrochen wurde, obschon ein militärischer Sieg, wie sich immer deutlicher zeigte, in unerreichbare Ferne gerückt war. Die türkischen Truppen unter Mustafa Kemal, der später den Ehrennamen Atatürk (Vater aller Türken) erhielt, stoppten 1921 rund fünfzig Kilometer vor Ankara den Vormarsch der griechischen Armee. Im Sommer des folgenden Jahres starteten sie eine Gegenoffensive. Die griechischen Truppen erlitten eine vernichtende Niederlage. Viele griechisch-orthodoxe Christen flohen oder kamen bei militärischen Aktionen und bei der weitgehenden Zerstörung der einst blühenden, multiethnischen und kosmopolitischen Hafenstadt Smyrna an der Westküste Kleinasiens im September 1922 ums Leben. Heute heißt die Stadt Izmir. Der Historiker Ioannis Zelepos geht davon aus, dass auch bei vorsichtiger Schätzung zwischen 1913 und 1923 mehr als eine halbe Million kleinasiatischer Griechen getötet wurde. In Griechenland hielten sich laut seinen Angaben Ende 1922 rund 900 000 Flüchtlinge auf. Diese Zahl erhöhte sich durch die bald darauf vereinbarte Zwangsumsiedlung weiter.

Nach dem Ende des Krieges unterzeichneten Vertreter der beiden Regierungen am 30. Januar 1923 in Lausanne die »Konvention über den Austausch der griechischen und türkischen Bevölkerung«. Sie ist Teil des am 24. Juli desselben Jahres ebenfalls in Lausanne unterzeichneten Friedensvertrags mit der Türkei. Dieser legt die Grenzen der neuen Türkischen Republik fest, die am 29. Oktober 1923 proklamiert wurde, und regelt den Status der nicht-muslimischen Minderheiten. Zwar war in der Konvention an einigen Stellen im ethnischen Sinn von Griechen und Türken die Rede. Das Kriterium beim vereinbarten Bevölkerungsaustausch war dennoch die Religionszugehörigkeit, nicht die Sprache oder die ethnische Herkunft. In Artikel 1 der Konvention heißt es unmissverständlich: »Mit Beginn am 1. Mai 1923 soll ein Zwangsaustausch der türkischen Staatsbürger mit griechisch-orthodoxer Religion, die auf türkischem Territorium leben, und der in Griechenland lebenden griechischen Staatsbürger islamischen Glaubens stattfinden.« Diese konfessionelle Definition der Minderheiten entsprach dem Nationskonzept der Osmanen. Das bedeutete: Alle griechisch-orthodoxen Christen mussten Kleinasien sowie Ostthrazien verlassen, unter ihnen auch jene, die Türkisch und nicht Griechisch sprachen. Sie wurden meist in den ethnisch gemischten Gebieten im Norden Griechenlands angesiedelt, vor allem im östlichen und mittleren Teil von Ägäis-Mazedonien. Gleichzeitig wurden die dort lebenden Muslime nach Anatolien umgesiedelt, unter ihnen nicht nur ethnische Türken, sondern auch muslimische Albaner, griechische Muslime, slawische Muslime, ja sogar jene wenigen balkanromanischen Vlachen, deren Vorfahren während der Osmanischen Herrschaft zum Islam übergetreten waren. Betroffen von der Aussiedlung waren auch Muslime, die nicht oder kaum Türkisch sprachen. Gefragt wurde diesseits und jenseits der Ägäis niemand, ob er bleiben oder gehen will. Ausgenommen vom Bevölkerungsaustausch waren einzig die griechisch-orthodoxen Christen in Istanbul sowie auf den beiden den Dardanellen vorgelagerten Inseln Imbros (türkisch: Gökçeada) und Tenedos (türkisch: Bozcaada). Umgekehrt durften die in Westthrazien lebenden Muslime in ihrer Heimat bleiben. Das war die Gegenleistung, die Athen dafür zu erbringen hatte, dass die in Konstantinopel und auf den beiden Inseln lebenden Griechen nicht umgesiedelt wurden. Wären auch sie vom Bevölkerungsaustausch erfasst worden, hätte das wohl das Ende des Ökumenischen Patriarchats in Konstantinopel bedeutet, das für die christlich-orthodoxe Welt zumindest damals so wichtig war wie der Papst für die römisch-katholischen Christen.

Die nach Anatolien verbrachten Muslime wurden türkische Staatsbürger, die griechisch-orthodoxen Christen, die Kleinasien verlassen mussten, erhielten die griechische Staatsbürgerschaft. Betroffen waren, je nach Quelle, 1,2 bis 1,5 Millionen Christen sowie 400 000 bis 600 000 Muslime. Die in der »Konvention über den Bevölkerungsaustausch« verankerten Bestimmungen galten auch für all jene griechisch-orthodoxen Christen und für alle Muslime, die nach dem 18. Oktober 1912, also nach dem Beginn des Ersten Balkankrieges, aus ihrer Heimat vertrieben wurden und in Gebiete geflüchtet waren, deren Bewohner vom rechtlich bindenden Bevölkerungsaustausch erfasst wurden. Viele griechisch-orthodoxe

Christen und Muslime hatten bereits zwischen 1912 und 1922, also vor der Unterzeichnung der Konvention, ihre Heimat verlassen. Nun wurden auch jene zwangsumgesiedelt, die in Anatolien und in Griechenland verblieben waren. Die bereits zuvor mit großer Brutalität betriebenen ethnischen Säuberungen wurden damit nachträglich legitimiert. Sie wurden sogar territorial ausgeweitet und unter staatlicher und internationaler Aufsicht konsequent zu Ende geführt. Der von oben verordnete Bevölkerungsaustausch sollte die Grundlagen für einen dauerhaften Frieden schaffen. Er galt als ein legitimes Mittel zur Lösung von Minderheitenproblemen, ja sogar als Voraussetzung für innere Stabilität. Der verharmlosende bürokratisch-technische Begriff »Austausch« war ein Hohn angesichts der Not und des Elends der Entwurzelten auf beiden Seiten.

Türken und Griechen verfolgten mit dem Bevölkerungsaustausch in erster Linie politische Ziele. Die Jungtürken, die 1908 an die Macht gekommen waren, wollten nach dem Verlust weiter Teile des einst großen und mächtigen Osmanischen Reiches in Anatolien einen ethnisch homogenen türkischen Nationalstaat schaffen. In ihrer Ideologie, in der nur Muslime Türken sein konnten und jeder Muslim zu einem Türken erklärt wurde, also auch etwa die Kurden, hatten Christen, seien es Armenier, Griechen oder Assyrer, keinen Platz. Die ethnische Definition der Nation hatte sich auch hier durchgesetzt. Der übersteigerte Nationalismus der Jungtürken war ebenso zerstörerisch wie jener der Eliten in den christlichen Balkanstaaten. Ein Bevölkerungsaustausch mit Griechenland ohne Rückkehrrecht der Umgesiedelten lag also durchaus im Interesse der Jungtürken. Ähnliches gilt für die griechische Führung. Durch die Ansiedlung der kleinasiatischen Griechen in Gebieten im Norden des Landes, die erst seit wenigen Jahren zu Griechenland gehörten, sollte diese ethnisch gemischte Region hellenisiert und die Herrschaft Athens gefestigt werden. Die Folge war eine grundlegende Veränderung der Bevölkerungsstruktur in den betroffenen Regionen. Die Flüchtlinge wurden von den Einheimischen keineswegs mit offenen Armen willkommen geheißen. Der durch den Krieg ausgezehrte Staat war hoffnungslos überfordert. Viele Griechen aus der Türkei fanden sich in der für sie fremden Umgebung nicht zurecht. Sie hatten oft keine Arbeit und kein Dach über dem Kopf. Andere starben an Krankheiten und Seuchen. Die sozialen Spannungen nahmen zu. Die Siedlungspolitik hatte, wie sich noch zeigen wird, weitreichende Folgen.

Zur Homogenisierung beigetragen hatte auch ein bereits im Jahre 1919 unter internationaler Federführung abgeschlossenes Abkommen zwischen Athen und Sofia. Entsprechend dieser Vereinbarung über einen – wie es offiziell hieß – freiwilligen Bevölkerungsaustausch verließen rund 80 000 bis 100 000 slawischsprachige Bewohner von Ägäis-Mazedonien ihre angestammte Heimat in Richtung Bulgarien. Sie wurden vor allem in Pirin-Mazedonien angesiedelt. An ihrer Stelle kamen schätzungsweise 50 000 Griechen aus Bulgarien nach Nordgriechenland. Mitte der zwanziger Jahre lag der Anteil der Flüchtlinge an der Gesamtbevölkerung Griechenlands bei rund 25 Prozent. In Ägäis-Mazedonien, das 1913 Griechenland zugesprochen worden war, stieg der Anteil der Griechen von 43 Prozent im Jahre 1912 auf 89 Prozent im Jahre 1928, in Westthrazien von 17 Prozent auf 62 Prozent. Mit dieser Politik der Hellenisierung sollte den territorialen Ansprüchen Bulgariens endgültig der Boden entzogen werden.

Gemäß dem Lausanner Friedensvertrag von 1923 verfügen die Muslime in Westthrazien, und damit auch die Pomaken, ebenso wie die verbliebenen griechisch-orthodoxen Christen in der Türkei über einen staatlich geschützten Minderheitenstatus. Sie haben das Recht auf eigene Schulen und auf den Gebrauch ihrer Muttersprache im Unterricht. Auch werden den in Griechenland verbliebenen Muslimen und den griechisch-orthodoxen Christen in der Türkei die gleichen politischen Rechte eingeräumt wie der Mehrheitsbevölkerung. Doch die im Friedensvertrag verbrieften Rechte wurden in den folgenden Jahrzehnten auf beiden Seiten immer wieder verletzt. Anders als Sofia hat Athen aber nie versucht, die Pomaken zu assimilieren und ihre türkisch-arabischen Namen durch griechische zu ersetzen. Die griechische Pomaken-Politik lässt sich mit dem Wort »Segregation« umschreiben. Athen zeigte wenig Interesse an der wirtschaftlichen und sozialen Entwicklung der Pomaken-Dörfer. Die slawischen Muslime Westthraziens wurden ausgegrenzt, marginalisiert, diskriminiert. Die Griechen, die sich in erster Linie über die orthodoxe Religion definieren, betrachteten die muslimischen Pomaken als Fremdkörper. Diese galten, je nach Zeitpunkt und politischer Einstellung, als Handlanger der Bulgaren oder der Türken. Athen empfand nicht nur die Türkei, sondern auch Bulgarien, den unterlegenen Rivalen im Kampf um das territoriale Erbe des Osmanischen Reiches auf dem südlichen Balkan, als eine Gefahr für die Einheit des Landes.

Die Zeitspanne zwischen dem Ausbruch des Ersten Balkankrieges 1912 und dem Friedensvertrag von Lausanne 1923 war auf dem Balkan ein Jahrzehnt der Kriege, der Massaker, der Vertreibungen, der ethnischen Säuberungen und Bevölkerungsverschiebungen, oft von Regierungen geduldet, geplant oder organisiert. Die ganze Region war voll von Flüchtlingen und Entwurzelten, die halb verhungert und zerlumpt durch die Gegend irrten, auf der Flucht vor fremden Truppen und bewaffneten Banden, auf der Suche nach Schutz. In den letzten Jahrzehnten des 19. Jahrhunderts waren vor allem Muslime vertrieben worden. Viele verließen auch aus eigenem Antrieb ihre Heimat, weil sie nach militärischen Niederlagen und Gebietsverlusten der Osmanen nicht unter einem christlichen Herrscher leben wollten, oder weil die neuen Machthaber sie entrechteten und verfolgten. Seit der Jahrhundertwende wurden in immer stärkerem Maße auch Angehörige ethnischer Minderheiten Opfer von Vertreibungen und Massakern. Vielen Politikern war jedes Mittel recht, wenn es darum ging, ihr Ziel der Schaffung eines ethnisch einheitlichen Nationalstaats zu verwirklichen. In ihrem Homogenisierungswahn beriefen sie sich auf angebliche historische Rechte und beanspruchten Bevölkerungsgruppen für sich, die außerhalb der Grenzen des eigenen Nationalstaats lebten. Minderheiten hatten in einem solchen Staatskonzept keinen Platz. Sie wurden verfolgt und vertrieben, oder sie mussten sich assimilieren. Doch nach jedem Krieg und mit jeder neuen Grenzziehung entstanden neue Minderheiten, denn die staatlichen Grenzen deckten sich nirgends mit den ethnischen. Sie waren immer umstritten.

Es trifft zu, dass sich in der Zeit, in der die Osmanen Schritt um Schritt aus dem Balkan hinausgedrängt wurden und ethnisch definierte Nationalstaaten entstanden, die Flüchtlingsströme – anders als heute – von Westen nach Osten bewegten. Von der Mitte des 19. Jahrhunderts bis zum Ende des griechisch-türkischen Krieges im Jahre 1922 wurden Millionen von Muslimen aus dem Balkan vertrieben. Sie fanden

Schutz im Osten, im anatolischen Kernland des Osmanischen Reiches, auf dem Gebiet der heutigen Türkei. Doch wäre es verfehlt, daraus einen Opfermythos zu konstruieren. Die damit verbundene These, der Sultan in Istanbul habe die Christen besser behandelt als die christlichen Herrscher auf dem Balkan die Muslime, denn das Osmanische Reich habe im Gegensatz zu den europäischen Staaten auf einer beispiellosen religiösen und ethnischen Toleranz beruht, ist in dieser Zuspitzung und Pauschalisierung nicht haltbar. Zwar hatten die Christen als Angehörige einer vom Sultan anerkannten Religionsgemeinschaft auf dem Papier einen Rechtsstatus. Doch blieben sie gegenüber den Muslimen benachteiligt. Zudem verschlechterte sich ihre wirtschaftliche und soziale Lage im Laufe der Zeit immer mehr. Vor allem die christlichen Bauern lebten meist in bitterer Armut, den Launen und der Willkür der muslimischen Grundherren schutzlos ausgeliefert. Besonders im 19. Jahrhundert kam es denn auch überall auf dem Balkan, in Serbien, Bosnien, Mazedonien, Albanien und Bulgarien, zu Revolten, die von den osmanischen Truppen mit äußerster Brutalität niedergeschlagen wurden. Die Aufständischen wiederum töteten und vertrieben Muslime, die osmanischen Truppen massakrierten christliche Zivilisten. Das Osmanische Reich ist nicht zuletzt daran zerbrochen, dass es ihm nicht gelungen ist, die nicht-muslimische Bevölkerung durch Teilhabe an der politischen Macht enger an sich zu binden. Die Christen setzten in der Zeit des Niedergangs des Osmanischen Reiches alle ihre Hoffnungen auf die neuen Balkanstaaten.

Auch vertrieben nicht nur Christen Muslime, sondern auch Muslime Christen, etwa in der Zeit der Expansion der Osmanen nach Europa, nach Aufständen der christlichen Bevölkerung oder in der Endphase des Osmanischen Reiches in den ersten beiden Jahrzehnten des 20. Jahrhunderts. Während ein Teil der Muslime trotz Kriegen, Massakern und Verfolgungen auf dem Balkan blieb, lebten Mitte der zwanziger Jahre in der auf den Trümmern des Osmanischen Reiches entstandenen Türkischen Republik nur noch ganz wenige Christen, sieht man von jenen Griechen in Istanbul und auf den beiden Inseln ab, die gemäß dem Lausanner Vertrag vom Bevölkerungsaustausch ausgeschlossen waren. Noch zwei Jahrzehnte zuvor soll fast jeder dritte Bewohner Anatoliens ein Christ gewesen sein. Vermutlich mehr als eine Million christliche Armenier waren 1915 bei Massakern, bei Massendeportationen in die syrische Wüste und in den Lagern ums Leben gekommen. Für die Armenier und die meisten nicht-türkischen Historiker handelt es sich um einen Genozid, denn die jungtürkische Führung sei planmäßig und systematisch vorgegangen. Die offizielle Türkei allerdings, die Rechtsnachfolgerin des Osmanischen Reiches, verharmlost die Massaker und Deportationen als »kriegsbedingte Sicherheitsmaßnahme«. Während in der Türkei heute nur noch rund 100 000 armenische, syrisch-orthodoxe und griechisch-orthodoxe Christen leben, wird in den einst von den Osmanen beherrschten Gebieten Südosteuropas die Zahl der autochthonen Muslime unter Einschluss der ethnischen Türken und der muslimischen Roma auf acht Millionen geschätzt.

Für den jungen Mann im Dorf Glafki, das 25 Kilometer nördlich von Xanthi an den südlichen Abhängen der Rhodopen liegt, gibt es keinen Zweifel. Er sei ein Türke, sagt er auf die Frage nach seiner nationalen Identität. Glafki ist eines der größeren Pomaken-Dörfer Griechenlands. Der junge Mann sitzt in einem der zahlreichen Läden im Ort und trinkt Kaffee. »Alle Pomaken sind Türken, das war schon immer so.« Trotz seines Bekenntnisses zur türkischen Identität spricht er neben Türkisch und Griechisch auch Pomakisch, wie die meisten andern Bewohner von Glafki. Mit seinen Kindern aber redet er nur Türkisch, denn mit Pomakisch könne man ja nichts anfangen. Es sei nicht einmal eine geschriebene Sprache. Ein älterer Mann, der das Gespräch verfolgt hat, schüttelt den Kopf. Er spreche Pomakisch und Griechisch, aber kein Türkisch, sagt er. Er sei Pomake, und als solcher stamme er von Alexander dem Großen ab. Wieder einer, der den antiken Heerführer zu seinen Ahnen zählt. »Die Pomaken gehören zu den ältesten Völkern auf dem Balkan«, fügt er stolz hinzu. Das behaupten allerdings viele andere von ihrem Volk auch. In einer Bäckerei einige Häuser weiter duftet es nach frischem Brot, das in einem Holzofen gebacken wird. Im Laden sitzen ältere Männer, auch sie trinken Kaffee, zu tun gibt es nichts im Dorf. Ob sie sich als Türken oder als Pomaken fühlen? Die Frage erheitert die Runde. »Ich bin ein Muslim«, sagt einer von ihnen. Und ein anderer meint resigniert: »Wir wissen nicht mehr, wer wir sind, jeder erzählt uns etwas anderes. Die Griechen wollen, dass wir Griechen sind, die Türken wollen, dass wir Türken sind, und die Bulgaren sagen, wir seien Bulgaren.« Ein Dritter meint: »Ich bin verwirrt, ich werde ungerecht behandelt. Ich habe zu Hause drei Kinder, und seit fünf Jahren bin ich arbeitslos.«

Echinos ist ein anderes pomakisches Dorf, sechs Kilometer nordöstlich von Glafki. Es sieht allerdings nicht wie ein Dorf aus, sondern – ähnlich wie Labuništa in Mazedonien – eher wie eine Kleinstadt. Wie das Torbeschen-Dorf liegt auch Echinos an einem Berghang. Durch die schmalen und teilweise steilen Gässchen, die das Häusergewirr durchziehen, rasen mit lautem Knattern Motorräder. Echinos hat rund 3000 Einwohner und mehrere Moscheen. Hier leben fast ausschließlich Pomaken. Nähert man sich dem Ort, fällt zuerst der große muslimische Friedhof auf. Dann führt der Weg an einer kleinen orthodoxen Kirche vorbei. In Echinos, das unweit der Grenze zu Bulgarien liegt, sind griechische Soldaten stationiert. Gegenüber dem christlichen Gotteshaus befindet sich der Polizeiposten. Hotels und Pensionen gibt es hier trotz der malerischen Umgebung keine, dafür aber – wie in Glafki – viele kleine Cafés und Läden, die mit allerlei Waren vom Boden bis zur Decke vollgestopft sind. Man fragt sich, wer das alles kaufen soll. In einem solchen Geschäft sitzen drei Frauen in einer dunklen Ecke und plaudern miteinander. Draußen brennt die Sonne. Eine von ihnen sagt auf die Frage nach ihrer nationalen Identität nach einigem Zögern: »Wir wollen keine Pomaken sein, weil wir Türken sind.« Offenbar gibt es also Leute, die sie für Pomaken halten, was ihnen missfällt. Die andern Frauen stimmen zu: »Ja, wir sind hier alle Türken.« Sie tragen die traditionellen bunten Kopftücher der Pomakinnen. Anders als in Glafki sagen in Echinos fast alle, mit denen wir ins Gespräch kommen, es gebe keine Pomaken. Wer sich dennoch als Pomake bezeichne, sei in Wirklichkeit ebenfalls ein Türke. Ein Lehrer meint mit sichtlichem Stolz: »Die Pomaken sind die reinsten Türken.« Eine der Frauen behauptet, es gebe auch keine pomakische Sprache. Doch kaum hat sie das gesagt, spricht sie mit einem Kind, das den Laden betritt, um eine Limonade zu kaufen, Pomakisch. Die nicht existierende Sprache lebt also doch.

Das war beim ersten Besuch im Herbst 2006. Neun Jahre später hat sich in den beiden Dörfern nichts verändert. In

Glafki sitzen einige Frauen am Straßenrand vor einer Haustür auf wackligen Plastikstühlen. Auf einem kleinen Tischchen stehen Tassen, gefüllt mit Kaffee. Freundlich sprechen sie den Fremden an und fragen ihn, wohin er gehe und ob er etwas suche. Dann laden sie ihn zu einer Tasse Kaffee ein. Sie freuen sich ganz offensichtlich über die Abwechslung: »Wir sitzen schon lange hier und plaudern miteinander. Was sollen wir denn sonst tun?«, sagt eine von ihnen. Sie redet mit den andern Frauen in der Runde Pomakisch. Ihre Tochter kommt aus dem Haus. Sie trägt ein kunstvoll gesticktes farbenprächtiges Kopftuch. Sie macht sich auf den Weg in die Moschee. Wie die Frauen jenseits der Grenze in Sărnica in den bulgarischen Rhodopen hat auch sie sich zum Ziel gesetzt, zusammen mit andern Frauen und jungen Mädchen unter Anleitung eines Hodschas den Koran von der ersten bis zur letzten Zeile in arabischer Sprache zu rezitieren. Auch sie braucht noch einige Zeit, bis sie es geschafft hat. Arabisch, die Sprache des Korans, versteht sie zu ihrem Bedauern nicht. Doch sie tröstet sich damit, dass sie in der türkischen Übersetzung nachlesen kann, was sie zuvor auf Arabisch gelesen hat. Der Islam sei zentral für die kulturelle Identität der slawischen Muslime Westthraziens, betont die Mutter. Sie spricht, wie ihre Tochter, fließend Pomakisch, Griechisch und Türkisch. Sie sind keine Ausnahmen. Viele in Griechenland lebende Pomaken sind dreisprachig.

Eine Frau in Glafki redet lieber über die soziale Not als über ihre nationale Identität: »Ohne die Werften in Deutschland wären wir hier am Ende.« Das Baugewerbe ist eingebrochen. Der Tabakanbau, von dem früher viele gelebt haben, bringt nichts mehr ein, zu tief sind die Preise. Ihr Mann arbeitet an der Ostsee im Schiffbau, wie viele andere Männer auch. Er ist drei bis vier Monate im Jahr in Deutschland. Dann kehrt er jeweils zurück und wartet, bis er wieder angeheuert wird. Es sind Dorfbewohner, welche die Männer für die Arbeit auf den deutschen Werften rekrutieren. Sie sind auch für die Verträge zuständig. Die Frau zeigt auf ein großes dreistöckiges Haus ganz in der Nähe, das alle andern überragt: »Dort wohnt einer von ihnen.« Es gebe keine Arbeit im Dorf, sagt sie, auch für die Frauen nicht, von denen viele während der Abwesenheit ihrer Männer gerne arbeiten würden, um etwas Geld zu verdienen. Dann äußert sich die Frau doch noch zu ihrer Identität: »In erster Linie bin ich Muslimin, dann Pomakin.« Sie spricht ebenfalls Pomakisch, Griechisch und Türkisch. Sie hat das lokale Idiom von ihrer Mutter gelernt, und sie möchte die Sprache an ihre beiden Kinder weitergeben. Sie will nicht, dass ihre Muttersprache verschwindet. Ähnlich äußert sich ein älterer Mann. Er sei in erster Linie Muslim und dann Pomake. Türkisch spreche er nur wenig. Und er fügt hinzu: »Niemand kann mich zwingen, ein Türke zu sein.« Das klingt fast schon wie eine Kampfansage. Er bedauert, dass die Kinder im Dorf immer weniger Pomakisch reden. Der Grund ist für ihn klar: In den lokalen Schulen sind nur Türkisch und Griechisch Unterrichtssprachen, nicht aber Pomakisch. Ein anderer Mann weigert sich, das lokale Idiom zu sprechen. Seine Erklärung lautet: »Wenn wir Pomakisch sprechen, glauben die Bulgaren noch, wir gehörten zur bulgarischen Nation.« Mit Bulgarien aber will er nichts zu tun haben.

Anders als in Glafki dominiert in Echinos die türkische Sprache. Pomakisch hört man hier nur selten. Daran hat sich seit dem ersten Besuch von 2006 nichts geändert. Es gebe hier keine Pomaken, nur Türken, niemand spreche Pomakisch, lautet der Tenor. Später reden wir mit einigen Frauen, die in einer der steilen Straßen bei einem Händler frisches Obst und Gemüse kaufen, das er auf der Ladefläche seines Kleinlasters anbietet. Sie alle sagen, sie seien Türkinnen und Musliminnen. Die eine fügt hinzu, sie spreche neben Türkisch und Griechisch auch Pomakisch. Jeder solle sich frei und ohne äußeren Zwang selber entscheiden dürfen, wie er sich definieren wolle. Eine der Frauen hatte daraufhin keine Lust mehr, sich am Gespräch zu beteiligen: »Warum fragen Sie überhaupt nach unserer Identität? Wir haben genug von solchen Fragen, sie sind uns lästig.« Das ist verständlich, denn ständig werden sie aufgefordert, sich national zu definieren und ihre Entscheidung auch noch zu rechtfertigen. Wie alle andern Bewohner der Pomaken-Dörfer haben sie ganz andere Sorgen. Ihre Männer arbeiten im Ausland. Die wirtschaftliche Lage ist desolat. Doch das, so wird immer wieder betont, interessiere niemanden, auch jene nicht, die in ihre Dörfer kämen, um ihnen eine bestimmte nationale Identität aufzuzwingen.

Der Besitzer eines Cafés hält fest: »Wir sind alle Türken.« Viele Kinder sprechen, wie er betont, überhaupt kein Pomakisch mehr. Man brauche die Sprache auch gar nicht. In einem der mit Waren aller Art überquellenden Läden in Echinos kommen wir mit einer andern Frau ins Gespräch. Sie bezeichnet sich als Türkin. Ihr Mann arbeitet seit vierzig Jahren in Deutschland. Manchmal kommt er zurück, dann geht er wieder. Sie pflegt den kleinen Gemüsegarten und stickt Kopftücher, die sie allerdings kaum verkaufen kann. Touristen verirren sich nur selten in diese Gegend im hintersten Winkel Griechenlands. Sie schenkt dem Besucher eines ihrer schönsten Kopftücher. Sie will nichts dafür. Eine andere Frau, die wir vor einem kleinen Kleidergeschäft treffen, hat ähnliche Sorgen. Ihr Mann ist ebenfalls im Ausland. Ihr sechzehnjähriger Sohn und ihre elfjährige Tochter gehen in Istanbul in die Schule. Beide werden wahrscheinlich in der Türkei bleiben und dort studieren. »Es ist schwer, ohne die Kinder und ohne meinen Mann zu leben. Doch was soll ich tun?« Die muslimische Frau, die mit den Besuchern Griechisch spricht, sagt nicht Istanbul, sondern Konstantinopel. Sie verwendet wie die Griechen den byzantinischen Namen der Stadt.

Doch etwas scheint sich seit dem letzten Besuch doch verändert zu haben. Das wird im Lehrerzimmer der Grundschule in einem der Pomaken-Dörfer nördlich von Xanthi deutlich. Vier Lehrer sitzen an ihren Schreibtischen, zwei geben Unterricht in griechischer Sprache, zwei in türkischer. Es ist einer der letzten Tage des Schuljahrs. Die vier Männer sind beschäftigt. Sie studieren Dokumente und Ordner, die sich auf den Schreibtischen türmen. Einer der beiden Lehrer, die in Griechisch unterrichten, gibt bereitwillig Auskunft, während sich die andern schnell wieder in ihre Dossiers vergraben. »Bürokratie«, ruft der eine hinter seinem Papierberg hervor. Voraussetzung für die Gesprächsbereitschaft ist aber, dass weder sein Name noch jener des Ortes, in dem er unterrichtet, im Text erwähnt wird. Der Mann wohnt in Xanthi und fährt jeden Tag mit dem Auto hinauf in das Dorf. In der Schule sprechen die Kinder untereinander, wie der Lehrer betont, in erster Linie Türkisch, zu Hause aber vorwiegend Pomakisch. Wenn er das Klassenzimmer betritt, wechseln die Kinder sogleich die Sprache. Sie reden mit ihm Griechisch, denn er kann kein Türkisch.

Die Pomaken seien unsicher und verzweifelt, meint der Lehrer, der selber ein Grieche ist. Sind sie Bulgaren, Griechen, Türken oder Pomaken? Sie wüssten es selber nicht. Dann kommt er auf die türkische Propaganda zu sprechen, die den

Bewohnern der Pomaken-Dörfer unermüdlich einhämmere, sie seien Türken. Dabei sei das türkische Konsulat in der Stadt Komotini besonders aktiv: »Doch die Pomaken sind keine Türken, sie sind auch keine Griechen, sie sind Pomaken.« Einer der beiden Lehrer, die in türkischer Sprache unterrichten, und der bisher so getan hat, als interessiere ihn das Gespräch überhaupt nicht, mischt sich plötzlich ein und sagt mit ungehaltener Stimme auf Griechisch: »Pass auf, was du dem Fremden erzählst.« Für ihn sind alle Pomaken Türken. Doch der Gesprächspartner lässt sich nicht beirren: »Wenn gesagt wird, die Kinder können kein Pomakisch, dann ist das eine Lüge. Sie alle reden Pomakisch.« Das Gespräch im Lehrerzimmer ist ein Indiz dafür, dass die Spannungen zwischen jenen Pomaken, die sich als Türken definieren, und den Anhängern einer pomakischen – und damit progriechischen – nationalen Identität ganz offensichtlich zugenommen haben.

In den Pomaken-Dörfern Griechenlands variieren die Eigendefinitionen ebenso wie in den Siedlungen der Torbeschen in Mazedonien. Auch die Pomaken sind flexibel im Umgang mit nationalen Identitäten. Die Vorstellungen darüber, was es bedeutet, ein Pomake zu sein, gehen oft weit auseinander. Sie alle betonen zwar, dass sie griechische Staatsbürger sind. Doch definieren sich die einen als Türken, die andern als Muslime und wieder andere als Pomaken. Nur Bulgaren wollen sie trotz der sprachlichen Nähe nicht sein. Das hat, wie ein Pomake in Xanthi betont, mit den bitteren und schmerzhaften Erfahrungen der bulgarischen Assimilierungspolitik während der militärischen Besetzung im Ersten und im Zweiten Weltkrieg zu tun, die als eine Zeit der Gewalt und der Unterdrückung in Erinnerung geblieben ist: »Sie haben uns in der Vergangenheit umgebracht, und jetzt wollen sie, dass wir ihre Brüder sind«, sagt er und macht eine verächtliche Geste. In den griechischen Pomaken-Dörfern ist die türkische Option sehr viel weiter verbreitet als auf der andern Seite der Grenze. Der Grund dafür ist in der unterschiedlichen Minderheitenpolitik der beiden Länder zu suchen. So gibt es in Westthrazien Minderheitenschulen, in denen neben der griechischen Landessprache auch Türkisch offizielle Unterrichtssprache ist. Wie für die Torbeschen und für die bulgarischen Pomaken ist auch für die Muslime slawischer Herkunft in Westthrazien der Islam das wichtigste identitätsstiftende Merkmal. Was immer die griechischen Pomaken auch sagen, für EfimUšev, den Chefredakteur des *Zlatogradski Vestnik* auf der andern Seite der Grenze, sind sie dennoch ein Teil des bulgarischen Volkes, der vor fast hundert Jahren nach dem Willen der europäischen Mächte willkürlich von Bulgarien abgetrennt worden sei. Er spricht von einer unglücklichen Bevölkerung, die nie selber darüber habe bestimmen können, wie sie sich bezeichnen wolle. Diese Möglichkeit haben die bulgarischen Pomaken allerdings auch nie gehabt.

Am Eingang des gelb gestrichenen Gebäudes an der Idras 2 im Zentrum von Xanthi, in dem der Kulturverein »Türkische Union von Xanthi« untergebracht ist, fehlt das Hinweisschild. Man kann zwar erahnen, dass es einmal ein solches gegeben haben muss, denn der Verputz ist an einer Stelle in der Nähe des Eingangs etwas heller. Der Jurist Ahmet Kurti ist der Leiter der »Türkischen Union von Xanthi«, die laut seinen Angaben mehr als fünftausend Mitglieder hat. Wir müssen warten, denn noch ist die Versammlung der Vereinsführung nicht beendet. An einem langen Tisch, auf dem ein türkisches und ein griechisches Fähnchen einträchtig nebeneinander stehen, sitzen sechs Männer und vier Frauen. Nur eine von ihnen trägt ein Kopftuch. Die Diskussionen, die in Türkisch geführt werden, verlaufen lebhaft. Wie immer und überall auf dem Balkan läuft im Hintergrund das Fernsehen, auch wenn niemand hinschaut oder zuhört. Es ist ein türkischsprachiger Sender. An einer Wand hängen zahlreiche Fotografien. Auf einer von ihnen ist Mustafa Kemal Atatürk, der Gründer der Türkischen Republik, zu sehen, auf einer andern – und das überrascht – der frühere griechische Regierungschef Eleftherios Venizelos, in dessen Amtszeit im Jahre 1919 der Feldzug nach Anatolien begann. Auf einem weiteren Foto ist der heutige türkische Präsident Recep Tayyip Erdoğan abgebildet, wie er Hände schüttelt. Er hat die »Türkische Union von Xanthi« im Jahre 2004 besucht. Endlich ist die Versammlung beendet. Es wird schon dunkel, und die Männer und Frauen verlassen den Raum, noch immer wird heftig diskutiert und gestikuliert.

Ahmet Kurti erklärt im Gespräch im Juni 2015, was es mit dem fehlenden Hinweisschild an der Eingangstür auf sich hat. Bis 1983 sei alles normal gewesen. Doch dann hätten die griechischen Behörden die Tafel mit der Aufschrift »Türkische Union von Xanthi« mit der Begründung entfernt, es gebe in Westthrazien keine Türken, sondern nur Muslime. Es könne also auch keine Vereinigung existieren, die sich türkisch nenne. Der Verein habe gegen diesen Entscheid protestiert. Nach einem mehr als zwanzigjährigen Rechtsstreit verbot das Oberste Gericht in Athen 2005 die Verwendung des Adjektivs »türkisch« in Namen von Schulen und Vereinen. Es sah darin eine Verletzung des Lausanner Abkommens von 1923, in dem die Minderheit in Westthrazien ohne jegliche ethnische Spezifizierung mit dem Adjektiv »muslimisch« definiert wird. Der Entscheid des Obersten Gerichts ist schwer nachvollziehbar, zumal in der griechischen Fachliteratur schon seit vielen Jahren der Begriff »türkische Minderheit« verwendet wird. Obschon jeder weiß, dass hier ethnische Türken leben, verhindert Griechenland auch hundert Jahre nach der Unterzeichnung des Abkommens noch immer, dass sie sich offiziell so nennen. Auch durften die Pomaken, die wie die ethnischen Türken zur muslimischen Minderheit gehören, ihre Vereine pomakisch nennen, ohne dass sich jemand in Athen darüber aufgeregt hätte. Zudem hatte sich, wie Kurti betont, vor 1983 niemand an der Bezeichnung »Türkische Union von Xanthi« gestört. Der Verein war bereits 1927 unter diesem Namen gegründet worden.

Ende 1954 hatte die griechische Regierung sogar ein Dekret erlassen, in dem die Behörden in Westthrazien angewiesen wurden, künftig den Begriff »türkische Minderheit« zu verwenden. In Schildern an öffentlichen Gebäuden und in offiziellen Dokumenten musste das Wort »muslimisch« durch »türkisch« ersetzt werden. Der Gesinnungswandel war politisch motiviert. Die Türken, die heute offiziell eine muslimische Minderheit sein müssen, durften damals Türken sein. Es passte Athen ins Konzept. Und so spielte es keine Rolle, was im Vertrag von Lausanne stand. Er wurde entsprechend den damaligen politischen Bedürfnissen interpretiert. Die griechischen Zyprer strebten in jener Zeit mit Hilfe Athens den Anschluss an Griechenland an. Auf der Mittelmeerinsel, die noch eine britische Kolonie war, lebten aber auch türkische Zyprer. Mit der Verwendung des Begriffs »türkische Minderheit« wollte Athen mit Blick auf eine Vereinigung Griechenlands mit Zypern den Vorwurf entkräften, die türkische Bevölkerung in Westthrazien werde diskriminiert. Doch von dieser Praxis rückte Griechenland schnell wieder ab, als sich die Beziehungen zur Türkei verschlechterten.

Kurti legt Wert auf die Feststellung, dass die Angehörigen der türkischen Minderheit als griechische Staatsbürger allen ihren Pflichten nachkommen. Dann aber sagt er dezidiert: »Wir sind eine türkische Minderheit und keine muslimische. Jeder hat das Recht auf eine eigene ethnische Identität.« Der Europäische Gerichtshof für Menschenrechte unterstützte in einem Urteil von 2008 diese Position. Er hielt fest, dass die griechischen Türken das Recht haben, das Adjektiv »türkisch« zu verwenden. Der Gerichtshof berief sich dabei auf die Versammlungs- und Vereinigungsfreiheit. Trotz dieses Urteils will Kurti das Hinweisschild erst dann wieder anbringen, wenn der griechische Staat die Muslime Westthraziens offiziell als türkische Minderheit anerkennt: »Auch bald hundert Jahre nach der Unterzeichnung des Friedensvertrags von Lausanne ist Griechenland noch immer nicht bereit, die ethnischen Unterschiede zu respektieren und die Angehörigen der Minderheit so zu bezeichnen, wie sie sich selber nennen.« Eine Änderung der griechischen Haltung in dieser Frage ist allerdings nicht in Sicht. Verteidigungsminister Panos Kammenos sagte im Mai 2016 auf einer Pressekonferenz in Athen: »Es gilt das, was im Vertrag von Lausanne steht. Demzufolge gibt es in Westthrazien keine türkische Minderheit, sondern nur griechische Staatsbürger, deren Religion der Islam ist. Sie bilden eine konfessionelle Minorität und keine nationale türkische Minderheit.«

Das Recht auf Anerkennung der eigenen ethnischen Identität, das Kurti von der griechischen Regierung im Falle der türkischen Minderheit vehement einfordert, verweigert er allerdings den Pomaken. Für ihn gibt es keine von den Türken getrennte pomakische Identität, auch wenn sich in den Dörfern, wie er einräumt, einige als Pomaken bezeichnen. In Wirklichkeit seien aber auch sie Türken: »Wir können niemanden daran hindern, eine andere ethnische Identität zu haben. Wir respektieren jene, die sagen, sie seien Pomaken, auch wenn sie keine sind. Es ist wissenschaftlich erwiesen, dass die Pomaken Türken sind.« Im Jahre 2008 hatten Türken in Xanthi, wohl beflügelt vom Entscheid des Europäischen Gerichtshofs für Menschenrechte, sogar die Forderung erhoben, die allgemein verwendete Bezeichnung »Pomaken-Dörfer« in »Türken-Dörfer« zu ändern, da es dort keine Pomaken gebe. Kurti behauptet, wer sich als Pomake definiere, verfolge damit nur wirtschaftliche und persönliche Interessen. Welche das sind, bleibt allerdings unklar. Ihnen fehlt nach Meinung Kurtis der Mut, sich offen zu ihrer türkischen Identität zu bekennen. Wenn sie aber unter sich seien, dann bezeichneten auch sie sich als Türken. Hinter den Bemühungen zur Schaffung einer pomakischen Identität stecken seiner Meinung nach die griechischen Behörden. Ihr Ziel sei die Abtrennung der slawischen Pomaken von den Türken. Kurti lobt denn auch ausdrücklich die Bewohner des Dorfes Echinos, denn sie hätten den Mut, sich zu ihrer wahren Identität zu bekennen, nämlich zur türkischen.

Kurti beklagt sich auch über die Benachteiligung und Diskriminierung der türkischen Minderheit. Er fordert gleiche Behandlung und gleiche Rechte: »Alle geben uns recht, doch wir bekommen in Griechenland unsere Rechte nicht.« Er nennt ein Beispiel: Die Hälfte der rund 60 000 Einwohner von Xanthi seien Muslime, die andere Hälfte griechisch-orthodox. Von den zweihundert Beschäftigten in der Stadtbehörde gehörten aber nur fünf der türkischen Minderheit an. Wenn einer Ahmet oder Mustafa heiße, fügt er hinzu, könne er nicht Richter werden und keine hohen Funktionen in der griechischen Armee bekleiden. Auch bei der Polizei gebe es kaum Vertreter der türkischen Minderheit, nur am neuen Grenzübergang nach Bulgarien nördlich von Xanthi hätten einige Muslime eine Anstellung erhalten. Kurti verlangt, dass nicht nur die Minderheitenschulen, sondern auch die Kindergärten zweisprachig geführt werden. Derzeit müssten die Kinder der türkischen Minderheit staatliche Kindergärten besuchen, in denen Griechisch die alleinige Unterrichtssprache sei, was nach türkischer Auffassung dem im Vertrag von Lausanne verankerten Grundsatz der Autonomie im Bildungswesen widerspricht.

Ein zentraler Streitpunkt ist die Ernennung der Muftis, der höchsten geistlichen Würdenträger, die unter anderem für die Einsetzung der Hodschas und für die Verwaltung der religiösen Stiftungen zuständig sind. In Xanthi amtieren seit 1990, so wie in der weiter östlich gelegenen Stadt Komotini, zwei Muftis. Der eine wurde vom griechischen Staat eingesetzt. Der andere ist, wie Kurti betont, von den Muslimen gewählt worden. Den von Griechenland bestellten Mufti nennt er einen Pseudomufti. Für die Griechen und für jene Pomaken, die Wert auf ihre eigene Identität legen, um sich so von den Türken abzugrenzen, ist natürlich der andere der Pseudomufti: »Er hat sich selber ernannt«, lautet ihr Verdikt. Der vom griechischen Staat eingesetzte Mufti sagt, natürlich gebe es Pomaken, der andere Mufti behauptet das Gegenteil: Es gibt keine Pomaken, denn alle slawischen Muslime Griechenlands sind Türken. Kurti betont, der Pseudomufti, der vom griechischen Staat ernannte, habe keinen Kontakt zu den Türken in Westthrazien, deren Zahl er auf 130 000 beziffert. Selbstverständlich behaupten die Griechen und pomakische Aktivisten genau das Gegenteil. Es sei der türkische Pseudomufti, der in der muslimischen Gemeinschaft auf Ablehnung stoße und nur in seinem Büro herumsitze. Er vertrete ausländische Interessen, gemeint sind jene der Türkei, nicht aber jene der Muslime in Westthrazien. Und natürlich ist jeder überzeugt davon, dass nur er allein im Recht ist. Die Türken argumentieren, gemäß dem Vertrag von Lausanne hätten die Griechen in Istanbul und die Muslime in Westthrazien das Recht, ihre kulturellen und religiösen Angelegenheiten selber zu regeln. Die Griechen hingegen vertreten die Auffassung, dass die Praxis der Ernennung oder Bestätigung von Muftis durch den Staat weit verbreitet sei, unter anderem auch in der Türkei. Das müsse in Griechenland ebenso sein, denn die Muftis nähmen auch staatliche Funktionen wahr, etwa bei Eheschließungen, bei Scheidungen, bei testamentarischen Verfügungen oder bei Erbstreitigkeiten.

Die Behandlung der muslimischen Minderheit in Griechenland und der Griechen in der Türkei hing immer von den politischen Beziehungen zwischen den beiden Nachbarstaaten ab. Die Minoritäten dienten beiden als Faustpfand. Geschah den Griechen Istanbuls nach Meinung Athens Unrecht, so wurde die Politik gegenüber den Muslimen in Westthrazien noch restriktiver. Verschärften sich die Konflikte auf der zwischen Griechen und Türken geteilten Insel Zypern oder wurden nach Meinung Ankaras die Rechte der Muslime in Westthrazien verletzt, bekamen das die Griechen in Istanbul und das Ökumenische Patriarchat zu spüren. Die Muslime in Griechenland wurden, ebenso wie die griechisch-orthodoxen Christen in der Türkei, trotz der vertraglichen Verpflichtungen nicht als vollwertige Bürger ihres Landes betrachtet, sondern als potenzielle Gefahr für den Staat. Besonders diskriminierend war der 1955 eingeführte Artikel 19 des griechischen Staatsbürgerschaftsgesetzes, der unter dem Druck der Europäischen Union erst 1998 abgeschafft wurde. Gemäß diesem Paragrafen konnte Angehörigen der muslimischen Minderheit die Staatsbürgerschaft mit der Begründung entzogen werden, sie hätten ihr Land in der Absicht verlassen, nicht mehr zurückzukehren. Damit war der Willkür Tür und Tor geöffnet. Opfer dieser Zwangsmaßnahme wurden vor allem Muslime, die für längere Zeit ins Ausland gingen. Ihnen konnten die Behörden die Staatsbürgerschaft entziehen, ohne sie davon zuvor in Kenntnis zu setzen. Viele merkten es erst, wenn sie zurückkehren wollten oder offizielle griechische Dokumente benötigten. Wer die Absicht hatte, im Ausland zu arbeiten, ging ein hohes Risiko ein. Er musste damit rechnen, plötzlich staatenlos zu sein. Laut einem 1999 veröffentlichten Bericht der Menschenrechtsorganisation Human Rights Watch haben 60 000 Muslime Westthraziens, vor allem Türken, ihre griechische Staatsbürgerschaft auf diese Weise verloren.

Die griechischen Pomaken wurden lange diskriminiert. Der Erwerb von Immobilien war eingeschränkt. Bewilligungen zum Bau von Häusern oder Lizenzen zur Eröffnung von Cafés und Geschäften wurden oft verweigert. Zudem war es für die slawischen Muslime sehr schwierig, eine Stelle im öffentlichen Dienst zu bekommen. Die Pomaken waren nach dem Zweiten Weltkrieg in ihren Dörfern isoliert, die in der militärischen Sperrzone lagen. Niemand kümmerte sich um sie. Je restriktiver jedoch die griechische Regierung die im Vertrag von Lausanne verankerten Minderheitenrechte auslegte, desto mehr gingen die Pomaken auf Distanz zum Staat und betonten ihre türkische Identität. Die Lage für die slawischen Muslime in Westthrazien verbesserte sich erst nach der politischen Wende von 1989 und dem Ende des Kalten Krieges. Ab Mitte der neunziger Jahre war das Siedlungsgebiet der Pomaken an der Grenze zu Bulgarien wieder frei zugänglich. Die Restriktionen beim Erwerb von Immobilien oder Land wurden aufgehoben.

Solange der Ostblock bestand, wollten die griechischen Behörden aus Furcht vor territorialen Ansprüchen der kommunistischen Führung in Bulgarien von einer eigenen pomakischen Identität nichts wissen. Ihr vorrangiges Ziel war die Trennung der slawischen Muslime Griechenlands von den Bulgaren. Athen und Ankara schlossen zu Beginn der fünfziger Jahre einen Vertrag über die Einrichtung von Minderheitenschulen in Westthrazien ab. Türkisch sollte künftig neben Griechisch Unterrichtssprache sein. Das bedeutete die offizielle Anerkennung des Türkischen als Sprache aller Angehörigen der muslimischen Minderheit, also auch der Pomaken und der muslimischen Roma. Die Schüler, die Pomakisch sprachen und deren Eltern sich nicht als Türken definierten, waren gezwungen, in den Minderheitenschulen der Pomaken-Dörfer Türkisch zu lernen. Darin sehen viele den wichtigsten Grund für die Türkisierung der slawischen Muslime Westthraziens. Sie wurde in jener Zeit von Griechenland aus politischen Gründen gefördert. Sie ist vor allem in den Dörfern nördlich von Komotini und in Echinos bereits sehr weit fortgeschritten. Viele Pomaken ließen sich in der Türkei ausbilden. Die beiden Kinder der Frau in Echinos sind Beispiele dafür. Sie gehen in der Türkei in die Schule. Die pomakische Elite entwickelte ein türkisches Nationalbewusstsein und identifizierte sich mit der türkischen Nation. Athen habe in den siebziger und achtziger Jahren, so lautet die Kritik, die Pomaken in die Arme der Türken getrieben.

Nach dem Ende der Herrschaft der Kommunisten in Osteuropa 1989 und der Auflösung der Sowjetunion 1991 wurde die vom griechischen Staat unterstützte Politik der Türkisierung der Pomaken fallengelassen. Nun förderte Athen, mit dem Ziel der Abgrenzung der slawischen Muslime Westthraziens von der türkischen Minderheit, eine eigene griechisch-pomakische Identität. Doch das warf eine neue Frage auf: Wenn Athen eine solche Option für die Pomaken unterstützt, die ja auch Teil der muslimischen Minderheit sind, warum dürfen sich dann die ethnischen Türken offiziell nicht als solche bezeichnen? Die Frage ist bis heute unbeantwortet geblieben. Auch der Kurswechsel Athens zu Beginn der neunziger Jahre war politisch motiviert. Die Türkisierung der Pomaken, die zuvor aus Furcht vor der slawischen Gefahr aus dem Norden vom Staat gefördert worden war, sollte nun aufgehalten werden. Es galt, den starken Einfluss der Türkei in Westthrazien einzudämmen. In diese Zeit fallen die griechischen Bemühungen um die Kodifizierung einer pomakischen Schriftsprache, geschrieben mit griechischen Buchstaben, nicht mit dem kyrillischen Alphabet, das in Bulgarien verwendet wird. Das stieß jenseits der Grenze auf heftige Kritik, denn aus der Sicht Sofias gibt es keine pomakische Sprache, die nun in Griechenland gerade auch in Abgrenzung vom Bulgarischen gezielt gefördert wurde. In den neunziger Jahren entstand ein pomakisch-griechisches Wörterbuch, zusammengestellt von einem Griechen, der sich als Lehrer in den Minderheitenschulen Kenntnisse des lokalen Idioms angeeignet hatte.

Alle diese Bemühungen, eine pomakische Identität unter Zurückdrängung des türkischen Einflusses zu schaffen oder zu festigen, scheiterten vor allem am Widerstand der Pomaken selber. Das ist höchstens für jene überraschend, die den Stellenwert des Islams unterschätzen. Die slawischen Muslime sahen darin einen Versuch griechischer Nationalisten, die muslimische Minderheit in Westthrazien zu spalten und die Muslime slawischen Ursprungs zu hellenisieren. Wie die Torbeschen in Mazedonien fürchteten auch sie, man wolle ihnen ihre islamische Religion wegnehmen und sie christianisieren. Viele Pomaken fühlten sich jedoch den Türken näher als den Griechen, für welche die christlich-orthodoxe Religion das zentrale identitätsstiftende Merkmal ist. Im Zuge der Verbesserung der Beziehungen zwischen Athen und Ankara Ende der neunziger Jahre rückte Athen von der antitürkischen Pomaken-Politik, die vor allem auch von nationalistischen griechischen Parteien unterstützt und gefördert wurde, wieder ab.

In den neunziger Jahren nahm auch die Zahl jener slawischen Muslime zu, die sich Gedanken über ihre eigene kulturelle und nationale Identität machten. Es gab Sendungen im griechischen Radio und Fernsehen in türkischer Sprache, nicht aber in pomakischer. In der Schule wurden die pomakischen Kinder in Griechisch und Türkisch unterrichtet, nicht aber in ihrer eigenen Muttersprache. Pomaken, die keine Türken sein wollten, begehrten auf. So entstand eine pomakische Bewegung, ihre Anhänger bezeichnen sich als griechische Staatsbürger mit islamischem Glaubensbekenntnis. In Komotini wurde 1997 die Zeitung *Zagalisa (Liebe)* gegründet, die sich als Stimme der Pomaken Westthraziens versteht. Auf der Frontseite ist in der grünen Farbe des Islams eine Moschee mit zwei Minaretten abgebildet, darüber steht in arabischer Schrift der Name der Zeitung. Darunter findet sich der Name in griechischer Sprache und mit griechischen Buchstaben. Ein Jahr später wurde, ebenfalls in Komotini, das »Pomak Research Center« eröffnet, das Schriften in pomakischer Sprache herausgibt. Schließlich kam im Jahr 2007 ein Kulturverein mit dem Namen »Panhellenische Pomakische Vereinigung« mit Sitz in Xanthi hinzu. Ihre Mitglieder sehen sich als »treue Wächter einer großen und ruhmvollen islamischen Tradition«.

Alle diese Institutionen haben dasselbe Ziel: Sie wollen verhindern, dass die Sprache der Pomaken und damit auch deren besondere Kultur untergeht. Sie verlangen vom griechischen Staat die Anerkennung der Pomaken als eine eigene ethnische Gruppe. Pomaken und Türken hätten zwar die gleiche Religion, doch sie unterschieden sich in Sprache und Herkunft. Die internationalen Organisationen sollen auf die »genozidalen Methoden« aufmerksam gemacht werden, mit denen Angehörige der türkischen Minderheit mit Unterstützung der Türkei den Pomaken das Recht auf Selbstbestimmung verweigern und von ihnen verlangen, sich als Türken zu definieren, obschon sich viele nicht als solche fühlen. Nicht jeder Muslim ist ein Türke. An den griechischen Staat ergeht die Aufforderung, endlich mehr für die Erhaltung der pomakischen Sprache zu tun. Sie wird von immer weniger slawischen Muslimen in Westthrazien gesprochen, und sie ist im öffentlichen Raum in den Pomaken-Dörfern nirgends präsent. Allerdings sind auch in *Zagalisa* fast alle Artikel in griechischer Sprache geschrieben. Nur selten wird ein Beitrag in Pomakisch abgedruckt, in der Sprache also, die eigentlich gefördert werden sollte. In den ersten Jahren, von 1997 bis 2000, erschien die Zeitung in pomakischer Sprache mit griechischen Schriftzeichen. Doch musste man davon wieder abrücken, denn viele Leser beschwerten sich. Sie schrieben an die Redaktion, sie verstünden das lokale Idiom nur ungenügend oder gar nicht, denn in den Schulen hätten sie kein Pomakisch gelernt. Das sagt alles aus über den Zustand, in dem sich die Sprache befindet. Kürzlich veröffentlichte die Zeitung ein griechisch-pomakisches Wörterbuch, das 862 Begriffe umfasst. Nach jedem einzelnen Wort wird angegeben, wo es verwendet wird. Es gibt keine pomakische Standardsprache, nur Dialekte. Darüber kann auch der Umstand nicht hinwegtäuschen, dass inzwischen eine Anthologie mit pomakischen Texten, ein von einem Griechen verfasstes Lehrbuch der pomakischen Sprache sowie eine Reihe anderer Schriften in Pomakisch erschienen sind. Das Idiom wird meist nur noch, wenn überhaupt, innerhalb der Familie, unter Bekannten oder beim Einkaufen in den lokalen Dorfläden verwendet.

Zu jenen, die sich seit Jahren für die Anerkennung einer pomakischen Identität und die Erhaltung der pomakischen Sprache einsetzen, gehört Ahmet Imam. Wir treffen ihn im Juni 2015 in einem Hotel in Xanthi. Er wurde nach seinen eigenen Worten 1993 nach zwanzig Jahren aus dem öffentlichen Dienst entlassen, weil er sich geweigert hatte, als Lehrer in einer pomakischen Minderheitenschule Lehrbücher aus der Türkei zu verwenden. Auf die Frage, weshalb denn in den neunziger Jahren die von Griechenland forcierte Stärkung der pomakischen Identität von vielen Pomaken als Versuch der Hellenisierung abgelehnt worden sei, meint er, dieser Vorwurf sei von türkischer Seite vorgebracht worden. Die Türken hätten es geschafft, mit der Hilfe lokaler muslimischer Geistlicher in Westthrazien und mit türkischem Geld einen Teil der pomakischen Elite auf ihre Seite zu ziehen. Das einfache Volk aber habe die damaligen griechischen Bemühungen unterstützt. Mitte der siebziger Jahre hat in den Pomaken-Dörfern, wie Ahmet Imam betont, niemand Türkisch gesprochen. Heute gebe es Orte, in denen niemand mehr Pomakisch rede. Er wirft Griechenland vor, die Pomaken – und damit die eigenen Staatsbürger – schmählich im Stich zu lassen. Pomakische Kinder würden in der Schule nicht in ihrer Muttersprache unterrichtet, und die griechische Regierung lasse das zu, obschon sie Verträge zum Schutz der Minderheiten unterzeichnet habe. Ahmet Imam führt das Desinteresse darauf zurück, dass für die griechische Führung gute Beziehungen zu Ankara wichtiger seien als die Pomaken. Das nutze die Türkei aus. Sein Fazit ist düster: »Während der fünfhundertjährigen Herrschaft der Osmanen sind wir keine Türken geworden, doch jetzt sind wir verstärkt einem kulturellen Genozid ausgesetzt, und der griechische Staat schaut nur zu.«

Nach Ansicht von Ahmet Imam sagen in der Öffentlichkeit die meisten Pomaken, dass sie kein Pomakisch sprechen. Im privaten Gespräch betonten sie dann aber, dass sie keine Türken seien, sondern Pomaken. Es ist genau das Gegenteil von dem, was Ahmet Kurti behauptete. Niemand traue sich, in der Öffentlichkeit zu sagen, er sei Pomake, betont Ahmet Imam: »In Thrazien herrscht große Angst.« Allerdings haben sich einige Bewohner von Glafki im Gespräch durchaus dazu bekannt, Pomaken zu sein. Sogar in Echinos, wo die türkische Option klar überwiegt, bezeichnete sich eine Frau als Pomakin. Das Feindbild der Anhänger der pomakischen Bewegung ist das türkische Konsulat in Komotini, das in Anspielung an die frühere Herrschaft der Osmanen »Hohe Pforte« genannt wird. Es finanziere die Hodschas, die türkischsprachigen Lehrer an den Minderheitenschulen und die beiden Pseudomuftis in Xanthi und Komotini, lauten die Vorwürfe. Nach Meinung anderer pomakischer Aktivisten trauen sich viele Pomaken nicht, sich als Griechen zu bezeichnen, auch wenn sie sich als solche fühlten. Sie hätten Angst vor dem türkischen Konsulat in Komotini, für das alle Muslime Westthraziens Türken seien. Slawische Muslime, die sich dazu bekannten, Pomaken oder Griechen zu sein, würden von der türkischsprachigen Presse und türkischen Organisationen als Verräter verunglimpft.

Eine üble Rolle spielen nach Ansicht von Ahmet Imam auch die muslimischen Geistlichen in den Pomaken-Dörfern. Sie schüchterten die Bewohner ein und verlangten von ihnen, sich als Türken zu definieren. Ein wichtiges Druckmittel, das Ahmet Imam erwähnt, hat einmal mehr mit dem Tod und dem Jenseits zu tun. Von der Türkei bezahlte Hodschas verweigerten jenen, die sich als Pomaken bezeichneten und Pomakisch lernen wollten, den Zugang zu den Moscheen und damit die islamischen Bestattungsrituale. Pomaken, die sich national als Türken definieren, weisen solche Vorwürfe jedoch als üble Propaganda weit von sich. Laut Ahmet Imam gibt es zudem Hodschas, die zwecks Einschüchterung der Bevölkerung in den Pomaken-Dörfern behaupten, die Verwendung der pomakischen Sprache sei unislamisch, und zwar mit folgender Begründung: »Wenn ihr Pomakisch sprecht, ist es so, als ob ihr Bulgarisch redet. Doch ihr seid Muslime, keine Christen wie die Bulgaren, also dürft ihr auch nicht Pomakisch sprechen.« Allerdings ist Ahmet Imam auch überzeugt davon, dass solche religiös begründeten Drohungen zunehmend ihren Schrecken verlieren. Die Pomaken seien heute gebildeter und ließen sich nicht mehr so leicht einschüchtern. Es gebe Tausende von Pomaken, die ihre Muttersprache sprechen wollten und die auch bereit seien, dafür etwas zu tun.

»Wenn nur zehn von 40 000 Pomaken ihre Muttersprache lernen wollen, müssen sie die Möglichkeit dazu haben.« Ahmet Imam betont, die türkische Seite sei gut organisiert und habe viel Geld. »Wir aber haben niemanden.« Die internationalen Organisationen unterstützten nur die türkische Minderheit, die Anliegen der Pomaken nähmen sie nicht einmal zur Kenntnis: »Europa macht uns traurig.«

Auf einem Informationsblatt der pomakischen Bewegung mit dem Titel »Die Pomaken: Opfer eines kulturellen Genozids« sind die Klagen und Forderungen in drastischer Sprache zusammengefasst: Die Pomaken sind die einzige Minderheit in Europa, die in der Schule gezwungen wird, die Sprache einer andern Minderheit zu lernen. Die türkischsprachigen Minderheitenschulen funktionieren als eine moderne osmanische »Massenentführung« pomakischer Kinder, deren Bewusstsein der eigenen Identität auf diese Weise erstickt wird. Es ist eine Anspielung an die Knabenlese (devşirme). Zur Zeit der osmanischen Herrschaft wurden von Zeit zu Zeit christliche Knaben vor allem aus ländlichen Gebieten des europäischen Reichsteils verschleppt und am Hofe des Sultans in Istanbul im islamischen Geist erzogen. Viele dienten später in der Elitetruppe der Janitscharen oder bekleideten hohe Funktionen im Staatsdienst und in der Armee. Die Minderheitenschulen sind, wie es im Informationsblatt heißt, der »Friedhof der pomakischen Sprache«. Das habe negative Auswirkungen auf die pomakischen Kinder. Sie schämten sich, ihre Muttersprache zu verwenden. Es werde ihnen eingeredet, Pomakisch sei ein minderwertiges Idiom. Deshalb müssten die Schüler eine »richtige« Sprache lernen, nämlich Türkisch. Das sei eine Verletzung des Rechts auf Bildung, vergleichbar mit der Unterdrückung der Schwarzen in Südafrika zur Zeit der Apartheid. Wörtlich heißt es dann: »Wir wollen keine pomakische Minderheit innerhalb der türkischen Minderheit sein. Wir wollen Pomaken sein im Namen einer freien und demokratischen griechischen Gesellschaft.« In dem Dokument wird die Zahl der in Griechenland lebenden Pomaken mit 40 000 angegeben, jene der Türken mit 50 000 und jene der muslimischen Roma mit 20 000.

Auf die Frage, wie denn in einer Sprache unterrichtet werden soll, die von immer weniger Menschen gesprochen wird und die über keine anerkannte Standardversion verfügt, antworten Verfechter der pomakischen Identität, man müsse eben eine Schriftsprache schaffen. Doch wie soll das geschehen, und wer soll das tun? Und woher sollen die Lehrer kommen? Besteht über den offenbar kleinen Kreis von Aktivisten der pomakischen Bewegung hinaus überhaupt ein Interesse daran? Wollen die Pomaken in Westthrazien eine pomakische Minderheit sein? Für viele pomakische Kinder und Jugendliche ist Pomakisch eine Fremdsprache, denn die Eltern reden mit ihnen meist Türkisch oder Griechisch oder beides. Allenfalls verfügen sie noch über gewisse passive Kenntnisse. Seit Jahren nimmt der Anteil der Pomaken zu, die ihre Kinder in griechische Schulen außerhalb der traditionellen pomakischen Siedlungsgebiete schicken. Offenbar ist auch die Zahl jener rückläufig, die ihr Studium in der Türkei absolvieren wollen. Eine griechische Journalistin der in Xanthi erscheinenden Tageszeitung *Embros* stellt eine verstärkte Hinwendung zum Griechischen fest. Das hängt ihrer Meinung nach mit der besseren Ausbildung der Pomaken zusammen. Ihnen sei klargeworden, dass sie in ihrem eigenen Land ohne perfekte Kenntnisse der griechischen Sprache nicht vorankämen. Anders als Kurti ist sie aber der Überzeugung, dass eine pomakische Identität existiert. Ihrer Ansicht nach ist die Türkisierung der Pomaken bereits weit fortgeschritten. Die Frage, ob es einer neuen, an griechischen Hochschulen ausgebildeten pomakischen Elite gelingt, diesen Trend umzukehren, bleibt offen.

Die Türken behaupten, alle Pomaken seien Türken. Damit wird die offiziell anerkannte muslimische Minderheit zu einer rein türkischen reduziert. Für die pomakischen Aktivisten hingegen, deren Stoßrichtung progriechisch und antitürkisch ist, sind die Pomaken keine Türken, sondern Pomaken, und zwar auch jene, die sich selber als Türken definieren. Einmal mehr wird slawischen Muslimen aus politischen Gründen eine bestimmte Identität aufgedrängt, ohne Rücksicht darauf, was die Betroffenen selber davon halten. Dass die Pomaken Westthraziens vielleicht auch aus Überzeugung die eine oder die andere Option wählen, wird meist nicht einmal in Betracht gezogen. Hinzu kommt, dass sich das Gezerre um eindeutige nationale Zuordnungen auch hier oft weit über den Köpfen der betroffenen Bevölkerung abspielt. Viele slawische Muslime scheint weniger die Frage zu interessieren, ob sie Pomaken oder Türken sind. Was sie in erster Linie wollen, sind Arbeitsplätze und ein besseres Leben. Auch für die slawischen Muslime in Westthrazien gilt, was Lidija Asenova Hadžieva über die Haltung der Kommunisten gegenüber den bulgarischen Pomaken sagte: »Man hat uns nicht ernstgenommen.«

Slawen leben aber nicht nur im Nordosten Griechenlands, also in Westthrazien, sondern auch im Nordwesten des Landes. Im Gegensatz zu den Pomaken sind sie orthodoxe Christen, keine Muslime. In der Zwischenkriegszeit hatte Athen in

Ägäis-Mazedonien phasenweise eine rigide Assimilationspolitik betrieben. Slawische, aber auch türkische, albanische und aromunische Ortsnamen mussten gemäß einem Regierungsdekret vom 17. September 1926 über die »Umbenennung aller fremd und hässlich klingenden Namen von Städten und Dörfern« durch griechische ersetzt werden. Dasselbe galt für Vor- und Familiennamen. Die Benutzung der alten Ortsnamen wurde unter Strafe gestellt. Der Gebrauch der bulgarischen Sprache oder, wie man sie in jener Zeit auch nannte, der mazedonischen, wurde ebenfalls verboten. Bei einem Besuch im September 2008 im Dorf Psarades erzählte ein neunzigjähriger Mann, der einen großen, mit Oliven gefüllten Kanister mit sich schleppte, er könne sich noch gut erinnern, wie Polizisten im Dorf um die Häuser geschlichen seien und an den Fenstern gelauscht hätten, ob jemand Mazedonisch spreche. Jeder, den sie dabei erwischt hätten, habe als Separatist gegolten und sei ins Gefängnis geworfen worden. Das kleine Dorf Psarades liegt am Prespa-See im griechisch-mazedonisch-albanischen Grenzgebiet. Solche Sorgen hatten die muslimischen Pomaken in Westthrazien nicht, obschon auch sie eine slawische Sprache sprechen. Sie waren als Teil der muslimischen Minderheit geschützt. Die slawischsprachige Landbevölkerung im Nordwesten Griechenlands, die wie die Pomaken national weitgehend indifferent war, entfremdete sich zunehmend vom griechischen Staat. Die repressive Politik gegenüber den christlichen Slawen und der Terror in der Zeit der Metaxas-Diktatur (1936 bis 1941) weckten erst das Bewusstsein der ethnischen Verschiedenheit.

Im griechischen Bürgerkrieg von 1946 bis 1949 kämpften viele christliche Slawen, ganz im Gegensatz zu den Pomaken, auf der Seite der Kommunisten gegen die griechischen Regierungstruppen. Nachdem sie in den Jahrzehnten zuvor von der Staatsmacht drangsaliert worden waren, erhofften sie sich nun mehr Rechte oder gar die Bildung eines vereinigten Mazedonien im Rahmen einer Balkan-Föderation. Die damalige Politik Titos, der die griechischen Kommunisten unterstützte, verstärkte die Befürchtungen in Athen, dass sich Gebiete in Nordgriechenland abspalten und Jugoslawien anschließen könnten. Der Bürgerkrieg wurde in der Athener Propaganda zu einem heroischen Kampf der Griechen gegen das Vordringen mazedonischer und bulgarischer Kommunisten an die Ägäis. Die von Großbritannien und den Vereinigten Staaten unterstützten königstreuen Truppen besiegten die Aufständischen. Mehrere Zehntausend Slawen flohen aus Griechenland. Sie fanden Aufnahme in den kommunistischen Ländern Osteuropas. Die griechische Regierung behandelte die Zurückgebliebenen, insbesondere in der Zeit der Militärdiktatur (1967 bis 1974), wie Staatsfeinde. Was immer mit dem Begriff »slawisch« zusammenhing, stand unter Generalverdacht. Alle »Slawophonen«, wie die offizielle griechische Sprachregelung lautet, wurden pauschal zu Kommunisten erklärt. Erst in den frühen achtziger Jahren verbesserte sich die Lage der slawischen Bevölkerung im griechischen Teil Mazedoniens.

In den traumatischen Erfahrungen der Jahre nach dem Zweiten Weltkrieg, als Griechenland von Norden her ernsthaft bedroht wurde, liegt wohl auch der eigentliche Grund für die unerbittliche Haltung Athens im Namensstreit mit Mazedonien und für die nationalistische Welle zu Beginn der neunziger Jahre, welche die Proklamierung der Unabhängigkeit Mazedoniens ausgelöst hatte. Im Norden Griechenlands leben viele Nachfahren kleinasiatischer Griechen, die sieben Jahrzehnte zuvor zwangsweise umgesiedelt worden waren.

Sie hatten ihre Heimat bereits einmal verloren. Vor allem bei ihnen fiel das Schüren der Angst vor einer mazedonisch-slawischen Expansion nach Süden auf fruchtbaren Boden. Sie wollten nicht noch einmal vertrieben werden, bewohnten sie doch Gebiete, in denen zur Zeit der Osmanen nicht nur viele Muslime, sondern auch viele Slawen gelebt hatten. Die »Slawophonen«, die alle Griechisch sprechen, bezeichnen sich noch heute oft als »dopii« oder auf Mazedonisch als »tukašni«, was in beiden Sprachen so viel wie »Hiesige« bedeutet. Sie betonen damit ihre regionale Identität, in Abgrenzung von den Nachfahren der zu Beginn der zwanziger Jahre angesiedelten Griechen aus Kleinasien. Mit andern Worten: Sie betrachten sich selber als die Einheimischen. Die unter ihnen lebenden Griechen sind für sie die »Anderen«, die Zugewanderten, die Fremden. Es geht im Streit um den Staatsnamen Mazedoniens auf der griechischen Seite nicht nur um das Erbe von Alexander dem Großen, auf das Athen einen Alleinanspruch erhebt, sondern auch um tief sitzende Ängste, die ihre Wurzeln in dem bis heute kaum aufgearbeiteten Bürgerkrieg von 1946 bis 1949 haben.

Doch wie definieren sich die christlichen Slawen in Nordgriechenland selber? Viele sind inzwischen weitgehend oder völlig assimiliert. Der alte Mann, den wir in Psarades getroffen haben, sagte zwar, er spreche Mazedonisch. Er weigerte sich aber, mit dem Besucher in dieser Sprache zu reden: »Ich will nicht Mazedonisch sprechen, sonst beleidige ich den Staat, in dem ich lebe. Wir sind in Griechenland, also sind wir Griechen und Schluss.« Damit war das Gespräch beendet. »Alle sprechen hier Mazedonisch«, sagte ein Bewohner des nordgriechischen Dorfes Meliti, das nahe an der Grenze zur Republik Mazedonien liegt, bei einem Besuch im September 2008. Dann wandte er sich aber abrupt ab und ging weiter. Die Frage, welche Sprache hier gesprochen wird, war ihm sichtlich unangenehm. »Ich bin ethnisch ein Mazedonier«, betonte ein alter Mann im selben Dorf. Er sagte es auf Griechisch. Mit »denen dort drüben« – er meinte damit die Mazedonier in der Republik Mazedonien – habe er allerdings nichts zu tun. Für den mazedonischen Staat verwendete er, obschon er sich als Mazedonier bezeichnete, den offiziellen griechischen Terminus FYROM (»Former Yugoslav Republic of Macedonia«). Zu Hause mit den Eltern sprechen viele Kinder, wie er betonte, mehr Mazedonisch als Griechisch. So werde die Sprache von einer Generation zur nächsten weitergegeben. »Unsere Eltern sprechen Mazedonisch, wir verstehen die Sprache, aber wir reden untereinander Griechisch«, meinten einige junge Frauen auf der Dorfstraße von Meliti, die auf dem Weg in die Disko waren.

Die Angaben über die Zahl jener, die sich als Mazedonier, als Slawen, als »Slawophone« oder als »Hiesige« bezeichnen, gehen weit auseinander – noch viel weiter als im Falle der Torbeschen oder der Pomaken. Je nach Quelle sind es einige Hundert, einige Tausend, einige Zehntausend oder sogar einige Hunderttausend. Statistisch erfasst wurde eine slawische Minderheit letztmals beim Zensus von 1951, bei dem auch nach der ethnischen Zugehörigkeit gefragt wurde. Damals hatten sich 41 000 Personen als »Slawophone« deklariert. Ein solches Bekenntnis erforderte zu jener Zeit allerdings einigen Mut. Athen anerkennt bis heute keine slawische Minderheit und erst recht keine, die sich – horribile dictu – mazedonisch nennt. Der Begriff »Mazedonier« ist aus der Sicht Athens für jene griechischen Staatsbürger im griechischen Mazedonien reserviert, die damit eine besondere regionale und kulturelle Identität zum Ausdruck bringen wollen. Die offizielle griechische Sprachregelung ist seit Jahrzehnten dieselbe: Es gibt im westlichen Teil Nordgriechenlands nur einige wenige christlich-orthodoxe griechische Staatsbürger slawischen Ursprungs, die sich nicht als Griechen bezeichnen. Sie werden unter Vermeidung jeglicher ethnischer Spezifizierung »Slawophone« genannt. Bei den Fürsprechern einer mazedonischen Minderheit handelt es sich um Personen, die nur ihre eigenen Interessen verfolgen. Die »Slawophonen« sprechen nicht Mazedonisch, auch jene nicht, die dies von sich selber behaupteten, sondern »Slawisch«, also ein Idiom, das es in dieser Form gar nicht gibt. Auch bei der Bezeichnung der Sprache wird jegliche Spezifizierung krampfhaft vermieden.

An dieser Position wird sich in absehbarer Zeit wohl nichts ändern. Würde Griechenland die »Slawophonen« als eine eigene ethnische Gruppe anerkennen, käme dies dem Eingeständnis gleich, dass es im griechischen Mazedonien doch eine slawisch-mazedonische Minderheit gibt – und damit auch slawische Mazedonier und nicht nur griechische. Als Folge davon fiele zumindest ein Teil der ohnehin brüchigen argumentativen Konstruktion in sich zusammen, die Athen zur Begründung der Weigerung, das nördliche Nachbarland unter dem Staatsnamen Mazedonien anzuerkennen, mühsam aufgebaut hat. Noch etwas kommt hinzu: Eine rechtliche Aufwertung der »Slawophonen« wäre wohl auch das Ende des im Lausanner Friedensvertrag von 1923 verankerten Konzepts der konfessionell definierten muslimischen Minderheit, an dem Griechenland stur festhält. Athen käme dann kaum mehr darum herum, die Türken Westthraziens offiziell als eine türkische Minorität anzuerkennen, und auch den Pomaken, die ja ebenso wie die »Slawophonen« Slawen sind und eine slawische Sprache sprechen, den Status einer eigenen Minderheit zu geben. Und umgekehrt: Im Falle der Anerkennung einer ethnischen türkischen oder auch pomakischen Minderheit würde der Druck zunehmen, das gleiche Recht auch den »Slawophonen« zu gewähren.

Die Partei »Vinožito« (Regenbogen, wörtlich: »Wein und Weizen«), die sich als Sprachrohr der mazedonischen Minderheit in Griechenland versteht, lässt sich von der Unnachgiebigkeit Athens jedoch nicht beeindrucken. Sie hat ihren Sitz in der nordwestgriechischen Stadt Florina. Die Region gilt als Hochburg der »Slawophonen«. Allerdings scheint die 1994 offiziell registrierte Partei bei jenen, für deren Rechte sie sich einsetzt, nicht allzu viel Unterstützung zu finden. Ein Führungsmitglied von »Vinožito«, Pavlos Voskopoulos, der in Belgrad studiert hat, forderte im Gespräch 2008 das Recht auf ethnische Selbstbestimmung, die Anerkennung der mazedonischen Minderheit sowie kulturelle Rechte, vor allem das Recht auf Unterricht in mazedonischer Sprache in den Grundschulen in den Gebieten mit einer mazedonisch-slawischen Minderheit. Ein wichtiges Ziel sei die Wiederbelebung der mazedonischen Sprache in Nordgriechenland, die als Folge jahrzehntelanger staatlicher Zwangsmaßnahmen kaum mehr verwendet werde. »Wie kann man in Athen behaupten, es gebe keine mazedonische Minderheit. Ich fühle mich ethnisch als Mazedonier, und ich bin zugleich ein griechischer Staatsbürger. Ich gehöre einer Minorität an, die es offiziell gar nicht gibt. Aber ich stehe vor Ihnen, und wie Sie sehen, gibt es mich.«

»Es macht mich traurig, dass eine ganze Kultur verlorengeht«

Die Aromunen in Mazedonien

Im Dorf Nižepole sind an diesem Vormittag nur wenige Menschen zu sehen. Häuserruinen und Steinhaufen, von Gras, Blumen und Gebüsch überwuchert, prägen das Bild. Einige Häuser sind jedoch bewohnt, sie wirken gepflegt, die Gärten quellen über von Blumen. Im Zentrum des Dorfes befindet sich die orthodoxe Kirche aus dem 19. Jahrhundert, die wie ein großes Wohnhaus aussieht, mit Gittern an den Fenstern und zwei kleinen Kreuzen an der schmalen Eingangstür. Man muss einige Treppen hinabsteigen, um in das Innere zu gelangen. Nicht weit vom Gotteshaus entfernt leuchtet durch die Äste eines großen Baumes das Minarett einer Moschee in der Sonne. In Nižepole, das zwölf Kilometer westlich der südmazedonischen Stadt Bitola liegt, leben noch rund 120 Menschen das ganze Jahr über. Das sagt ein älterer Mann, der auf einen Stock gestützt auf einer Holzbank vor seinem Haus sitzt und vor sich hin brütet. Die meisten seien Aromunen, fügt er hinzu. Auch einige albanische Familien lebten hier. Nižepole sei ein sterbendes Dorf, sagt ein anderer alter Mann mit trauriger Stimme. Er zündet in der Kirche mit zitternder Hand eine Kerze an, für seine verstorbene Frau, wie er betont. Er sei geblieben, wohin solle er denn gehen? Hier sei er geboren, hier warte er auf den Tod. Die meisten hätten den Ort schon längst verlassen, denn es gebe keine Arbeit. Nur an Wochenenden oder in den Ferien, wenn manche zur Erholung wieder hierher zurückkehrten, erwache das Dorf zu neuem Leben.

Der Ort Malovište liegt abgeschieden in einem kleinen Seitental auf 1150 Metern über Meer im Pelister-Nationalpark. Bis nach Bitola sind es 25 Kilometer. Von der Hauptstraße, die Bitola mit Ohrid verbindet, zweigt im Weiler Kažani eine schmale Straße ab, die nach Süden führt. Nach einigen Kilometern Fahrt durch eine urwüchsige Landschaft tauchen die ersten Häuser von Malovište auf. Die meisten sind den steilen Hang hinauf gebaut. Es bietet sich ein ähnliches Bild wie in Nižepole. Von einigen Wohnhäusern sind nur noch steinerne Gerippe übrig geblieben, andere sind gut erhalten und bewohnt. Hoch über den Ruinen thront, einer Kathedrale gleich, die Kirche der heiligen Paraskeva, die 1856 auf den Fundamenten eines älteren Gotteshauses errichtet wurde. Im Schein brennender Kerzen leuchten im fahlen Licht die schön renovierten Fresken und die alten Ikonen. Eine kunstvoll geschnitzte Ikonostase trennt den Altarraum vom Kirchenschiff. Alles ist in ein warmes, dunkles Blau getaucht. Es riecht nach Kerzenwachs und Weihrauch. Der feierlichen, ja mystischen Stimmung, die vom stillen und großen Innenraum des Gotteshauses ausgeht, kann man sich nur schwer entziehen. In Malovište leben, anders als in Nižepole, nur Aromunen oder, wie die Mazedonier sagen, Vlachen. Doch es sind auch hier immer weniger, die das ganze Jahr über ausharren. Ein alter Mann meint, es seien höchstens noch hundert. Doch dann sagt er, den Blick weit in die Ferne gerichtet, ja, früher, vor dem Ersten Weltkrieg, da sei alles ganz anders gewesen.

Ein anderes aromunisches Dorf ist Gopeš. Will man dorthin gelangen, muss man ebenfalls in Kažani die Hauptstraße verlassen. Aber statt in südliche Richtung nach Malovište fährt man nach Norden. Die Straße, die in das abgelegene Dorf führt, ist schmal, aber geteert. Bis nach Gopeš sind es rund zehn Kilometer. Auch dieser kleine Ort wird von einer großen Kirche beherrscht. Gopeš ist noch weiter von jeglicher Zivilisation entfernt als Malovište – und noch verlassener. Hier wohnt kaum mehr jemand, so hat es jedenfalls den Anschein. Viele Häuser sind nur noch steinerne Skelette, bei andern hat der Zerfall eingesetzt. Manche Gärten sind verwildert. Man kann sich kaum vorstellen, dass hier zu Beginn des 20. Jahrhunderts noch mehr als dreihundert Familien gelebt haben sollen, ebenso viele wie in Malovište. Das Dorf wirkt zwar verlassen, doch die Kirche ist geöffnet. Ein Mann mittleren Alters zündet im schön restaurierten Gotteshaus eine Kerze an. Jaja, in einigen Jahrzehnten werde hier alles wieder erblühen, sagt er später draußen vor der Kirche mit seiner tiefen und eindringlichen Stimme, die in der weiten Leere verhallt. Er ist für einen kurzen Aufenthalt aus Australien in sein aromunisches Heimatdorf zurückgekehrt. Er gerät zwischen den steinernen Ruinen in Verzückung. Er träumt von Skiliften, von Hotels, von neuen Häusern, von Feriengästen, auch wenn rundherum, so weit das Auge reicht, nur Büsche und Wälder zu sehen sind. Der Mann scheint einer Erzählung oder einem dramatischen Werk von Anton Čechov entsprungen zu sein. Er erinnert an jene Figuren, die sich nach Veränderung sehnen, die davon träumen und darüber reden, ihr tristes Provinznest zum Blühen zu bringen, zugleich aber in Reglosigkeit verharren.

Das war 2003. Beim jüngsten Besuch in den drei Dörfern

im Juni 2015 bietet sich das gleiche Bild. Kaum etwas hat sich verändert. In Nižepole seien noch rund siebzig Häuser bewohnt, sagt ein Mann, den wir auf der Straße ansprechen. Laut den Ergebnissen der jüngsten Volkszählung von 2002 beträgt die Zahl der Einwohner 186, von ihnen sind 105 Aromunen. Hinzu kommen Mazedonier im ethnischen Sinn, Albaner und muslimische Roma. Immerhin gibt es im Dorf eine Schule, in der noch immer zehn bis fünfzehn Kinder von einer Lehrerin in mazedonischer Sprache unterrichtet werden. Das gelb gestrichene, am Eingang mit Säulen verzierte repräsentative Gebäude, zu dem eine steinerne Treppe mit von Büschen überwucherten Geländern hinaufführt, ist für dieses kleine Dorf, wie auch die daneben auf einer Wiese stehende Kirche, viel zu groß. Es stammt aus dem 19. Jahrhundert, als hier noch alles anders war. Zu jener Zeit gab es in Nižepole bedeutend mehr Schüler. Unterrichtet wurde nicht in Mazedonisch, das man Bulgarisch nannte (die mazedonische Sprache wurde erst später kodifiziert), sondern in Griechisch. Nižepole war damals, wie Aromunen in Bitola betonen, ein bedeutendes Zentrum der aromunischen Kultur.

In Malovište leben heute noch weniger Menschen als in Nižepole. Laut der Volkszählung von 2002 sind es 98, unter ihnen 87 Aromunen. Einen der wenigen, der noch das ganze Jahr über hier lebt, treffen wir im Garten vor seinem Haus. Er ist vor einigen Jahren ebenfalls aus Australien in sein Heimatdorf zurückgekehrt, um hier seinen Lebensabend zu verbringen. Er wolle hier sterben, sagt er. Er hat das Haus, in dem er geboren wurde, mit Sorgfalt und großem Zeitaufwand renoviert und wieder bewohnbar gemacht. Auch nach den vielen Jahrzehnten, die er auf einem fernen Kontinent verbracht hat, ist er noch immer stolz darauf, ein Aromune aus Malovište zu sein. Er sei gerne hier in der Abgeschiedenheit, auch wenn das Leben nicht einfach sei, denn es gebe keinen Laden, kein Restaurant, nichts. Etwas ist allerdings neu im Vergleich zum Besuch von 2003. Mitten im Dorf, genau an der Stelle, wo der Fußweg zur großen Kirche hinaufführt, steht gut sichtbar eine Tafel mit einer Karte, auf der Wanderwege und Sehenswürdigkeiten eingezeichnet sind. Der dazugehörige Text ist in drei Sprachen verfasst, in Aromunisch, in Mazedonisch und in Englisch. Traurig allerdings ist, dass sich nur selten Wanderer in diese Gegend verirren. Jedenfalls habe ich bei meinen Besuchen nie einen gesehen.

Und Gopeš? Eine schmale Straße zweige im Dorf Kažani in nördliche Richtung ab, hatten mir Aromunen in Bitola gesagt. Das wusste ich schon von meinem ersten Besuch. Gopeš sei allerdings leer, und es gebe dort nichts zu sehen, fügten sie hinzu. Die Fahrt lohne sich nicht. Ich fahre trotzdem hin. Anders als 2003 finde ich diesmal in Kažani die Straße nach Gopeš nicht. Weit und breit ist kein Mensch zu sehen, den ich hätte fragen können. So steige ich aus dem Auto und mache mich zu Fuß auf die Suche nach der Straße. Endlich finde ich ein kaum sichtbares, verrostetes und verbogenes Hinweisschild mit der Aufschrift »Gopeš«, geschrieben in kyrillischer Schrift. Die schmale Straße, die durch eine unberührte Landschaft führt, ist noch immer gut befahrbar. Auf der ganzen Fahrt, die sich endlos hinzuziehen scheint, kommt uns kein einziges Auto entgegen. Rund um das entlegene Dorf scheinen die Wälder noch undurchdringlicher geworden zu sein, und das Buschwerk ist noch dichter als beim ersten Besuch. Es ist eine stille, menschenleere, gespenstische Welt. Nur die vom Wind bewegten Blätter der Bäume und Büsche rascheln und rauschen. Es gibt keinen Skilift, kein Hotel, keinen Laden, keine Feriengäste, keine Bewohner. Die Kirche ist fest verriegelt. Es findet sich niemand, der einen Schlüssel hat, um sie zu öffnen. Ein Aromune in Bitola wird später sagen, das Gotteshaus sei geschlossen, weil vor einem Jahr wertvolle Ikonen gestohlen worden seien, wahrscheinlich von einer albanischen Bande, wie er hinzufügt.

In den aromunischen Siedlungen Malovište, Nižepole und Gopeš lassen nur die großen Kirchen erahnen, dass in diesen heute weitgehend entvölkerten, halb zerfallenen Dörfern früher einmal bedeutend mehr Menschen gelebt haben müssen. Ganz offensichtlich waren sie auch wohlhabend, denn sonst hätten sie es sich nicht leisten können, ihre Gotteshäuser mit so vielen wertvollen Fresken und Ikonen auszuschmücken. Auffallend ist auch, wie gut erhalten und gepflegt die Kirchen in den drei Dörfern sind, auch wenn nur noch wenige Menschen dort leben. Vlachen zeigen jedem Besucher, der sich für ihr Volk und ihre Kultur interessiert, mit Stolz ihre schönen Kirchen, die stummen Zeugen einer als glanzvoll empfundenen, längst entschwundenen Zeit. Für die Vlachen ist die christlich-orthodoxe Religion ganz offensichtlich ein wichtiges Element ihrer Identität.

Die Vlachen sind die Nachfahren romanisierter thrakischer und illyrischer Bevölkerungsgruppen, die im Zuge der slawischen Landnahme auf dem Balkan im 6. und 7. Jahrhundert nicht slawisiert worden waren. Nach dem Ende der fast fünfhundertjährigen Herrschaft der Osmanen und der Entstehung von Nationalstaaten nach den Balkankriegen von 1912/13 wurde ihr Siedlungsgebiet, so wie jenes der Pomaken in den Rhodopen, durch Grenzen auseinandergerissen. Aromunen leben heute nicht nur in Mazedonien, sondern auch in Griechenland, in Albanien, in Bulgarien, in Rumänien und in Serbien. Sie sprechen Aromunisch beziehungsweise Vlachisch. Es ist eine der vier balkanromanischen (ostromanischen) Sprachen. Dazu gehört auch das Rumänische, das nicht nur in Rumänien gesprochen wird, sondern auch in angrenzenden Gebieten der Ukraine, Ungarns, Serbiens, im Norden Bulgariens sowie in der Republik Moldau, wo die Sprache in sowjetischen Zeiten offiziell Moldauisch genannt wurde. Zur ostromanischen Sprachgruppe zählt ferner das Istrorumänische, das heute nur noch in sechs Dörfern und Weilern im kroatischen Teil Istriens gesprochen wird. Die vierte balkanromanische Sprache, das sogenannte Meglenorumänische, ist wie das Istrorumänische vom Aussterben bedroht. Nur noch wenige Bewohner einiger Dörfer an der mazedonisch-griechischen Grenze bei Gevgelija beherrschen das Idiom.

Die Aromunen haben in den Ländern des südlichen und östlichen Balkans, in denen sie leben, einen unterschiedlichen Status. Als eine nationale Minderheit sind sie nur in der Republik Mazedonien anerkannt, und zwar unter dem Namen Vlachen (mazedonisch: Vlasi). Vlachisch ist auch die amtliche Bezeichnung der Sprache. Bei der letzten gültigen Volkszählung von 2002 deklarierten sich 9695 Personen als Vlachen. Aromunische Aktivisten gehen angesichts der weitverbreiteten multiplen Identitäten sowie der vollständigen oder weit fortgeschrittenen Assimilierung von einer weit höheren Zahl aus, von 80 000 bis 100 000. Bekennende Aromunen geben zu bedenken, dass viele Vlachen bei der Volkszählung die Frage nach der nationalen Zugehörigkeit mit »Mazedonier« beantwortet hätten, obschon sie sich als Vlachen fühlten und stolz auf ihre besondere vlachische Herkunft seien. Ob das wirklich so ist, lässt sich natürlich nicht überprüfen.

Wendet man derart schwammige und subjektive Kriterien an, lässt sich die Zahl der Aromunen fast beliebig in die Höhe schrauben. Noch viel weiter gehen die Angaben darüber auseinander, wie viele Aromunen insgesamt in allen Ländern des südlichen und östlichen Balkans leben und wie hoch der Anteil jener ist, die noch fließend Aromunisch sprechen. Da sie in den meisten Ländern nicht als Minderheit anerkannt sind, können sie sich bei den Volkszählungen auch nicht als Aromunen deklarieren. Zweifellos sind sehr viele mehr oder weniger stark assimiliert und betrachten sich nicht als Angehörige einer Minderheit, auch wenn manche eine wie auch immer definierte vlachische Identität bewahrt haben, vielleicht auch nur Reste davon oder Versatzstücke. Die Angaben über die Zahl der Aromunen auf dem südlichen und östlichen Balkan bewegen sich zwischen 100 000 und mehreren Millionen.

In Rumänien gelten die im Lande lebenden Aromunen offiziell als Rumänen. Es sind die Nachfahren jener Aromunen, die in den zwanziger Jahren, angelockt und gefördert von der Bukarester Regierung, aus dem südlichen Balkan nach Rumänien auswanderten. Sie wurden gezielt in jenen Gebieten angesiedelt, die nach dem Ersten Weltkrieg Rumänien zugeschlagen worden waren. Der Anteil der rumänischen Bevölkerung in diesen ethnisch gemischten Regionen sollte dadurch erhöht werden. Rumänien betrachtet sich auch heute noch als kulturelle Heimat aller Vlachen, wo immer diese auf dem Balkan leben, also auch der Istrorumänen im fernen Istrien. Nach Auffassung Bukarests sind das Aromunische, das Istrorumänische und das Meglenorumänische keine eigenständigen Sprachen, sondern rumänische Dialekte. Anderer Meinung sind die meisten Aromunen außerhalb Rumäniens. Über die

Frage, wann ein Dialekt in eine eigenständige Sprache übergeht, welches also die linguistischen Abgrenzungskriterien sind, lässt sich endlos streiten. Ausschlaggebend sind ohnehin meist politische und nicht sprachliche Erwägungen. Aber auch ein Teil der in Rumänien lebenden Aromunen wehrt sich gegen jegliche sprachliche und politische Vereinnahmung. Sie betrachten sich als Angehörige einer eigenen ethnischen Gruppe und nicht als Teil der rumänischen Nation. Als Begründung führen sie unter anderem an, die Ethnogenese der Aromunen liege weiter zurück als jene der Rumänen. Daraus leiten sie ab, dass das aromunische Volk älter sei als das rumänische und ihm deshalb das Recht auf Anerkennung als eine eigene ethnische Gemeinschaft zustehe. Bukarest müsse ihnen, so fordern sie, die gleichen Rechte gewähren wie den andern Minderheiten des Landes. Während in Albanien die Aromunen immerhin als eine kulturelle Minderheit anerkannt sind, betrachtet Athen alle Vlachen – so wie alle »Slawophonen« – als Griechen. Vlachische Identität beschränkt sich in Griechenland weitgehend auf Folklore, auf das Tragen von Trachten und das Singen von Volksliedern.

Die Vlachen waren einst teilweise nomadisierende oder halbnomadisierende Wanderhirten, die mit ihren Schafen und Ziegen weite Gebiete des südlichen Balkans durchstreiften. Von den Sommerweiden zogen sie im Herbst mit ihren Tieren zur Überwinterung in die Ebenen und Küstengebiete vor allem Nordgriechenlands. Im Frühling kehrten sie wieder in die höher gelegenen Gebiete zurück. Wanderhirten ließen sich mit der Zeit dauerhaft in der Nähe von Sommerweiden nieder. Sie wurden Handwerker und Händler. Einige der von Vlachen gegründeten Siedlungen im Epirus, in Mittelalbanien, im Pindos-Gebirge und auch in Mazedonien entwickelten sich allmählich zu größeren Orten, ja in einigen Fällen gar zu eigentlichen städtischen Zentren. Vor allem im 18. Jahrhundert und bis in die Mitte des 19. Jahrhunderts spielten die Aromunen als Fernhändler und Kaufleute eine bedeutende Rolle. Sie transportierten Waren aller Art von Istanbul bis nach Wien oder Venedig, vom östlichen Mittelmeer bis nach Mitteleuropa. Doch nicht nur Vlachen waren ständig unterwegs, sei es als Wanderhirten mit ihren Schafen und Ziegen, sei es als Kaufleute mit ihren Handelskarawanen. Auch Albaner, Torbeschen oder Goraner verließen vor allem im 19. Jahrhundert in großer Zahl im Herbst ihre Familien auf der Suche nach Arbeit und Verdienst. Im Frühling kehrten die saisonalen Wanderarbeiter wieder in ihre Dörfer zurück. Die für das Gebiet des ehemaligen Jugoslawien so charakteristische Arbeitsmigration hat also eine lange Tradition.

Der muslimische Albaner Bajazid Elmaz Doda, der aus einem Dorf in der Region der heutigen westmazedonischen Stadt Debar (albanisch: Dibra) stammte, berichtete in seinen 1914 entstandenen Aufzeichnungen mit einer faszinierenden Nüchternheit und Sachlichkeit ohne jeglichen Anflug von Schwärmerei über das beschwerliche Leben der Bauern im oberen Rekatal, über die harte Arbeit der Wanderhirten und über das Los der Arbeitsmigranten. Er selber hatte als Jugendlicher sein Dorf verlassen, um wie viele andere auch als Wanderarbeiter in Rumänien sein Glück zu versuchen. In Bukarest traf er am 20. November 1906 Franz Baron Nopcsa, einen bekannten ungarischen Albanien-Forscher, der ihn als Privatsekretär einstellte. Doda war damals achtzehn Jahre alt. Aus dem Arbeitsverhältnis wurde schon bald eine Liebesbeziehung. Gemeinsam bereisten die beiden mehrmals die albanischen Siedlungsgebiete, vor allem Teile Nordalbaniens, des Kosovo und Mazedoniens. Im April 1933 beging Baron Nopcsa Suizid, nachdem er kurz zuvor seinen Lebensgefährten erschossen hatte. In einer Mitteilung an die Polizei schrieb er: »Die Ursache meines Selbstmordes ist zerrüttetes Nervensystem. Dass ich auch meinen langjährigen Freund und Sekretär, Herrn Bajazid Elmaz Doda, im Schlafe und ohne dass er es vorausgeahnt hätte, erschossen habe, liegt darin, dass ich ihn krank, elend und ohne Geld nicht auf der Welt zurücklassen wollte, da er dann zu viel gelitten hätte. Ich wünsche verbrannt zu werden.«

Doda bemerkte in seinen Aufzeichnungen, dass sich in seiner Herkunftsregion im oberen Teil des Rekatals schon früh die Sitte eingebürgert habe, in der Fremde sein Geld zu verdienen. Das sei populärer als die Schafzucht, denn es erfordere weniger Anlagekapital. Für die Tätigkeit jener, die ihre Heimat für eine gewisse Zeit verließen, um im Ausland Geld zu verdienen, gibt es in der albanischen Sprache einen eigenen Begriff, den auch Doda verwendet, nämlich »kurbet«. Er entspricht dem türkischen Wort »gurbet«, das »Fremde« bedeutet im Sinn von: »in die Fremde ziehen« oder »fern der Heimat sein«. Die Männer der einzelnen Dörfer schlossen sich jeweils zu Gruppen zusammen, wenn sie sich in die Fremde aufmachten. Das galt insbesondere für Wanderarbeiter, die sich auf gewisse handwerkliche Berufe spezialisierten. Die muslimischen Männer slawischer Herkunft aus den Dörfern der Gora südlich von Prizren, also die Goraner, bevorzugten laut Doda bei ihren »Kurbetgängen« wegen der sprachlichen Nähe Serbien und Bulgarien.

Die meisten »Kurbetgänger« gingen, wie Doda schrieb, nach Konstantinopel, nach Adrianopel (türkisch: Edirne), nach Kleinasien oder nach Bulgarien und Rumänien. Die Reise an die Zielorte beschrieb er wie folgt: »Die nach Bulgarien, Rumänien, Konstantinopel und weiter strebenden Kurbetgänger benützen von Üsküb [heute Skopje] aus die Bahn, und zwar derart, dass einer für ca. 30 türk. Pfund von der Bahnverwaltung einen Lastwaggon mietet und womöglich mehr als die normal zulässige Anzahl von Reisenden in den Waggon aufnimmt, was man leicht durchsetzt, indem man einige jüngere Reisegefährten mit Kleidern, Pelzen u. dgl. bedeckt. Der Waggon wird von der Bahnverwaltung geschlossen und seine Insassen werden unterwegs zwischen Üsküb und Saloniki einmal, und zwischen Saloniki und Konstantinopel ein zweites Mal ins Freie gelassen. Manchmal befinden sich bei einem solchen Massentransport mehrere Waggons in einem Zuge, und dann ist es für die Bahnverwaltung schwer, dafür einzustehen, dass sich die zusammen ausgesetzten Kurbetgänger ordnungsgemäß benehmen. Dass alle Kurbetgänger mit versteckten Revolvern bewaffnet sind, die sehr leicht losgehen, erschwert die Lage natürlich noch mehr.« Laut Doda trachteten alle »Kurbetgänger« danach, bei ihrer Rückkehr Waffen und Munition in ihre Dörfer zu schmuggeln, die sie in Kisten mit doppeltem Boden versteckten: »Der Grund zum Waffenschmuggel war nicht so sehr der Gewinn, den man durch einen solchen Coup zu Hause erzielen konnte, sondern dass gute Waffen sehr geschätzt wurden.« Umgekehrt schmuggelten viele »Kurbetgänger« Tabak nach Kleinasien. Das sei eine »recht ergiebige, freilich ungesetzliche Erwerbsquelle«.

Das bedeutendste städtische Zentrum der Aromunen war Moschopolis (aromunisch: Moscopole; albanisch: Voskopoja) in der Nähe der heutigen südostalbanischen Stadt Korça. Noch immer gerät jeder Aromune ins Schwärmen, wenn im

Gespräch der Name dieser legendären Stadt fällt, die als »aromunisches Jerusalem« besungen wird. Mitte des 18. Jahrhunderts erlebte Moschopolis eine beispiellose wirtschaftliche und kulturelle Blütezeit. Die Kaufleute und Fernhändler verhalfen der Stadt zu Wohlstand. Wie viele Einwohner die weitgehend aromunische Siedlung damals hatte, ist unklar. Wie immer auf dem Balkan, wenn es um Zahlen geht, weichen auch in diesem Fall die Angaben stark voneinander ab. Aromunische Aktivisten, die bei der Beschreibung der einstigen Größe und Bedeutung ihres Volkes zu Übertreibungen neigen, sprechen von 30 000 bis 70 000, nüchterne Geister hingegen von 15 000 bis 20 000 Bewohnern, was in der damaligen Zeit für eine Stadt auf dem Balkan durchaus beachtlich war. Es gab in Moschopolis viele Kirchen, eine Druckerei und sogar eine Akademie, eine Art höhere Schule mit griechischer Unterrichtssprache. Griechisch war im 18. und 19. Jahrhundert auf dem südlichen Balkan nicht nur Liturgiesprache in den orthodoxen Kirchen, sondern auch die Sprache der Händler, der Kaufleute und der Gebildeten. Griechisch diente damals als Lingua franca. Doch in der zweiten Hälfte des 18. Jahrhunderts fand die Blütezeit von Moschopolis ein abruptes Ende. Die Stadt wurde mehrmals von Banden geplündert und 1788 endgültig zerstört, offenbar von Truppen unter dem Befehl von Ali Pascha von Janina, einem Lokalpotentaten albanischer Abstammung im Dienste der Osmanen, der sich später von der Hohen Pforte abwandte und zeitweise über weite Teile des Südwestbalkans herrschte. Ein Teil der aus Moschopolis geflohenen Einwohner ließ sich weiter östlich in Malovište, Nižepole, Gopeš, Bitola und vor allem in Kruševo westlich der heutigen mazedonischen Stadt Prilep nieder. Für die Aromunen wurde Kruševo das zweite Moschopolis.

Die besondere Lebensweise der Aromunen erforderte auch ein hohes Maß an Mobilität und Wendigkeit. Die vlachischen Händler, die sich in verschiedenen Sprach- und Kulturräumen bewegten, waren mehrsprachig und anpassungsfähig. Sie waren flexibel, wenn es um ethnische und nationale Identitäten ging. Daran hat sich bis heute nichts geändert. In der Zeit des nationalen Erwachens auf dem Balkan im 19. Jahrhundert hatten die Aromunen, im Gegensatz zu den meisten andern Völkern Südosteuropas, keine nationalen Ambitionen. Es gab keine Nationalbewegung, keine Versuche, einen eigenen Staat zu bilden, zu weit lagen ihre Siedlungsgebiete auseinander. Solche Ideen kamen höchstens fern der Heimat in der Diaspora auf. Die auf dem südlichen Balkan lebenden Aromunen passten sich ihrer Umgebung an und beteiligten sich an den Befreiungsbewegungen anderer christlich-orthodoxer Völker, welche die osmanische Fremdherrschaft abzuschütteln versuchten. Ausschlaggebend waren für sie, so wie für die slawischen Muslime, konfessionelle Bindungen, nicht sprachliche oder ethnische Kriterien. Im Falle der Aromunen war es die gemeinsame Zugehörigkeit zur griechisch-orthodoxen Kirche. Vlachen beteiligten sich am griechischen Freiheitskampf in den zwanziger Jahren des 19. Jahrhunderts ebenso wie am Ilinden-Aufstand von 1903 in Kruševo, der von türkischen Truppen blutig niedergeschlagen wurde. Wie alle orthodoxen Christen auf dem Gebiet des Osmanischen Reiches waren auch die Vlachen, zumindest bis in die zweite Hälfte des 19. Jahrhunderts, ein Teil des griechisch geprägten Millets Rum, an dessen Spitze der Patriarch von Konstantinopel stand. Im Mai 1905 gestand ihnen der Sultan sogar ein eigenes Millet zu. Damit wurden die Vlachen faktisch als eine eigene ethnische Gemeinschaft anerkannt. Sie erhielten das

Recht auf kulturelle Autonomie. Doch eine eigene vlachische nationale Identität bildete sich auch jetzt nicht heraus, zumal das Osmanische Reich schon bald zusammenbrach. Ein Teil der Vlachen – bezeichnenderweise nicht alle – feiert heute den Tag, an dem sie ein eigenes Millet erhielten, als »nationalen Tag der Aromunen«.

In den letzten Jahrzehnten des 19. Jahrhunderts verschärfte sich die politische Lage im osmanischen Mazedonien, einem der Hauptsiedlungsgebiete der Aromunen. Die ethnisch gemischte Region entwickelte sich zum Zankapfel der drei rivalisierenden Balkanstaaten Serbien, Griechenland und Bulgarien. Entscheidend für das weitere Geschehen war das Jahr 1870. Durch einen Erlass des Sultans wurde gegen den Widerstand des Patriarchats von Konstantinopel das bulgarische Exarchat gegründet. Damit entstand erstmals ein Millet auf ethnischer Grundlage. Die Gottesdienste durften nun in bulgarischer Sprache gefeiert werden. Griechisch war nicht mehr die alleinige Liturgiesprache. Mit Religion hatte dieser Entscheid des Sultans allerdings wenig zu tun. Es ging, wie meist bei Fragen der Religion auf dem Balkan, um Politik. Die Hohe Pforte erhoffte sich vom bulgarischen Exarchat eine Schwächung des griechischen Nationalismus. Bulgarien beanspruchte ebenso wie Griechenland das gesamte osmanische Mazedonien für sich und setzte deshalb alles daran, in der bisher national indifferenten slawischsprachigen Bevölkerung ein bulgarisches Nationalbewusstsein zu wecken. Die Anerkennung des Exarchats durch den Sultan und die damit verbundene Überwindung der kirchlichen und kulturellen Bevormundung durch das Patriarchat von Konstantinopel stärkten die bulgarische Nationalbewegung und festigten die nationale Identität.

Der Patriarch von Konstantinopel verweigerte der unabhängigen bulgarischen Nationalkirche die Anerkennung. Er erklärte sie für schismatisch und exkommunizierte deren Mitglieder. Er hatte Konkurrenz erhalten, und diese verfügte erst noch über eine gewichtige Trumpfkarte: die bulgarische Sprache. Die slawische Landbevölkerung Mazedoniens geriet zunehmend in den Sog des bulgarischen Exarchats, während das Patriarchat an Einfluss verlor. Doch der Patriarch gab sich nicht geschlagen. Die Folge war ein erbittert geführtes griechisch-bulgarisches Ringen um die kirchliche Zugehörigkeit der slawischen Dorfbewohner Mazedoniens, an dem sich auch Rumänien und Serbien beteiligten. Bei diesem Wettstreit um den Besitz der Seelen ging es vor allem um nationale Zuordnungen und damit um die Schaffung politischer Einflussgebiete sowie die Legitimierung territorialer Ansprüche. Das Patriarchat und das Exarchat wurden zu nationalen griechischen und bulgarischen Institutionen. An vorderster Front standen Geistliche und Lehrer, die ihre Aufgabe vor allem darin sahen, den verarmten, des Schreibens und Lesens meist unkundigen, national indifferenten Dorfbewohnern eine bulgarische oder eine griechische Identität überzustülpen. Wer sich um 1900 zum Ökumenischen Patriarchat von Konstantinopel bekannte, galt als Grieche, wer sich dem Exarchat anschloss, als Bulgare, und wer sich auf die Seite der rumänischen Kirche schlug, als Rumäne. Aus der kirchlichen Zugehörigkeit wurde die ethnische abgeleitet, die traditionell konfessionell definierten Identitäten wandelten sich zu nationalen. Diese enge Verflechtung von christlich-orthodoxer Religion und Nation prägt den Balkan bis heute.

Die Bewohner mazedonischer Dörfer, die sich über Jahrhunderte als orthodoxe Christen verstanden und denen jegliche ethnische oder nationale Zuordnung fremd war, wurden auf diese Weise Bulgaren, Griechen, Serben oder Rumänen – zumindest in den Augen jener, die ihnen diese Identitäten aufdrängten. So konnte beispielsweise ein christlich-orthodoxer Albaner, dessen Dorfkirche dem bulgarischen Exarchat unterstellt war, zu einem »Bulgaren« werden, oder ein slawischer Dorfbewohner, der sich zum Patriarchat bekannte, zu einem »Griechen«. Der kirchenpolitische Kampf nahm gegen Ende des 19. Jahrhunderts immer gewaltsamere und brutalere Formen an. Nach den Priestern und Lehrern kamen bewaffnete griechische und bulgarische Banden und irreguläre Milizen in die Dörfer. Sie zwangen die Bewohner mit Waffengewalt, sich dem Patriarchat von Konstantinopel oder dem bulgarischen Exarchat anzuschließen. Das »richtige« nationale Bekenntnis konnte zu einer Frage von Leben und Tod werden.

Das Ringen um die kirchliche und nationale Zugehörigkeit erfasste auch die Aromunen. Schon in den sechziger und siebziger Jahren des 19. Jahrhunderts waren im osmanischen Mazedonien rumänischsprachige Schulen gegründet worden. Sie wurden von Bukarest finanziert und gefördert. Die orthodoxe Kirche Rumäniens, die seit der Vereinigung der Fürstentümer Moldau und Walachei 1859 nach kirchlicher Unabhängigkeit strebte, erklärte sich 1885 für autokephal, also für selbständig. Insgesamt soll es um 1900 in den aromunischen Siedlungen des südlichen Balkans rund hundert rumänische Schulen gegeben haben. Die Lehrer waren in den meisten Fällen in Rumänien ausgebildete Aromunen. Unterrichtssprache war aber Rumänisch, nicht Aromunisch. Rumänien wollte nicht das Aromunische fördern, sondern die Aromunen rumänisieren. Das Ziel der rumänischen Schulen war offensichtlich: Den sprachlich verwandten Aromunen sollte ein rumänisches Nationalbewusstsein eingeimpft werden, auch wenn Rumänien – anders als Griechenland, Bulgarien und Serbien – aus geografischen Gründen keine Chance hatte, sein Staatsterritorium um Gebiete im südlichen Balkan zu erweitern. Rumänien hatte keine gemeinsame Grenze mit dem osmanischen Mazedonien. Die rumänischen Bemühungen stießen vor allem bei jenen Vlachen auf heftigen Widerstand, die in größeren Siedlungen und in Städten lebten. Diese blieben beim Patriarchat von Konstantinopel. Sie fühlten sich als Griechen und waren stolz darauf, dem hellenischen Kulturkreis anzugehören. Die griechische Identität erhöhte ihr soziales Prestige. Sie unterstützten sogar die griechischen Bemühungen, ein neues Byzantinisches Reich mit Konstantinopel als Hauptstadt zu errichten. Dieser Richtungsstreit – rumänische Kirche oder Patriarchat von Konstantinopel und damit verbunden rumänische oder griechische Orientierung – spaltet die aromunischen Aktivisten bis heute.

Im Winter 1903/04 reiste der britische Journalist Henry Noel Brailsford (1873 bis 1958) fünf Monate lang durch das osmanische Mazedonien. Er war zuvor Auslandkorrespondent des *Manchester Guardian* gewesen und galt als Balkanexperte. Seine Eindrücke hielt er in dem 1906 in London erschienenen bemerkenswerten Buch *Macedonia. Its races and their future* fest. Nach seinen Schätzungen lebten damals in Mazedonien 200 000 Vlachen, was rund zehn Prozent der Gesamtbevölkerung ausmachte. Die Herkunft der Aromunen bezeichnete Brailsford als eines der schwierigsten ethnografischen Probleme des Balkans. Das liege daran, dass die Gelehrten, die sich mit dieser Frage befassten, Anhänger unterschiedlicher nationalistischer Ideen seien, und es ihnen darum gehe, die territorialen Ansprüche jener Nation zu rechtfertigen, der sie angehörten. Daran hat sich bis heute nicht viel geändert. Die Rumänen betrachteten, wie Brailsford festhielt, alle Vlachen als Rumänen, für die Griechen waren alle Aromunen Griechen. Wörtlich schrieb er: »Kein anderes Volk auf dem Balkan ist so mysteriös und so individuell wie die Vlachen. Sie suchen Zuflucht in der griechischen Kirche, eignen sich die griechische Kultur wie eine Verkleidung an und bedienen sich der hellenistischen Idee.« Nur selten treffe man einen Vlachen, der nicht mehr oder weniger fließend Griechisch spreche. Zu Hause aber lebe das – wie er es nannte – lateinische Idiom weiter: »Während sich die Männer als Griechen fühlen, bewahren die Frauen die vlachische Sprache und die alten Traditionen.« Angesichts ihrer speziellen Berufe, ihrer Lebensgewohnheiten und ihrer Denkweise bildeten die Vlachen nach Ansicht Brailsfords eine eigene Nation. Er betonte, dass sich kein einziges größeres und reicheres vlachisches Dorf im osmanischen Mazedonien vom Hellenismus abgewandt habe. Er bezeichnete die Aromunen als eine Bastion des Hellenismus.

Der britische Journalist hatte sich allerdings nicht in den südlichen Balkan aufgemacht, um die Geschichte und die Kultur der Vlachen zu erforschen. Er reiste vielmehr im Auftrag eines britischen Hilfswerks. Seine Aufgabe bestand darin, eine Liste von dringend benötigten Hilfsgütern für die obdachlose Landbevölkerung zu erstellen. Türkische Truppen hatten mit großer Brutalität den Aufstand der christlichen Bevölkerung niedergeschlagen, der am 2. August 1903 in Kruševo ausgebrochen war, das damals zum osmanischen Vilayet Monastir (Bitola) gehörte. Viele slawische und vlachische

Siedlungen in der Region waren verwüstet worden. In der Einleitung seines Buches, das einen einzigartigen Einblick in das Leben der Christen in den Dörfern im osmanischen Mazedonien gibt, beschrieb Brailsford die großen Zerstörungen, die bei der Umsetzung nationalstaatlicher Konzepte angerichtet worden waren. Die nationale Idee habe viel Unheil über die ganze Region gebracht und dazu gedient, Mord und Gewalt zu rechtfertigen. Sie habe die Religion »vergiftet und säkularisiert«. Die Slawen bezeichnete er in seinem Buch als Bulgaren, wie das in jener Zeit üblich war. Mazedonien, das er »das Land der Dörfer« nannte, war für ihn nur ein geografischer Begriff. Auch das Wort »Türke« hatte in jener Zeit, wie Brailsford betonte, noch keine ethnische Bedeutung, ebenso wenig wie der Ausdruck »Grieche«.

Wie kaum ein anderer Zeitgenosse lernte Brailsford die unermessliche Not und das Elend der christlichen Landbevölkerung kennen. In eindringlichen Bildern beschrieb er die Misswirtschaft, die Willkür der türkischen Beamten und der muslimischen Landbesitzer, welche die rechtlosen Bauern auspressten und wie Sklaven hielten. Die Christen durften, anders als die Muslime, keine Waffen tragen, und so konnten sie sich gegen Übergriffe auch nicht verteidigen. Die Straßen waren unsicher. Überall trieben Räuberbanden ihr Unwesen. Die Kirchen waren für die christlichen Bauern, wie Brailsford betonte, der einzige Freiraum. In jedem Dorf, und sei es noch so arm, stehe ein Gotteshaus oder zumindest eine Kapelle. Die Zerstörung einer Kirche treffe die Bewohner noch mehr als der Verlust ihrer armseligen Behausungen. Priester und Bischöfe, ob sie im Dienste des Patriarchen von Konstantinopel oder des bulgarischen Exarchats standen, hatten laut Brailsford kaum Interesse an religiöser Unterweisung oder an der Verbesserung der tristen Lebensverhältnisse der Bauern. Sie hatten eine patriotische Mission zu erfüllen: »Ihre Aufgabe ist die Propaganda.«

Aufschlussreich für das Thema dieses Buches sind vor allem jene Passagen, in denen Brailsford beschrieb, nach welchen Kriterien sich Dorfbewohner entschieden, beim Patriarchat von Konstantinopel zu verbleiben, und welches die Gründe waren, die andere dazu bewogen, sich der rumänischen Kirche oder dem bulgarischen Exarchat anzuschließen. Wenn man schon ein eindeutiges Bekenntnis von ihnen verlangte, sollte wenigstens etwas für sie herausspringen. Im Ringen um ihre Seelen schlugen sie sich auf jene Seite, die ihnen am meisten Vorteile brachte, falls sie denn überhaupt eine Wahl hatten. Im Vordergrund standen materielle Interessen, nicht religiöse Erwägungen, zumal ja in allen orthodoxen Kirchen die Liturgie nach dem gleichen byzantinischen Ritus gefeiert wurde. Unterschiedlich war einzig die Sprache.

Brailsford führte eine Reihe von Beispielen für diesen, wie er sich ausdrückte, »Opportunismus aus Notwendigkeit« an. So sprach er in Monastir mit einem wohlhabenden Bauern aus einem der umliegenden Dörfer. Dieser war in die Stadt gekommen, um Waren auf dem Markt zu kaufen. Der Bauer sprach gut Griechisch, aber mit einem Akzent: »Leben Sie in einem griechischen oder in einem bulgarischen Dorf?«, wollte Brailsford von ihm wissen. Die Antwort verblüffte ihn: »Es ist nun bulgarisch, aber vor vier Jahren war es griechisch.« Wie kann das sein? Was war geschehen? Der Bauer erklärte den kollektiven Identitätswechsel: Sie seien zwar arme Leute, aber sie wollten eine eigene Schule und einen eigenen Priester, der sich um sie kümmerte. Sie hatten einen griechischen Lehrer, dem gaben sie fünf Pfund pro Jahr und Verpflegung, der griechische Konsul in Monastir gab ihm weitere fünf Pfund. Doch sie mussten den Priester, der unzuverlässig war, mit den Bewohnern anderer Dörfer teilen. Also beklagten sie sich beim griechischen Bischof in Monastir, doch dieser unternahm nichts. Die Bulgaren bekamen Wind davon, sie kamen in das Dorf und machten ihnen ein Angebot. Sie würden ihnen einen Priester geben, der im Dorf lebt, und einen Lehrer, den die Dorfbewohner nicht selber bezahlen müssen. Und so seien sie eben Bulgaren geworden. Doch ein bulgarisches Dorf konnte schnell wieder ein griechisches sein und ein griechisches ein bulgarisches. Brailsford schrieb dazu: »Wenn ein Bischof die Dorfbewohner eingeschüchtert und dazu gezwungen hat, sich dem Patriarchat von Konstantinopel anzuschließen, so ist es immer möglich, dass daraufhin eine bewaffnete bulgarische Bande ins Dorf kommt und den Bewohnern droht, alle Häuser anzuzünden, sollten sie nicht zum bulgarischen Exarchat zurückkehren.« Brailsford sprach von einer »Herrschaft des Terrors« in Zentralmazedonien.

Nicht anders verhielten sich die Aromunen. Auch sie schlugen sich auf die Seite jener, von denen sie sich am meisten Vorteile erhofften. Das jedenfalls schrieb Brailsford. Solange die Griechen die unumstrittene Führung unter den orthodoxen Christen des Osmanischen Reiches gehabt hätten, sei es im Interesse der in weit verstreuten Siedlungen lebenden Vlachen gewesen, unter dem »griechischen Namen Schutz zu suchen«. Doch die Zweifel an der Richtigkeit dieser Entscheidung waren laut Brailsford angesichts des inneren Zustands Griechenlands immer größer geworden. Die griechische Armee sei schwach, die Wiederherstellung des Byzantinischen Reiches rücke in immer weitere Ferne. Die bulgarische Befreiungsbewegung hingegen habe an Stärke gewonnen. Ihr galt denn auch Brailfords Sympathie. Das Ziel der Bulgaren sei die Autonomie Mazedoniens, die Griechen und die Serben hingegen wollten die gesamte Region annektieren. Hinter der Befreiungsbewegung stehe Bulgarien und hinter Bulgarien das große Russland, das sich als Schutzmacht der christlichen Balkanvölker verstehe.

Brailsford sprach auch von einer verstärkten rumänischen Propaganda: »Ganze Dörfer wurden bestochen, damit sich die Bewohner als Rumänen deklarieren, und da und dort begannen Priester, die Messe in Rumänisch zu lesen« – zur Freude der Türken, denen die Spaltung der Christen entgegenkam. Doch Priester, die es wagten, die Liturgie in Rumänisch statt in Griechisch zu feiern, seien vom Patriarchen exkommuniziert worden. Zu Beginn hatten die Rumänen keinen Erfolg, wie Brailsford schrieb. An den rumänischen Schulen habe es mehr Lehrer als Schüler gegeben. Doch das habe sich im Laufe der Zeit geändert. Er sah den Grund darin, dass sich Griechenland als ein immer schwächerer Beschützer erwies, und Rumänien höhere Geldsummen einsetzte. Bestechung sei im Kampf um die Seelen ohnehin das wirksamste Mittel, stellte Brailsford nüchtern fest. Er zitierte einen französischen Konsul in Monastir, der gesagt haben soll, mit einer Million Francs könne er alle Bewohner Mazedoniens zu Franzosen machen. Er würde ihnen erzählen, sie seien Nachfahren französischer Kreuzritter, die im 12. Jahrhundert Saloniki erobert hätten: »Alles andere bewirkt das Geld.« Ein von Brailsford zitierter Ladenbesitzer in einem aromunischen Dorf meinte: »Griechenland hat keine Armee, Rumänien ist weit weg, und Bulgarien hat beides, es ist nahe, und es ist mächtig.« Das sei der Grund, warum er nun ein Bulgare sein wolle, auch wenn er kein Bulgarisch spreche und kein Slawe sei.

Dimo Dimčev ist ein leidenschaftlicher Kämpfer für die Sache seines Volkes. Sein aromunischer Name lautet Dina Cuvata. Im Gespräch im Juni 2015 in Skopje sagt er, die Kommunisten hätten ihm nach dem Zweiten Weltkrieg den mazedonischen Namen, Dimo Dimčev, aufgezwungen. Damals änderten tatsächlich viele Aromunen ihre Vor- und Familiennamen, oder sie wurden von den Behörden geändert. Der neue Name hatte oft, wie im Falle von Dina Cuvata, keine Ähnlichkeit mit dem alten. Andere aromunische Nachnamen hingegen wurden nur mit den für die mazedonische Sprache charakteristischen Suffixen -ov/-ova, -ovski/-ovska, -oski/-oska versehen. Der Unterschied zwischen dem alten und dem neuen Namen war in diesem Fall gering. In gewissen Gegenden Mazedoniens soll nach dem Zweiten Weltkrieg tatsächlich Druck auf die Vlachen ausgeübt worden sein, den Namen zu ändern. Allerdings gab es kein Gesetz und kein Dekret, das dies ausdrücklich verlangt hätte. Das Vorgehen der mazedonischen Behörden nach dem Zweiten Weltkrieg kann also nicht mit jenem der Kommunisten in Bulgarien in den sechziger, siebziger und achtziger Jahren verglichen werden, die im Zuge ihrer Assimilierungspolitik den Pomaken und später sogar den ethnischen Türken bulgarisch-slawische Namen verordnet haben. Aromunen in Skopje sprechen im Falle Mazedoniens von einer Politik der stillen und gewaltlosen Assimilierung, obschon etwa in Bitola oder Kruševo, wo der Anteil der Vlachen an der Gesamtbevölkerung vergleichsweise hoch war, weiterhin auch im Umgang mit Behörden und Ämtern Familiennamen ohne die mazedonischen Suffixe verwendet wurden.

In vielen Fällen fanden sich die neuen Namen nur in offiziellen Dokumenten, in den Dörfern und im Kreis ihrer Familie benutzten viele Vlachen weiterhin ihre alten Namen. In den sechziger und siebziger Jahren gaben vlachische Eltern ihren Kindern vermehrt mazedonische oder auch serbische Vornamen, etwa Gordana, Liljana, Blagica, Valentina, Nataša, Goran, Dejan. Sie wollten damit verhindern, dass ihre Kinder in der Schule ausgelacht werden. Andere wiederum, die Wert auf ihre vlachische Herkunft legten, bevorzugten Vornamen wie Michajlo, Nikola, Marija oder Elena, die in beiden Sprachen gebräuchlich waren. Es soll in jener Zeit aber auch vorgekommen sein, dass in den Gemeindebüros, in denen Neugeborene registriert werden mussten, aromunische Vornamen ohne das Einverständnis der Eltern zu ähnlich klingenden slawisch-mazedonischen Namen abgeändert wurden, etwa Iana zu Stojanka, Santo zu Sande, Mihali zu Michajlo, Steria zu Šterjo, Nasi zu Atanas oder Mita zu Dimitar.

Als Mazedonien 1991 unabhängig wurde, hatten die Aromunen – wie die Pomaken in Bulgarien – die Möglichkeit, zu ihren alten vlachischen Namen zurückzukehren und diese auch in offiziellen Dokumenten zu verwenden. Von diesem Recht machte offenbar nur eine Minderheit Gebrauch. Die meisten hatten sich an die neuen Namen gewöhnt. Andere waren weitgehend oder vollständig assimiliert. Sie fühlten sich in erster Linie als Mazedonier, und ein aromunischer Name war für sie nicht wichtig. Das hinderte allerdings in jüngster Zeit manche nicht daran, vlachische Namen im Sinne einer privaten Identität in ihrem Profil auf Twitter oder Facebook zu verwenden. Der Umgang der mazedonischen Aromunen mit ihren Namen ist meist pragmatisch, unverkrampft, ja spielerisch und frei von ideologischen oder politischen Verrenkungen. Eine mazedonische Aromunin sagt im Gespräch, sie habe 1992 in Skopje den Antrag gestellt, den aromunischen Familiennamen ihres Großvaters anzunehmen. Sie war die Einzige in ihrer Familie, die sich dazu entschlossen hatte. Sie betont, sie habe keine Probleme gehabt, niemand habe sie nach den Gründen für ihre Entscheidung gefragt. Allerdings habe sie mehrere Monate warten müssen, bis eine Antwort auf ihr Gesuch eingetroffen sei. Auch seien nur die Geburtsurkunde und der Personalausweis geändert worden. In ihrem Universitätsdiplom stehe nach wie vor ihr alter Name, was ihr immer wieder Probleme bereite. Andere allerdings betonen, die Rückkehr zu den alten Namen sei ein bürokratischer Hindernislauf gewesen.

Dina Cuvata arbeitet seit vielen Jahren beim staatlichen mazedonischen Radio. Seit 1991 wird jeden Tag während dreißig Minuten eine Sendung in aromunischer Sprache ausgestrahlt. Außerdem sendet das Fernsehen drei Mal pro Woche je eine halbe Stunde in Aromunisch. Davon können die Aromunen in Griechenland nur träumen. Dennoch ist Dina Cuvata unzufrieden. Es treffe zwar zu, dass die Aromunen in Mazedonien offiziell als Minderheit anerkannt werden. Dennoch sei ihre Lage schlecht, »mehr als schlecht«, wie er hinzufügt. Weitergehende Minderheitenrechte hätten die Vlachen nur auf dem Papier, die Realität sehe ganz anders aus: »Wir haben nichts von einer offiziellen Anerkennung, der Staat tut nichts für die Aromunen, er interessiert sich nicht für uns.« Dann folgt eine lange Liste von Klagen: Zwar bestehe in der Grundschule auf freiwilliger Basis die Möglichkeit, die aromunische Sprache zu lernen, nicht aber in der Mittelschule und schon gar nicht an den Universitäten. Aromunisch sei, anders als Mazedonisch, Albanisch oder Türkisch, in Mazedonien keine Unterrichtssprache. Nach Ansicht von Cuvata ist das nicht gerechtfertigt. Es erschienen zwar Schriften in aromunischer Sprache, doch seit 2010 sei kein einziges Buch mehr veröffentlicht worden, das der Staat finanziell unterstützt habe. Das allerdings stellen andere Aromunen in Abrede. Die Vlachen, so klagt Cuvata weiter, erhielten vom Staat fast kein Geld für die Förderung der eigenen Sprache und Kultur. Auch hätten sie keine Möglichkeit, der Liturgie in ihrer Muttersprache beizuwohnen, denn in der orthodoxen Kirche des Landes dürfe der Gottesdienst nur in Mazedonisch abgehalten werden. Und voll Bitterkeit fügt er hinzu, das sei unter den Osmanen besser gewesen. Die Vlachen hätten zu jener Zeit den Gottesdienst in ihrer Muttersprache feiern dürfen. Die Hohe Pforte habe das zugelassen: »Jetzt haben wir eine christliche Regierung, und es ist nicht mehr erlaubt.«

Nach Ansicht Cuvatas leben allein in Mazedonien 90 000 bis 100 000 Aromunen, was die Zahl jener, die sich bei der Volkszählung von 2002 als Vlachen bezeichneten, weit übersteigt. Cuvata weigert sich denn auch, das Ergebnis des Zensus anzuerkennen. Zugleich aber räumt er ein, dass viele Aromunen im Laufe des Assimilierungsprozesses ihre eigene Sprache vergessen hätten. Für Vlachen, die an ihrer Identität festhielten, sei es noch schwieriger als für die slawischen Mazedonier, eine Arbeit zu finden. Mag die heutige Situation noch so trist sein, die Vlachen sind, wie Cuvata betont, ein großes Volk. Er nennt imposante Zahlen, die das belegen sollen: Zu den 90 000 bis 100 000 Vlachen in Mazedonien kommen 2,5 Millionen in Griechenland, 800 000 in Albanien, 35 000 in Serbien und 15 000 in Bulgarien. Im Nordwesten Griechenlands sei die Zahl der Aromunen sogar höher als jene der Griechen. Für ihn und andere aromunische Aktivisten ist fast jeder, der es im Laufe der Jahrhunderte auf dem Balkan zu etwas gebracht hat, ein Vlache oder zumindest vlachischer Herkunft. Aus ihrer Sicht ist das aromunische Volk zudem eines der ältesten auf dem Balkan, wenn nicht gar das älteste, viel älter jedenfalls als die Slawen. Seine Wurzeln verortet er im antiken Mazedonien, und so wird Alexander der Große auch noch zum Vorfahren der Aromunen. Griechen, Mazedonier und die vielen anderen, die den Heerführer für sich beanspruchen, haben also Konkurrenz erhalten. Je marginalisierter eine Ethnie ist, je machtloser sie sich fühlt, je diffuser und instabiler ihre Identität ist, desto weiter zurück wird die Herkunft verlegt, desto tollkühner sind die Theorien zur Ethnogenese, desto unkontrollierter überwuchern Mythen historische Fakten, und desto mehr wird die eigene Geschichte verklärt und überhöht. Das ist überall auf dem Balkan so.

Cuvata beklagt sich bitter darüber, dass sich niemand, weder auf dem Balkan noch in der westlichen Welt, für das aromunische Volk interessiere, dem im Lauf der Geschichte viel Unrecht angetan worden sei. Die Albaner Mazedoniens hätten die eingeforderten Rechte nach einem bewaffneten Aufstand 2001 erhalten, »und nun sind sie überall«. Die Frage, die sich stelle, lautet: »Wer befreit uns von den Albanern?« Der Westen habe die Albaner unterstützt, obschon sie Muslime seien, ereifert sich Cuvata. Doch für die christlichen Aromunen setze sich niemand ein. »Wir aber haben nie etwas von europäischen Institutionen bekommen. Müssen wir denn Muslime sein, damit sich Europa für uns interessiert?« Cuvata bezeichnete in einem früheren Gespräch im Jahre 2003 die Grenzziehungen nach den Balkankriegen von 1912/13 als »Genozid« an seinem Volk, der in Albanien und in Griechenland noch immer weitergehe. Westeuropa müsse Druck auf die beiden Länder ausüben und sie dazu zwingen, die Aromunen als nationale Minderheit anzuerkennen. Doch das wolle niemand, denn dann würde sich zeigen, wie groß der wirkliche Anteil der Vlachen an der Gesamtbevölkerung Griechenlands und Albaniens sei.

Aus der Sicht Cuvatas und anderer Aktivisten wird die Bedeutung des aromunischen Volkes in der mazedonischen Historiografie und auch in jener der andern Balkanstaaten absichtlich heruntergespielt oder gar verschwiegen. Niemand wage es, so lautet die Begründung, die wahre Geschichte der Vlachen zu schreiben, denn es gebe kein einziges Volk auf dem südlichen Balkan, dessen Geschichte nicht zur Hälfte jene der Vlachen sei. Cuvata legte beim Gespräch 2003 zur Illustration eine Karte aus dem Jahre 1917 auf den Tisch, in der die von ihm als aromunisch bezeichneten Territorien eingerahmt waren: Teile Nordgriechenlands und Albaniens sowie Gebiete, die zur Republik Mazedonien gehören. »Das alles ist unser Territorium«, sagte er und fügte hinzu: »Die Karte gilt noch heute.« Damals forderte Cuvata noch lokale Selbstverwaltung oder gar einen autonomen Status als ersten Schritt auf dem Weg zur Bildung eines eigenen Staates der Vlachen, der »Republik Pindos«, die weite Gebiete des südlichen Balkans umfassen sollte. Beim Gespräch im Juni 2015 war das kein Thema mehr. Allerdings betonte einer seiner Begleiter, die Bildung eines eigenen Staates sei noch immer das Ziel der Vlachen. Schließlich hätten sie schon einmal einen solchen gehabt. Gemeint ist das »Fürstentum Pindos« mit der Hauptstadt Metsovo, das eine dubiose Gruppe aromunischer Nationalisten in den frühen vierziger Jahren unter dem Schutz der italienischen Besatzungsmacht proklamiert hatte. Doch es war von Anfang an eine Totgeburt. Es irritiert, wenn ein Verfechter der Rechte des aromunischen Volkes an diese düstere Episode anknüpft und allen Ernstes behauptet, die Vlachen hätten heute einen eigenen Staat, wenn das faschistische Italien als Sieger aus dem Zweiten Weltkrieg hervorgegangen wäre.

Der Aromune Mitko Kostov ist Chef der Partei der Vlachen Mazedoniens. Er betont im Gespräch 2015 in Skopje, dass er sich seit drei Jahrzehnten für die Rechte der vlachischen Minderheit einsetze. Anders als Cuvata kommt er aber zum Schluss, dass sich die Situation der Aromunen in den letzten Jahren deutlich verbessert hat und die mazedonische Regierung mehr für die Minderheit tut als früher. Sie stelle den aromunischen Organisationen mehr Geld zur Verfügung. Seit einigen Jahren seien die Vlachen auch besser in den staatlichen und lokalen Institutionen vertreten. Wie Cuvata hat auch Kostov noch einen vlachischen Vor- und Familiennamen, nämlich Mita Papuli. Doch er wollte seinen mazedonischen Namen behalten, als er die Möglichkeit gehabt hätte, den alten zurückzufordern. Als Begründung führt er an, der bürokratische Aufwand wäre viel zu groß gewesen, hätte er doch alle Dokumente ändern lassen müssen. Seine Gegner im Lager der Aromunen haben allerdings eine andere Erklärung. Sie sprechen von politischem Opportunismus. Wie Kostov betont, tragen seine vier Söhne den vlachischen Familiennamen Papuli, und sie alle haben griechische Vornamen. Kostov legt besonderen Wert auf die Feststellung, dass er zu Hause mit ihnen auch Aromunisch spricht.

Der vlachische Politiker unterstreicht die Bedeutung der Zusammenarbeit mit den Aromunen in den andern Balkanländern. Nur so könnten die vom Untergang bedrohte Sprache und Kultur revitalisiert und zu neuem Leben erweckt werden. Dafür müsse man aber noch viel mehr tun. Die Aromunen müssten aktiver werden. Er fordert die Gründung eines aromunischen Kulturzentrums. Wie Cuvata betont auch Kostov mit viel Pathos, dass die Vlachen ein autochthones Volk mit einer zweitausendjährigen Kultur seien. Sie hätten vor allen andern Völkern auf dem Balkan gelebt. Trotzdem sei ihnen ein eigener Staat verwehrt worden, was er als ein historisches Unrecht empfindet. Dabei hätten die Aromunen den Balkanvölkern in selbstloser Weise geholfen, die türkische Fremdherrschaft abzuschütteln: »Wir vergossen viel Blut für sie, doch sie haben das vergessen.« Er verweist auf den Friedensvertrag von Bukarest vom August 1913, der den Zweiten Balkankrieg beendete. Die in die Vereinbarung unter Druck Rumäniens aufgenommene Bestimmung, wonach die aromunischen Schulen nicht angetastet werden dürften, sei missachtet worden. Belgrad habe nach dem Ersten Weltkrieg, als Vardar-Mazedonien ein Teil Serbiens wurde, alle aromunischen Schulen sogleich geschlossen.

Cuvata und Kostov sind seit vielen Jahren politische Rivalen. Sie arbeiten oft gegeneinander, auch wenn Kostov beteuert, die Auseinandersetzungen gehörten der Vergangenheit an, und Cuvata auf »äußere Mächte« hinweist, die es darauf abgesehen hätten, sie zu entzweien und die Aromunen zu schwächen. Unterschiedliche Vorstellungen darüber, was getan werden müsste, um die rechtliche Lage der Vlachen überall auf dem Balkan zu verbessern, haben auch die Vertreter der vielen aromunischen Organisationen aus den Ländern Südosteuropas, in denen Vlachen leben. Sie sind ebenso zerstritten wie Cuvata und Kostov. Zweifellos wären grenzüberschreitende Maßnahmen dringend notwendig, will man erreichen, dass die Pflege des vlachischen Erbes über das Singen von Liedern und das Tragen von Trachten hinausgeht. Die Lage ist ernst. Dennoch verzetteln die Aromunen immer wieder lustvoll ihre Kräfte auf Nebenschauplätzen. Ein Beispiel dafür ist der für Außenstehende bizarr anmutende Streit um den Laut »o«. Die Aromunen nennen sich in ihrer eigenen Sprache Armãnj (Singular: Armãn) oder Rrimenj (Singular: Rrimen). Im deutschen Wort »Aromunen«, das der Balkanologe Gustav Weigand Ende des 19. Jahrhunderts in den wissenschaftlichen Betrieb eingeführt hat, taucht – ebenso wie im Englischen (Aromanians) – der Vokal »o« auf, der in der Eigenbezeichnung fehlt. Dieser findet sich auch im Rumänischen (Aromâni, Singular: Aromân). Das ist keineswegs eine Spitzfindigkeit oder eine Lappalie, über die man getrost hinwegsehen könnte, ganz im Gegenteil: Jene Aromunen, die nichts mit Rumänien zu tun haben wollen und sich über die Rumänisierung der Aromunen beklagen, verlangen die Beseitigung des Vokals »o«. Doch wie soll man die Aromunen auf Deutsch nennen? Armunen, Armanen oder gar Armani?

Zwar wurde vor Jahren nach heftigen Kontroversen ein Rat der Aromunen gegründet, der länderübergreifende Initiativen koordinieren soll. Auch will er einen Beitrag dazu leisten, dass die Aromunen, wo immer sie auf dem Balkan leben, als eine eigene Minderheit anerkannt werden. Gefordert wird zudem die Umsetzung der Empfehlungen des Europarats zur Förderung der aromunischen Sprache und Kultur aus dem Jahre 1997. Kenner der aufgesplitterten und unübersichtlichen aromunischen Szene meinen allerdings, der Rat sei kein effizientes Gremium, sondern eher ein Club von Freunden, der angesichts der vielen internen Differenzen wenig bewirken könne.

Zweifellos geht die Zahl jener, welche die aromunische Sprache einigermaßen fließend beherrschen, auch in Mazedonien stetig zurück. Seit Ende der neunziger Jahre existiert zwar eine kodifizierte Schriftsprache, die offenbar auch über die Grenzen Mazedoniens hinaus von vielen Aromunen akzeptiert wird. Zudem erscheinen in Mazedonien Bücher, Broschüren und Zeitschriften in vlachischer Sprache. In einigen Grundschulen wird Aromunisch als Wahlfach angeboten. Vorgesehen sind zwei Stunden pro Woche. Anders als früher werden auch Noten verteilt, die für das Zeugnis zählen. Das bedeutet zweifellos eine Aufwertung des Fachs. Laut Kostov werden die Aromunisch-Lehrer vom Bildungsministerium bezahlt. Eine ganz andere Frage allerdings ist, ob sich überhaupt genügend Schüler dafür interessieren. Viele wollen lieber Englisch lernen. Aromunisch bringe keinen ökonomischen Nutzen, meint ein junger Vlache in Bitola: »Wozu soll man diese sterbende Sprache lernen und Energien verschwenden?« Die Aromunin, die 1992 in Skopje ihren Namen geändert hat und stolz auf ihre vlachische Identität ist, bringt das Problem auf den Punkt: »Die Aromunen nutzen ihre Rechte und Möglichkeiten nicht wirklich. Es fehlt der Wille dazu.« Notwendig sei eine umfassende Strategie zur Revitalisierung der Sprache, doch darüber denke niemand nach. Die größte Gefahr für das Aromunische in Mazedonien geht in der Tat von den Sprechern selber aus. Wenn sich junge Aromunen schämen, Vlachisch zu sprechen, und die Sprache als überflüssig betrachten, dann ist sie tatsächlich dem Untergang geweiht.

Die Fahrt von Bitola nach Kruševo, dem Zentrum der Aromunen Mazedoniens, führt durch eine liebliche Landschaft. Blumen in allen Farben säumen den Straßenrand. Hügel, Wiesen, Wälder und Büsche prägen das Bild. Nach rund vierzig Kilometern windet sich die gut ausgebaute Straße einen Berghang hinauf – und plötzlich, nach zwölf Kilometern, taucht in der menschenleeren Landschaft hinter einer Biegung, wie in einem abrupten Filmschnitt, ein Häusermeer auf. Die Überraschung ist groß. Die Stadt, die auf 1350 Metern über Meer liegt, scheint am Hügel festgeklebt zu sein. Die meist mehrstöckigen Häuser stehen alle für sich allein, sie sind hier nirgends zusammengebaut. Einige sind unbewohnt und bereits halb oder ganz zerfallen. Bemerkenswert sind die alten und großen, teilweise schön renovierten vlachischen Häuser mit den Familienwappen und den schönen Dekorationen in blauer Farbe auf den Fassaden, die etwas vom Glanz, vom Reichtum und von der Bedeutung erahnen lassen, die dieser Ort früher einmal gehabt haben muss.

Wir treffen Niko Berberu. Er ist ein Aromune aus Kruševo, arbeitet aber in der Hauptstadt Skopje. Wann immer er Zeit hat, kehrt er in seinen Geburtsort zurück, mit dem er sich, wie alle Aromunen aus Kruševo, eng verbunden fühlt. Es ist für ihn ein ganz spezieller Ort, der sich von allen andern in Mazedonien unterscheidet, mit einer besonderen Geschichte, mit einer eigenen Kultur, einem eigenen vlachischen Dialekt, einer eigenen Identität. Berberu spricht Vlachisch, Mazedonisch, Serbisch und sehr gut Englisch. Er hat in Australien gelebt und gearbeitet. Auch sein Sohn, der in Skopje studiert, ist an diesem Tag hier, ebenso sein Bruder, der seinen Wohnsitz noch immer in Australien hat. Niko Berberu scheint hier jeden zu kennen, und jeder kennt ihn. Alle grüßen ihn, alle schätzen ihn.

Heute ist Kruševo keine mehrheitlich aromunische Stadt mehr. Noch in den sechziger Jahren des vergangenen Jahrhunderts bildeten die Vlachen die Mehrheit. Doch diese Zeiten sind vorbei. Laut den Ergebnissen der jüngsten Volkszählung von 2002 hat das Städtchen Kruševo 5330 Einwohner. Von ihnen bezeichneten sich 1020 als Vlachen, ihr Anteil liegt also bei neunzehn Prozent, in der ganzen Gemeinde unter Einschluss der umliegenden Dörfer bei lediglich zehn Prozent. Rund achtzig Prozent der Bewohner von Kruševo deklarierten sich beim Zensus von 2002 im ethnischen Sinn als Mazedonier. Die aromunische Sprache ist im öffentlichen Raum nirgends präsent, nichts ist in Aromunisch angeschrieben, nicht einmal die Ortstafel ist zweisprachig. Das Idiom hat zwar eine schriftliche Tradition, die bis in das 18. Jahrhundert zurückgeht. Heute wird es aber auch in Kruševo meist nur noch, wenn überhaupt, als Familiensprache verwendet. Gemäß der mazedonischen Verfassung haben Angehörige von Minderheiten auf staatlicher und auf lokaler Ebene das Recht, im Umgang mit Behörden und Ämtern die eigene Sprache zu verwenden, wenn ihr Anteil an der Bevölkerung mindestens zwanzig Prozent beträgt. In Kruševo liegt er knapp unter dieser Schwelle. Niko Berberu sagt, Aromunisch sei in Kruševo neben Mazedonisch die zweite Amtssprache. Doch das bedeutet in der Praxis wenig, denn es braucht auch Beschäftigte im öffentlichen Dienst, die Aromunisch verstehen und sprechen. Und da hapert es gewaltig. Berberu geht davon aus, dass heute nur noch rund zweitausend Menschen das ganze Jahr über in Kruševo leben. Wer kann, zieht weg, ob Vlache oder Mazedonier. Geblieben sind vor allem Rentner. Arbeit gibt es kaum, schon gar nicht, wie sich auch Berberu beklagt, für die Vlachen.

Um 1900 sollen in Kruševo 15 000 Menschen gelebt haben, andere nennen allerdings Zahlen zwischen 4000 und 6000. Zwei Drittel von ihnen waren Vlachen, hinzu kamen Albaner, Slawen und Türken. Die meisten Aromunen sprachen in jener Zeit neben Vlachisch auch Griechisch. Niko Berberu ist, wie alle Aromunen Kruševos, stolz auf seine Vorfahren, die einst Moschopolis zu wirtschaftlichem Aufschwung verhalfen und überall im weiten Osmanischen Reich und über dessen Grenzen hinaus als tüchtige Kaufleute und Fernhändler in hohem Ansehen standen. Den Flüchtlingen aus Moschopolis verdankte Kruševo den Aufstieg zu einem bedeutenden wirtschaftlichen und kulturellen Zentrum. Die Bewohner waren kosmopolitisch, weltoffen, mehrsprachig. Doch in der zweiten Hälfte des 19. Jahrhunderts ging es allmählich bergab. Die Waren wurden auf andere Weise durch den Balkan nach Mitteleuropa transportiert. Auch Brailsford wies in seinem 1906 veröffentlichten Buch darauf hin, dass Kruševo nicht mehr das sei, was es einst war: »Die älteren Männer in Kruševo erinnern sich noch gut an die Zeiten, als zwei Mal im Jahr Handelskarawanen nach Wien zogen und mit allem zurückkehrten, was Mazedonien aus den westlichen Ländern benötigte.«

In einer Runde mit älteren Männern in einem Café im Zentrum von Kruševo wird bitter darüber geklagt, dass es keine Arbeitsplätze und keine Perspektiven mehr gebe. Sie alle reden untereinander Aromunisch, trinken einen Kaffee nach dem andern und rauchen. Immer wieder schweifen ihre Gedanken weit zurück in eine Zeit, in der man die Aromunen überall im Osmanischen Reich und darüber hinaus geachtet und respektiert habe. Auch im sozialistischen Jugoslawien sei es viel besser gewesen. Damals habe es in Kruševo und Umgebung fünfzehn Fabriken gegeben, heute sei keine einzige mehr in Betrieb, alle seien zerfallen. Die Männer fühlen sich – ähnlich wie die Torbeschen – von der mazedonischen Regierung im Stich gelassen. Die Politiker in Skopje interessierten sich, so betonen sie, nur einmal im Jahr für Kruševo, nämlich Anfang August. Dann kämen sie in Scharen hierher – aber nicht wegen der Aromunen, ganz im Gegenteil.

Am 2. August 1903 begann in Kruševo ein Aufstand gegen die Osmanen unter der Führung der Inneren Mazedonischen Revolutionären Organisation (IMRO, mazedonisch: VMRO), an der sich Slawen, Aromunen und sogar muslimische Albaner beteiligten. Die Erhebung ist als Ilinden-Aufstand in die Geschichte eingegangen. Die Aufständischen riefen die »Republik von Kruševo« aus. Sie bildeten eine provisorische Regierung, die sich aus Vertretern verschiedener Ethnien zusammensetzte, aus Slawen, Albanern und Vlachen. Sie galt späteren Generationen als Modell für die Zusammenarbeit verschiedener Völker auf dem Balkan. Doch die »Republik von Kruševo« war zu kurzlebig, um sich ein Urteil darüber bilden zu können, ob das multiethnische Führungsgremium wirklich funktioniert hätte. Nach zehn Tagen war alles schon wieder vorbei. Die Aufständischen hatten in ihrem Kampf gegen die Türken vergeblich auf eine Intervention der europäischen Mächte gehofft. Diese griffen militärisch ebenso wenig ein wie Bulgarien. Osmanische Truppen schlugen die Rebellion brutal nieder. Häuser gingen in Flammen auf, viele Aufständische kamen bei den Kämpfen ums Leben, andere wurden später hingerichtet. Nach Angaben von Brailsford wurden allein in Kruševo 366 Häuser zerstört. Im Gebiet von Monastir (Bitola) seien 119 Dörfer ganz oder teilweise niedergebrannt worden. Von den Folgen des gescheiterten Aufstandes erholte sich Kruševo nie mehr. Der Niedergang, der bereits zuvor eingesetzt hatte, beschleunigte sich zu Beginn des 20. Jahrhunderts, als die Grenzen der neu geschaffenen Nationalstaaten die weit verstreuten Siedlungsgebiete der

Vlachen durchschnitten und sich die traditionellen Lebensformen endgültig auflösten. Viele Bewohner wanderten im Laufe der Zeit in die Städte ab oder emigrierten ins Ausland.

Zwar endete der Aufstand in einem Fiasko. Doch hat das sogenannte Manifest von Kruševo mit seinem Appell, sich unabhängig von der ethnischen, nationalen und konfessionellen Zugehörigkeit gemeinsam gegen die osmanischen Unterdrücker zu erheben, die nachfolgenden Generationen beflügelt. Einer der Verfasser, Nikola Karev, stand an der Spitze der »Republik von Kruševo«. In dem bemerkenswerten Text rufen die Aufständischen die »türkischen und muslimischen Brüder« dazu auf, sich am Kampf für Gerechtigkeit, Freiheit und ein menschenwürdiges Leben zu beteiligen. Unter der »Tyrannei und der Versklavung« hätten Christen und Muslime in gleicher Weise zu leiden. Der Aufstand richte sich nicht gegen die türkische Bevölkerung in der Region. Es gehe auch nicht darum, diese zum Christentum zu bekehren. Wörtlich schreiben die Verfasser des Manifests: »Wir haben hier immer mit euch zusammengelebt, und wir wollen das auch künftig tun.« Der Aufruf endet mit den Worten: »Gott segne unseren heiligen Kampf für Gerechtigkeit und Freiheit! Lange sollen die Kämpfer für Freiheit und alle ehrenhaften Söhne Mazedoniens leben! Hurra! Für ein autonomes Mazedonien!« Es bestehen allerdings Zweifel an der Echtheit des Dokuments. Sein Inhalt wurde nämlich erst viele Jahre später veröffentlicht, das Original existiert nicht mehr.

Kruševo ist nicht nur für die Aromunen ein ganz spezieller Ort. Das Städtchen nimmt auch in der Geschichtsschreibung und Erinnerungskultur der Republik Mazedonien einen zentralen Platz ein. Um die damaligen Ereignisse ranken sich viele Mythen und Legenden. Die Aufständischen gelten in Skopje als mutige Vorkämpfer der Unabhängigkeit, und die »Republik von Kruševo« gilt als eine wichtige Etappe bei der Herausbildung der mazedonischen Nation. Sogar die Präambel der heutigen Verfassung Mazedoniens nimmt ausdrücklich Bezug auf die Tradition der »Republik von Kruševo«. Auch ist der 2. August ein nationaler Gedenktag. Doch die Anführer des Aufstands, die Mazedonien für seine eigene Geschichte beansprucht, werden in Bulgarien als bulgarische Nationalhelden gefeiert, als Kämpfer für einen bulgarischen Nationalstaat. Und einige aromunische Aktivisten überhöhen die »Republik von Kruševo« gar zu einer vlachischen Staatsgründung. Sie beziehen sich dabei auf den Aromunen Pitu Guli, der aus Kruševo stammte. Er war einer der Anführer des Aufstandes und fiel im Kampf gegen die türkischen Truppen bei der Verteidigung seines Heimatortes. Doch alle diese Vereinnahmungen haben nur wenig mit der damaligen Realität zu tun. Die Aufständischen kämpften weder für einen eigenen mazedonischen Staat noch für den Anschluss dieser Gebiete an Bulgarien, noch für ein aromunisches Staatsgebilde, sondern – wie es im Manifest heißt – für ein autonomes Mazedonien. Zur Zeit des Ilinden-Aufstandes 1903 hatten sich im südlichen Balkan die konfessionellen Identitäten noch nicht überall in ethnische und nationale verwandelt. Die Begriffe »Mazedonier« und »Bulgaren« bedeuteten damals nicht dasselbe wie heute.

Vlache zu sein, sei eher Ausdruck einer besonderen Kultur als einer nationalen Identität, sagt Niko Berberu in Kruševo. Die Vlachen hätten sich immer zurechtgefunden und angepasst. Ihre Vorfahren seien Händler gewesen und hätten ihre Waren verkaufen müssen, unabhängig von der politischen Haltung und der ethnischen oder konfessionellen Zugehörigkeit des Auftraggebers oder des Kunden. Offenheit gegenüber anderen Völkern habe zu ihrem Erfolgsrezept gehört. Von Mitko Kostov und Dina Cuvata hält Niko Berberu nicht viel. Sie hätten nur ihre eigenen Interessen im Blick und spalteten die aromunische Minderheit noch mehr: »Sie sind Vlachen aus Berechnung.« Er ist mit dieser Einschätzung nicht allein. Auch andere Aromunen betrachten Kostov und Cuvata nicht als ihre Repräsentanten. Viele kennen weder den einen noch den andern, nicht einmal die Namen sind ihnen geläufig. Andere sagen, Kostov und Cuvata, die beide vorgeben, im Interesse der Aromunen zu handeln, seien vor allem an ihrem persönlichen Fortkommen interessiert. Nach einem Rundgang durch Kruševo begleitet uns Berberu zum Auto. Als wir uns verabschieden, sagt er nachdenklich: »Es macht mich traurig, dass eine ganze Kultur verlorengeht.«

»Wenn fünfzig Wörter erhalten bleiben,
ist unsere Arbeit nicht vergeblich«

Die Istrorumänen in Kroatien

Niemanden verschlägt es zufällig nach Žejane, auch wenn man mit dem Auto von Rijeka nur eine halbe Stunde braucht, um in das Dorf zu gelangen. Es liegt abseits der großen Durchgangsstraßen, auf denen sich im Sommer die Touristenströme von Norden nach Süden wälzen. Von der alten Hauptstraße, die von Rijeka nach Slowenien führt, zweigt einige Kilometer hinter dem Ort Mučići eine Straße in westliche Richtung ab. In zahlreichen Kurven windet sie sich durch einen dichten Wald. Nach einer Viertelstunde taucht das Ortsschild »Žejane« auf. Das Dorf im Nordosten Istriens liegt auf über sechshundert Metern über Meer am Rande einer weiten, fast menschenleeren, im Süden und Norden von zwei Bergzügen abgeschirmten, über dreißig Kilometer langen Karsthochebene, der Ćićarija. Die meisten Häuser stehen abseits der Straße, in Richtung der Kirche. Es ist an diesem heißen Tag still in dem abgeschiedenen Ort. Er wirkt wie ausgestorben, wie aus der Zeit gefallen. Niemand ist auf der Straße zu sehen, nur Hunde bellen, wie in andern kroatischen Dörfern auch. Einige Häuser haben sich bereits in steinerne Gerippe verwandelt, überwuchert von Gräsern und Sträuchern. Bei andern sind die Fensterläden geschlossen und die Türen mit Holzbalken verbarrikadiert, die bereits vermodern. Zwischen zerfallenden Häusern stehen auch einige frisch renovierte und sogar solche, die ganz offensichtlich erst vor kurzem gebaut wurden. Gegen Abend, als es etwas kühler wird, belebt sich der Ort. Die Bewohner kommen aus ihren Häusern. Die einen arbeiten im Garten, die andern sitzen auf Holzbänken vor ihren Häusern oder plaudern auf der Straße mit Nachbarn oder Freunden.

Žejane, siebzehn Kilometer nordwestlich von Rijeka in der Nähe der Grenze zu Slowenien gelegen, ist entgegen dem ersten Anschein kein Dorf wie jedes andere in Kroatien, es ist ein außergewöhnlicher Ort. In Žejane leben nämlich Vlachen, sogenannte Istrorumänen. Doch die Bewohner selber verwenden diesen in der Sprachwissenschaft gebräuchlichen Begriff nicht. Sie nennen sich selber Schejaner, nach dem Dorf, in dem sie leben. Wie die Aromunen in Mazedonien und in den andern Ländern des südlichen und östlichen Balkans sprechen auch sie eine balkanromanische Sprache, das Istrorumänische. Doch auch diesen Begriff vermeiden sie. Sie nennen ihre Sprache, die in dieser Form nur hier und nirgendwo sonst gesprochen wird, Schejanisch (žejånski) und nicht Istrorumänisch. Allein schon diese Eigendefinitionen sind ein Hinweis darauf, wie wichtig den Bewohnern von Žejane die lokale Identität ist, und wie eng sie mit ihrem Heimatort verbunden sind, der in ihrem Idiom Žejân heißt.

Es gibt allerdings noch einige andere Orte im kroatischen Teil der Halbinsel Istrien, in denen Istrorumänisch gesprochen wird, in Šušnjevica und in vier umliegenden Dörfern und Weilern. Šušnjevica liegt rund fünfzig Kilometer südlich von Žejane. Auch die Bewohner von Šušnjevica nennen ihr lokales Idiom nicht Istrorumänisch, aus naheliegenden Gründen auch nicht Schejanisch, sondern meist Vlachisch (vlåški). Daneben existieren in Šušnjevica auch die Bezeichnungen »Schuschnjevisch« und – in Abgrenzung von der Sprache der andern – die »Unsrige«. Fast alle definieren sich selber als Vlachen, nicht als Istrorumänen und natürlich auch nicht als Schejaner. Anders als die überwiegende Mehrheit der Vlachen beziehungsweise der Aromunen auf dem Balkan sind die Bewohner von Žejane und Šušnjevica nicht christlich-orthodox, sondern römisch-katholisch. Schejanisch und Vlachisch, die als Dialekte des Istrorumänischen gelten, unterscheiden sich beträchtlich. Trotzdem betonen die Bewohner von Žejane und Šušnjevica, sie hätten bei der Verständigung keine Schwierigkeiten. Die beiden Idiome haben sich über Jahrhunderte unabhängig voneinander entwickelt. Die Bewohner der beiden Dörfer lebten in getrennten Welten. Žejane und Šušnjevica sind zwei balkanromanische Oasen im fernen Istrien, die beide schon vor Jahrhunderten die Verbindung zu den andern balkanromanischen Sprachen verloren haben.

Es ist deshalb auch nicht erstaunlich, dass das Vlachische und das Schejanische von kroatischen Wörtern durchsetzt sind. Vor allem für moderne und abstrakte Begriffe fehlen die Ausdrücke. Allerdings ist davon nicht nur die Lexik betroffen. Der kroatische Einfluss geht bis tief in die grammatikalischen Strukturen hinein. Im Unterschied zum Schejanischen wird das Vlachische aber nicht nur in einem einzigen Ort gesprochen, sondern in insgesamt fünf Dörfern und Weilern, allerdings in verschiedenen Varianten mit jeweils eigenen Wörtern und speziellen Ausdrücken. Da nur noch wenige Bewohner der Dörfer das vlachische Idiom beherrschen, kann man ohne große Übertreibung sagen, dass praktisch jeder seine eigene Mundart spricht. Angesichts dieser sprachlichen Zersplitterung ist es erstaunlich, dass sich die beiden Idiome bis in die heutige Zeit erhalten haben. Diese Zählebigkeit lässt sich nur mit der jahrhundertelangen Abgeschiedenheit der beiden Siedlungsgebiete erklären.

Auch wenn sich die Bewohner von Žejane und Šušnjevica in ihrer Sprache unterscheiden, gemeinsam ist ihnen die Herkunft. Sie sind Nachfahren von Vlachen, die im frühen 16. Jahrhundert, nach andern Quellen bereits Ende des 15. Jahrhunderts, auf der Flucht vor den immer weiter in den europäischen Kontinent vorstoßenden Osmanen in größeren Gruppen vermutlich aus dem gebirgigen Hinterland Dalmatiens oder aus dem Gebiet des heutigen Bosnien nach Istrien gekommen waren, in den Herrschaftsbereich der Habsburger und der Venezianer. Sie wurden von den lokalen Machthabern und Grundherren in jenen Gebieten angesiedelt, die nach Vorstößen osmanischer Truppen weitgehend entvölkert und verwüstet waren. Zahlreiche Flurnamen mit balkanromanischen Wurzeln deuten darauf hin, dass die vlachischen Flüchtlinge einst größere Teile im Norden und in der Mitte Istriens besiedelt hatten. Ungeklärt ist die Frage, ob die Vorfahren der Schejaner und der Vlachen von Šušnjevica sowie der umliegenden Dörfer gleichzeitig und gemeinsam nach Istrien gelangten. Umstritten ist auch, wann sie den römisch-katholischen Glauben angenommen haben und unter welchen Umständen. Man geht aber allgemein davon aus, dass sie zur Zeit der Ansiedlung in Istrien christlich-orthodox waren.

Vilim Sanković ist 1949 in Žejane geboren. Er lebt zusammen mit seiner Frau noch immer in seinem Geburtshaus. Er vertritt die Interessen der Dorfbewohner gegenüber der Gemeinde Matulji, zu der Žejane administrativ gehört. Gerne erzählt der Rentner, der in seinem Berufsleben sanitäre Anlagen installiert hat, von seiner Kindheit und Jugend in Žejane. Am 5. Mai 1944 brannten deutsche Truppen das Dorf nieder. Dabei sollen 89 Häuser und 84 Ställe zerstört worden sein, ebenso die Kirche. Die Häuser waren zuvor geplündert worden. Die Bewohner flohen in die Wälder, auch die Eltern von Vilim Sanković. Nach dem Krieg kehrten die meisten wieder zurück, auch jene Männer, die Anfang 1944 verschleppt worden waren und die Gefangenschaft in deutschen Lagern überlebt hatten. Sie machten sich sogleich daran, das Dorf wiederaufzubauen. Nun waren Titos Partisanen an der Macht. Wer auf der Seite der kommunistischen Partei war und damit – wie sich Vilim Sanković ausdrückt – in der »Nähe des Feuers«, erhielt mehr staatliche Hilfe, die andern weniger oder gar keine. Sie mussten selber schauen, wie sie zurechtkamen. Als Vilim Sanković geboren wurde, war das Haus seiner Eltern bereits wiederaufgebaut.

Die Bewohner von Žejane hatten es in den Jahren nach dem Krieg schwer. Sie lebten von der Landwirtschaft, von ihren Kühen und Ziegen, von der Forstwirtschaft, von Kohle, die aus Holz hergestellt wurde. Wälder gab es ausreichend. Der Vater von Vilim Sanković besaß ein Pferd. Mit seinem Fuhrwerk transportierte er in Rijeka Baumaterial für die Wiederherstellung der im Zweiten Weltkrieg zerstörten Infrastruktur. Die Armut in Žejane war groß, und so gingen zwischen 1945 und 1958 viele auf der Suche nach Arbeit oder auch aus politischen Gründen illegal über die nahe Grenze ins Ausland. Es war bereits die zweite Emigrationswelle. Schon Ende des 19. und zu Beginn des 20. Jahrhunderts waren viele Bewohner nach Australien oder in die Vereinigten Staaten ausgewandert. Von großer Bedeutung für die Entwicklung von Žejane war die Einführung einer Autobusverbindung nach Rijeka Ende der fünfziger Jahre. Das bedeutete das Ende der jahrhundertelangen Isolation. Viele Männer fanden nun im Hafen von Rijeka und in den dortigen Werften Arbeit. Ein Bus brachte sie jeden Tag in die Stadt und am Abend wieder zurück. Vilim Sanković sagt, siebzig bis achtzig Männer des Dorfes hätten in jener Zeit in Rijeka eine Beschäftigung gefunden. Das sind sehr viele bei der damaligen Einwohnerzahl von einigen Hundert. Heute arbeiten nur noch drei oder vier Männer aus Žejane im Hafen von Rijeka, die alle kurz vor der Pensionierung stehen. Auch sind die Werften schon lange nicht mehr das, was sie einst waren.

In den sechziger Jahren wurde Žejane an das Stromnetz angeschlossen, später wurde die Zufahrtsstraße asphaltiert. Im Zuge der Industrialisierung und Modernisierung Jugoslawiens sowie der Öffnung der Grenzen verstärkte sich die Abwanderung, zurück blieben vor allem ältere Leute. Das gilt auch für Šušnjevica und die umliegenden Dörfer. Heute lebt in Žejane niemand mehr von der Viehzucht, von der Landwirtschaft oder von der Holzverarbeitung. Es gibt keine Kühe und keine Pferde mehr, nur noch Hühner und Hunde. Es gibt aber auch keine Arbeit. Der Wirt der Dorfkneipe gab schon vor Jahren auf. Wenn einer am Abend außerhalb seines Hauses ein Bier trinken will, braucht er ein Auto, und er muss erst noch weit fahren. Der einzige Lebensmittelladen wurde im April 2015 geschlossen. Er rentierte sich nicht mehr. Die Frau, die ihn führte und die fließend Schejanisch sprach, ging in Pension. Es war einer der ganz wenigen Orte, wo außerhalb der eigenen Familie in der Öffentlichkeit das lokale Idiom gesprochen wurde. Žejane ist aber noch immer, anders als

Šušnjevica, mit öffentlichen Verkehrsmitteln erreichbar. Es besteht eine tägliche Busverbindung nach Rijeka.

Vilim Sanković sprach als Kind Schejanisch, ein wenig Kroatisch lernte er im Nachbardorf Vele Mune weiter hinten auf der Karsthochebene, wo seine Tante lebte. In den frühen fünfziger Jahren sprachen viele Kinder nicht oder nur ungenügend Kroatisch. Im Schuljahr 1949/50 betrug die Zahl der Schüler in Žejane 98. Sie wurden in fünf Klassen unterrichtet. Im Jahr 1953, also kurz bevor Vilim Sanković in die erste Klasse kam, wurde ein einjähriger Vorschulkurs eingeführt. Die künftigen Schüler sollten vor dem Eintritt in die erste Klasse richtig Kroatisch lernen. Im Schuljahr 1955/56 besuchten noch 44 Kinder die Schule, hinzu kamen zwanzig weitere, die am Vorbereitungskurs teilnahmen. Auf alten vergilbten Fotos aus dem Jahr 1957, die im ehemaligen Schulhaus von Žejane an der Wand hängen, ist ein Schulzimmer zu sehen mit der Lehrerin und ihren 22 Schülern. Anfang der sechziger Jahre besuchten noch zwanzig Knaben und Mädchen die Schule. Doch mit der verstärkten Abwanderung ging auch die Schülerzahl weiter zurück. Schließlich wurde die Schule Mitte der neunziger Jahre geschlossen. Seither wird das Gebäude als Heimat- und Kulturzentrum genutzt.

Vilim Sanković hatte mit seinen Eltern, wie viele andere seiner Generation auch, immer Schejanisch gesprochen. Mit seiner Frau aber, die aus Dalmatien stammt, und mit seinen beiden inzwischen erwachsenen Kindern im Alter von 33 und 35 Jahren spricht er praktisch nur Kroatisch. Diese verstehen zwar Schejanisch, wie Vilim Sanković betont, doch sie weigern sich, in dieser Sprache zu reden: »Sie schämen sich.« Das gilt erst recht für die Enkel von Vilim Sanković, die das Schejanische nicht einmal verstehen. Die Sprache wird also nicht mehr von der älteren Generation an die jüngere weitergegeben. Das bedeutet, dass es mit ihr unweigerlich zu Ende geht. Nach dem Tod seines Vaters ist in der eigenen Familie niemand mehr übrig geblieben, mit dem sich Vilim Sanković in seiner Muttersprache unterhalten könnte. Es ist sprachlich einsam um ihn geworden. So geht es auch andern seiner Generation. Mit einigen älteren Dorfbewohnern, die er an den Fingern einer Hand aufzählen kann, spricht er zwar noch immer Schejanisch. Doch wenn jemand hinzukommt, der das lokale Idiom nicht beherrscht, wird sogleich ins Kroatische gewechselt.

Adrijana Gabriš wohnt in Kastav oberhalb der Stadt Opatija. Sie wurde 1965 geboren. Ihre Eltern stammen aus Žejane. Sie ist eine der wenigen ihrer Generation, die mit Fug und Recht Schejanisch als ihre Muttersprache bezeichnen kann. Es war die erste Sprache, die sie gelernt hat. Die ersten vier Klassen der Grundschule besuchte Adrijana Gabriš in Žejane, die restlichen vier in der nahe gelegenen Stadt Matulji. In ihrer Kindheit war das Dorf, wie sie sich erinnert, voller Leben. Ihre Großeltern hatten kein Haus wie die Eltern von Vilim Sanković. Sie lebten bei andern in Untermiete. Auch sie hatten im Zweiten Weltkrieg fliehen müssen, in nahe gelegene Orte oder aber über die Grenze nach Slowenien. Als sie in ihr Heimatdorf zurückkehrten, wurden sie mit ihren Kindern in einer Baracke untergebracht, in denen im Krieg deutsche Soldaten gelebt hatten. Später wohnten sie im Haus eines Onkels, der Žejane verlassen hatte und ins Ausland gegangen war. Als er zurückkehrte, musste die Familie wieder umziehen. Im Jahre 1957 begann der Vater von Adrijana Gabriš seinen Militärdienst in der Marine der Jugoslawischen Volksarmee. Er blieb drei Jahre. Später arbeitete er, wie so viele andere Bewohner von Žejane auch, im Hafen von Rijeka. Als ihm seine Firma eine Wohnung anbot, zog die Familie 1985 in die adriatische Hafenstadt. Wie Vilim Sanković spricht auch Adrijana Gabriš, die 1987 einen Mann aus Zadar heiratete, mit ihren Kindern nicht mehr Schejanisch, sondern nur noch Kroatisch. Mit den Eltern hatte sie Schejanisch gesprochen. Während das ältere Kind noch über einige passive Kenntnisse des lokalen Idioms verfügt, versteht das jüngere die Sprache nicht mehr. Sie selber blieb aber, wie sie betont, mit Žejane immer eng verbunden. Der besondere Ort, in dem sie ihre Kindheit verbrachte, hat sie nicht mehr losgelassen.

Wie in Žejane ist auch in Šušnjevica ein Teil der Häuser zerfallen. Die Bewohner müssen schon vor langer Zeit weggezogen sein. Es ist ganz still an diesem Vormittag. Niemand ist auf der Straße. Doch dann taucht plötzlich der Postbote auf, der mit seinem Motorrad unterwegs ist. Vor einigen Häusern hält er an und steigt ab, um die Post in den Briefkasten zu werfen. Es leben also doch noch Menschen hier. Vor dem einzigen Lebensmittelladen neben der Kirche trinken einige Männer Bier. Immerhin gibt es hier, anders als in Žejane, noch einen Laden, der sogar jeden Tag geöffnet ist, auch am Samstag und Sonntag, so jedenfalls steht es angeschrieben. Im selben Gebäude befindet sich das Postamt. Die Männer vor dem Lebensmittelladen reden Kroatisch miteinander, nicht Vlachisch. Einer in der Runde komme von außerhalb, lautet die Erklärung. Ja, natürlich spreche er Vlachisch, betont einer der Männer. Und darauf sei er auch stolz. Doch gehe die Sprache immer mehr verloren, denn fast nur noch ältere Leute beherrschten das Idiom. Die Jungen verstünden vielleicht noch einige Brocken oder hätten im besten Fall passive Kenntnisse. In den Familien werde kaum mehr Vlachisch gesprochen, denn oft komme der Vater oder die Mutter aus andern Regionen Kroatiens.

Marija Fable treffen wir im September 2014 in Nova Vas, einem Nachbardorf von Šušnjevica, in dem ebenfalls Vlachisch gesprochen wird, genauer gesagt eine Variante davon. Sie wurde 1952 geboren und hat praktisch immer hier gelebt. Jetzt wohnt sie zusammen mit ihrem Mann, der ebenfalls aus einer andern Gegend Kroatiens stammt, im Haus ihres verstorbenen Vaters. Sie ist pensioniert. Zuvor hatte sie mehr als dreißig Jahre lang in Šušnjevica in der Post gearbeitet. Heute ist diese, wenn überhaupt, nur noch zwei Stunden am Tag geöffnet. Marija Fable ist traurig darüber, dass die Kinder kaum noch Vlachisch sprechen. Ihr Sohn, sagt sie, könne sich in der lokalen Sprache noch einigermaßen verständigen, im Gegensatz zu ihrer Tochter. Als Marija Fable noch ein Kind war, sprach man in den Familien Vlachisch. Doch diese Zeiten sind längst vorbei. Das Schulhaus, das noch aus der Epoche der österreichisch-ungarischen Monarchie stammt, ist in einem schlechten Zustand. Es findet kein Unterricht mehr statt. Gerüste deuten darauf hin, dass das Gebäude renoviert wird, auch wenn keine Arbeiter zu sehen sind. Man wisse nicht, ob die Schule je wieder geöffnet werde, sagt Marija Fable. Es gebe ja nur noch wenige Schüler. Und dann meint sie mit trauriger Stimme: »Alles schließt hier, was uns bleibt, sind die kleine Kirche und der Friedhof. Wenn die Schule nicht mehr geöffnet wird, ist das eine Tragödie.« Das sagte sie im September 2014. Ein Jahr später waren die Renovierungsarbeiten tatsächlich abgeschlossen, die Gerüste waren nicht mehr da, das Schulhaus von Šušnjevica erstrahlte in neuem Glanz. Nur im Innern des Gebäudes wurde noch gehämmert. Ob allerdings der Unterricht in der Dorfschule je wiederaufgenommen wird, wie Marija Fable hofft, konnte im Oktober 2015 niemand sagen.

Marija Fable will daran glauben, dass die vlachische Sprache erhalten bleibt und nicht alles verschwindet, was ihr lieb ist. Doch dann schaut sie traurig vor sich hin: »Man weiß es halt nicht.« Sie ist skeptisch. Wer will schon in ein Dorf zurückkehren, in dem nur Hühner gackern und Hunde bellen, in dem nichts los ist, in dem es nichts gibt, nicht einmal ein Restaurant. Es wurde schon vor Jahren geschlossen. Wer einmal auf der Suche nach Arbeit weggegangen sei, kehre nie mehr zurück, sagt Marija Fable. Früher hätten die Leute hier von der Landwirtschaft und der Viehzucht gelebt, in der Nähe habe es auch Fabriken gegeben. Die Leute seien zwar arm gewesen, aber es habe zum Leben gereicht. Marija Fable klagt, wie viele andere Kroaten auch, über die katastrophale Wirtschaftslage im Land, über die Politiker, die sich nur um ihr eigenes Wohlergehen kümmerten, über die Arbeitslosigkeit, die viele gut ausgebildete Fachkräfte zur Abwanderung ins Ausland zwinge.

Robert Doričić wohnt in Lovran an der Ostküste Istriens. Er ist 1978 in Rijeka geboren und stammt aus Žejane. Auch er beherrscht das lokale Idiom, das er als Kind von seiner Großmutter gelernt hat. Er ist einer der ganz wenigen seiner Generation, die noch fließend Schejanisch sprechen. Sein Vater Mauro Doričić lebt noch heute in Žejane. Wie Vilim Sanković hat auch er in seiner Familie niemanden mehr, mit dem er sich im lokalen Idiom unterhalten könnte. Die einzige Ausnahme ist sein Sohn Robert. Er sendet ihm sogar, wie Mauro Doričić stolz erklärt, SMS in schejanischer Sprache. Doch das ändert nichts an der Tatsache, dass das Schejanische und das Vlachische akut vom Aussterben bedroht sind. Die Kinder und die Heranwachsenden sprechen praktisch nur noch Kroatisch, den meisten bedeuten die beiden lokalen Idiome nichts mehr. Ein Jugendlicher in Šušnjevica krümmte sich vor Lachen, als ich ihn fragte, ob er noch Vlachisch rede. Nein, er wolle auch kein Vlachisch lernen, das sei etwas für die Alten. Diese Haltung ist weit verbreitet. Die Zahlen sprechen eine deutliche Sprache: In Šušnjevica und den umliegenden vlachischen Dörfern leben heute rund 250 bis 280 Personen, siebzig bis neunzig von ihnen sprechen noch Vlachisch. Von den rund 130 Bewohnern von Žejane beherrschen dreißig bis höchstens fünfzig fließend Schejanisch. Fast alle Sprecher der beiden Idiome sind über fünfzig Jahre alt. Die Zahl der in Kroatien und im Ausland lebenden Schejaner und Vlachen, die der Sprache noch mächtig sind, wird auf einige hundert geschätzt. Um 1900 sollen in den beiden istrorumänischen Sprachinseln noch dreitausend Personen Istrorumänisch gesprochen haben. Bis zu den sechziger Jahren des vergangenen Jahrhunderts halbierte sich die Zahl. In den frühen neunziger Jahren beherrschten noch vierhundert Bewohner die beiden lokalen Idiome.

Wie fast alle Bewohner von Žejane lehnt auch Robert Doričić den Begriff »Istrorumänen« ab, wenn damit eine ethnische Identität gemeint ist. Seiner Meinung nach verleitet der Begriff zu der irrigen Annahme, in Istrien gebe es Rumänen oder eine rumänische Minderheit. Die Bewohner von Žejane hätten sich aber schon immer als Kroaten oder im regionalen Sinn als Istrier gefühlt und nicht als Rumänen oder als Angehörige einer rumänischen Minorität in Kroatien. Dasselbe gilt für die Bewohner von Šušnjevica und der vier umliegenden Dörfer, die sich als Vlachen bezeichnen und ihre Sprache meist Vlachisch nennen. Den Begriff »Istrorumänisch« lässt Robert Doričić nur gelten, wenn damit die sprachliche Verwandtschaft mit dem Rumänischen gemeint ist und nicht eine rumänische Identität. In der zweiten Hälfte des 19. Jahrhunderts, als sich die westlichen nationalstaatlichen Konzepte auf dem Balkan allmählich durchsetzten und auch in Rumänien eine nationale Bewegung entstand, rückten die weit von den eigenen Siedlungsgebieten entfernt lebenden Istrorumänen ins Blickfeld rumänischer Ethnologen und Sprachforscher. Sie machten sich auf den Weg nach Žejane und Šušnjevica, um die Sprache, die Kultur und das Alltagsleben der Istrorumänen zu erforschen. Diese galten vor allem wegen der sprachlichen Nähe als verlorene Brüder und Schwestern, deren verschüttete rumänische Wurzeln wieder freigelegt werden mussten. Noch heute sehen viele Rumänen in jedem Vlachen einen versprengten Angehörigen der eigenen Nation, unabhängig davon, in welcher Ecke des Balkans er lebt, welche Sprache er spricht und wie er sich selber definiert.

So erstaunt es nicht, dass auch in jüngerer Zeit immer wieder Rumänen mit einer nationalen Mission in Žejane auftauchten. Vilim Sanković sagt, dass mehrmals Vertreter der rumänischen Botschaft in Zagreb oder Journalisten aus Rumänien gekommen seien. Sie hätten den Bewohnern einzureden versucht, dass sie zu einer rumänischen Minderheit in Kroatien gehörten und damit ein Teil der rumänischen Nation seien. Manchmal hätten die Besucher auch finanzielle Hilfe oder die Schaffung von Arbeitsplätzen für den Fall in Aussicht gestellt, dass sich die Schejaner als Rumänen definierten. Vor fünf oder sechs Jahren, erzählt Sanković, sei er mit seiner Folkloregruppe aus Žejane auf einer Veranstaltung in der rumänischen Stadt Timișoara gewesen. Dort hätten ihn die Organisatoren aufgefordert, die Mitglieder der Gruppe als Angehörige der rumänischen Minderheit in Kroatien vorzustellen, und nicht als Kroaten, die Istrorumänisch sprechen. Sanković ist noch heute entsetzt, wenn er daran denkt. Solche und ähnliche Vereinnahmungsversuche seien zum Scheitern verurteilt: »Wir haben nichts mit Rumänien zu tun, wir sind Schejaner«, betont Sanković. Er verstehe die Sprache der Rumänen nicht, und diese verstünden die Sprache der Schejaner nicht. Die Rumänen, die in sein Dorf gekommen seien, hätten immer Übersetzer mitgebracht, und dies, obschon sie behaupteten, Schejanisch sei ein rumänischer Dialekt. »Wenn dem so ist, warum brauchen sie dann Übersetzer?«

Vilim Sanković steht vom Tisch auf und holt einen Artikel aus der Schublade seines Schreibtisches. Er hat ihn aus der in Rijeka erscheinenden Zeitung *Novi List* herausgeschnitten. In dem Beitrag aus der Ausgabe vom 23. September 2015 wird berichtet, dass der rumänische Botschafter in Kroatien auf einer Tagung kroatischer und rumänischer Wirtschaftsvertreter in Rijeka gesagt habe, in Žejane gebe es eine »rumänische Gemeinschaft«. Immer wieder sei in rumänischen Zeitungen, so klagen Schejaner und Vlachen, von Rumänen an der Adria, in Istrien oder in Kroatien die Rede. Adrijana Gabriš sagt, die Bewohner von Žejane reagierten empfindlich und gereizt, wenn Rumänen behaupten, sie gehörten zur rumänischen Nation. Keiner, der Schejanisch oder Vlachisch spreche, verstehe sich als Angehöriger einer rumänischen Minderheit. Robert Doričić fordert mit Nachdruck, dass die Bewohner von Žejane und Šušnjevica so bezeichnet werden müssen, wie sie sich selber nennen. Nach seinen Worten fällt es manchen Rumänen noch immer schwer, die Eigenbezeichnungen »Schejaner« und »Vlachen« zu akzeptieren. Eine Zusammenarbeit mit Rumänien und der rumänischen Botschaft in Zagreb ist für ihn nur im kulturellen Bereich möglich. Im Falle einer ethnischen oder politischen Vereinnahmung höre jegliche Kooperation auf. Sanković betont, das Interesse Rumäniens an den Schejanern habe in den letzten Jahren deutlich nachgelassen. Das trifft aber offenbar nicht für die Vlachen in Šušnjevica zu. Wie der rumänische Konsul in Kroatien Anfang August 2016 in einem Interview mit dem istrischen Lokalsender Radio Labin erklärte, hat sein Land 60 000 Euro für die Erneuerung der Dorfschule zur Verfügung gestellt. Auch seien dieses Jahr einige Kinder aus Šušnjevica und den umliegenden Dörfern nach Rumänien eingeladen worden, um dort einen Teil der Sommerferien zu verbringen. Die Botschaft in Zagreb arbeite mit den lokalen kroatischen Behörden sehr gut zusammen und unterstütze die Bemühungen um die Erhaltung und Revitalisierung der istrorumänischen Sprache nach Kräften.

Während die Aromunen in Mazedonien stolz auf ihre vlachische Herkunft sind, wollen die Bewohner von Šušnjevica keine Vlachen sein, auch wenn sie sich selber als solche bezeichnen und ihre Sprache Vlachisch nennen. Ebenso wie die Schejaner können sie mit dem Begriff »Vlache« nichts anfangen, wie viele von ihnen betonen. Er löse in ihnen keine besonderen Gefühle aus, er lasse sie kalt. Das Wort »Vlachisch« zur Bezeichnung der Sprache ist offenbar nur ein technischer Sammelbegriff für die Varianten des Idioms, die in Šušnjevica und in den vier umliegenden Orten gesprochen werden. Zwar ist den heutigen Bewohnern von Žejane und Šušnjevica durchaus bewusst, dass ihre Vorfahren eingewanderte Vlachen waren. Doch es ist für sie nicht wichtig, woher diese kamen, wie sie lebten, aus welchen Gründen sie sich gerade in Žejane und in Šušnjevica niederließen. Diese Haltung lässt sich dadurch erklären, dass sich die Vlachen und Schejaner nicht als Angehörige einer eigenen ethnischen Gruppe betrachten, sondern als Kroaten, allenfalls – in Betonung der regionalen Identität – als Istrier. Und so haben sie auch keine Veranlassung, zum Nachweis einer möglichst langen Siedlungspräsenz unter Verdrehung historischer Tatsachen an fragwürdigen identitätsstiftenden Herkunftsmythen herumzubasteln, wie das Vertreter vieler kleiner Minderheiten auf dem Balkan so gerne tun. Auch für Vilim Sanković hat seine vlachische Herkunft keinerlei Bedeutung. »Außer der Sprache haben wir nichts, was es nicht auch in den andern Dörfern der Umgebung gibt.«

Die Vlachen und die Schejaner wehren sich nicht nur gegen Versuche, ihnen eine rumänische Identität überzustülpen. Sie wollen auch keine kroatische Minderheit sein. Vielleicht hängt das damit zusammen, dass sie so wenige sind. Die Schejaner und die Vlachen stellen keine politischen Forderungen. Sie sind damit zufrieden, dass das lokale Idiom durch die Aufnahme in die Liste der immateriellen Kulturgüter Kroatiens im Jahre 2007 staatlich geschützt ist. Damit haben sie, wie Robert Doričić betont, einen rechtlichen Status, der ihnen garantiert, von den andern respektiert zu werden. Mehr brauche es nicht. Die Gemeinde Kršan allerdings, zu der Šušnjevica und die umliegenden Dörfer gehören, geht weiter. In der Präambel ihres Statuts ist von der »autochthonen, ethnischen und sprachlichen Gruppe der Istrorumänen« die Rede, deren besondere Sprache und Kultur es zu erhalten gelte. Allerdings verstehen sich jene, deren Rechte geschützt werden sollen, weder als Istrorumänen noch als eine eigene ethnische Gemeinschaft, noch sind sie autochthon. Die Vlachen von Šušnjevica sind wohl die einzige Bevölkerungsgruppe in Südosteuropa, die auf dem Papier einen Status hat, der weit über das hinausgeht, was sie selber verlangen.

Im Bemühen, den selbst auferlegten Verpflichtungen nachzukommen, die sich aus der Präambel des Gemeindestatuts ergeben, wurde 2007 am Ortseingang von Šušnjevica eine zweisprachige Tafel aufgestellt mit der Aufschrift: »Šušnjevica/ Susnieviţę«. Es ist das einzige Ortsschild dieser Art. Beim Besuch im September 2014 war es verschwunden. Alles Suchen half nichts, es war nicht mehr da, es war auch nicht an eine andere Stelle verpflanzt worden, es war einfach weg. Vermisst hat es ganz offensichtlich niemand. Als ich im Oktober 2015 erneut nach Šušnjevica fuhr, entdeckte ich am Ortseingang ein neues zweisprachiges Ortsschild. Doch was ist mit dem alten geschehen? Es sei, so meinte eine Bewohnerin von Nova Vas, während eines heftigen Sturmes vom Wind weggerissen worden. Es sei ohnehin nicht mehr richtig in der Erde verankert gewesen. Die neue Tafel unterschied sich jedoch von der alten, wenn auch nur geringfügig. In der vlachischen Variante heißt der Ort nun nicht mehr Susnieviţę, sondern Sušnjevicę. Die Schreibweise des Vlachischen, die auch für das Schejanische verbindlich ist, wurde der kroatischen weiter angenähert. Der auch im Rumänischen gebräuchliche Laut »ţ« wurde durch »c« ersetzt, der im Kroatischen gleich ausgesprochen wird wie »ţ«. Geblieben ist auf der Ortstafel nur noch ein einziger Buchstabe, den das Kroatische – und im Übrigen auch das Rumänische – nicht kennt, nämlich »ę«. Merkwürdig ist, dass in der vlachischen Version des Ortsnamens Šušnjevica auf dem einen »s« das diakritische Zeichen gesetzt wurde, auf dem andern hingegen nicht. Warum das so ist und ob sich jemand dabei etwas gedacht hat, und wenn ja, was genau, darauf hat in Šušnjevica niemand eine Antwort. Es interessiert ganz offensichtlich auch niemanden. Die Bewohner haben ganz andere Sorgen, als sich mit der Frage herumzuschlagen, wie ihr Dorf im lokalen Idiom geschrieben werden soll. Allerdings wird der Ortsname Šušnjevica in manchen Texten auch mit zwei diakritischen Zeichen versehen, manchmal finden sich im gleichen Text beide Schreibweisen nebeneinander.

Die schejanische und die vlachische Sprache würden wohl still und unbemerkt aus dieser Welt verschwinden, wäre da nicht die Linguistin Zvjezdana Vrzić, die istrorumänische Wurzeln hat. Sie wurde in Rijeka geboren und lehrt heute an der Universität von New York. Sie startete vor zehn Jahren ein Projekt zur Rettung der istrorumänischen Sprache und Kultur. Es nennt sich »Bewahrung der vlachischen und der schejanischen Sprache« (očuvanje žejanskog i vlaškog jezika). Auf einer hervorragend gestalteten Internetseite findet sich eine Fülle von Hintergrundmaterial und Informationen. Am Projekt beteiligt ist neben Adrijana Gabriš auch Robert Doričić. Dieser ist seit 2010 Präsident des Vereins »Udruga Žejane«, der seine Aufgabe darin sieht, die schejanische Sprache und Kultur zu fördern. Hinzu kommt Viviana Brkarić, die Präsidentin des Vereins »Spod Učke« (Am Fuße der Učka) in Šušnjevica, der sich für die Erhaltung und Revitalisierung der vlachischen Sprache einsetzt. Ihr Vater stammt aus dem Weiler Nova Vas bei Šušnjevica, ihre Mutter aus dem Dorf Vele Mune bei Žejane, in dem nur Kroatisch gesprochen wird. Die 1969 geborene Viviana Brkarić wohnt in Rijeka. Auch sie lernte das lokale Idiom, wie Robert Doričić, von der Großmutter. Als Kind verbrachte sie ihre Ferien in Nova Vas.

Ein wichtiges Ziel des Projekts besteht darin, die schejanische und die vlachische Sprache zu dokumentieren und zu analysieren. In einem digitalen Archiv wird alles gesammelt, was in irgendeiner Form mit den beiden Idiomen, der lokalen Kultur, der Geschichte und dem Alltag der Vlachen und der Schejaner zu tun hat. Doch für die Revitalisierung genügt es nicht, sprachliche Dokumente zu sammeln. Notwendig ist vielmehr eine Gemeinschaft, die bereit ist, die Sprache zu pflegen und im Alltag zu benutzen. Die Zeit drängt. Wenn nichts geschieht, wird bald niemand mehr da sein, der Vlachisch und Schejanisch spricht. Auch jene Vlachen und Schejaner, welche die Bedeutung des lokalen Idioms für ihre eigene Identität betonen, reden mit ihren Kindern praktisch nur Kroatisch. Die Mitarbeiter des Projekts sind sich bewusst, dass ihre Bemühungen nur dann erfolgreich sein können, wenn es ihnen gelingt, die Dorfbewohner davon zu überzeugen, dass sich die Erhaltung ihrer besonderen Sprache lohnt, die nirgendwo sonst auf der Welt gesprochen wird.

Im Rahmen des Projekts wurden unter anderem bereits touristische Karten von Žejane und von Šušnjevica mit den umliegenden Dörfern herausgegeben, auf denen Sehenswürdigkeiten markiert und mit Erläuterungen versehen sind. Im Falle von Šušnjevica sind es die Kirche, das Denkmal für die Opfer des Zweiten Weltkriegs und das Schulgebäude, im Falle von Žejane unter anderem die Dorfkirche, der Friedhof außerhalb des Ortes, die ehemalige Schule und einige Denkmäler. Der Text ist dreisprachig: Vlachisch, beziehungsweise Schejanisch, Kroatisch und Englisch. Das Ziel besteht darin, die beiden Idiome, die sogar in Istrien vielen unbekannt sind, sichtbar zu machen. Außerdem gibt es jedes Jahr einen Tag der schejanischen Sprache (zija de žejånska limba) und einen

Tag der vlachischen Sprache (zija de vlåška limba). Dabei werden Vorträge gehalten, Projekte vorgestellt und alte Bräuche gepflegt, es wird gesungen und getanzt. Zu Beginn waren die Veranstaltungen gemeinsam durchgeführt worden. Zum Tag der schejanischen und der vlachischen Sprache, so die damalige Bezeichnung, traf man sich abwechselnd in Žejane und in Šušnjevica. Doch das ist schon seit einiger Zeit nicht mehr so. Die Erklärung für diese örtliche Trennung lautet: Die Bewohner von Žejane könnten mit dem Begriff »Vlachisch« nichts anfangen, den Einwohnern von Šušnjevica wiederum sei die Bezeichnung »Schejanisch« fremd. Einige Bewohner von Šušnjevica bedauern im Gespräch, dass in den Dörfern und Weilern, in denen noch Vlachisch gesprochen wird, das Interesse an den Veranstaltungen zum Tag der vlachischen Sprache gering sei. Die meisten Besucher kämen von auswärts.

Das wichtigste Projekt sind jedoch die Workshops, in denen Kinder in spielerischer Weise die Grundlagen der schejanischen oder der vlachischen Sprache lernen. Der Workshop in Žejane wird seit 2013 von Adrijana Gabriš geleitet, die Teilnehmer nennen sich die »kleinen Schejaner« (Žejančići). Es ist für die meisten Kinder der einzige Ort, an dem sie mit dem lokalen Idiom überhaupt noch in Berührung kommen. 2015 besuchten im Schnitt rund zehn Kinder den Workshop, der jeden Samstag während des Schuljahres in den Räumen der ehemaligen Schule stattfindet. Der Unterricht dauert eineinhalb Stunden. Der jüngste Teilnehmer war drei Jahre alt, der älteste siebzehn. Adrijana Gabriš betrachtet es als einen großen Erfolg, dass die Eltern für das Projekt gewonnen werden konnten, und dies, obschon die meisten Väter und Mütter kaum mehr Schejanisch sprechen. Ihnen habe man aber klarmachen können, dass das Verschwinden des lokalen Idioms ein großer Verlust wäre. Adrijana Gabriš will die Kinder davon überzeugen, dass Schejanisch keine minderwertige Sprache ist oder nur eine für alte Leute, dass sie sich also nicht zu schämen brauchen, wenn sie sich mit ihr beschäftigen. Natürlich werden die Kinder nach dem Besuch des Workshops nicht fließend Schejanisch sprechen. Adrijana Gabriš gibt sich keinen Illusionen hin. Sie betrachtet es bereits als einen großen Erfolg, wenn die Kinder zur Einsicht gelangen, dass es sich lohnt, einige Brocken Schejanisch zu lernen. Sie ist schon zufrieden, wenn es gelingt, ihnen einige Wörter und Sätze zu vermitteln und in ihnen das Bewusstsein zu wecken, dass sie in einem Dorf mit einer besonderen Sprache, Geschichte und Kultur leben und aufwachsen. Adrijana Gabriš hofft, dass dadurch der Prozess des Sprachsterbens verlangsamt werden kann.

Auch Viviana Brkarić, die den Workshop in Šušnjevica leitet, will den Kindern die Grundlagen der vlachischen Sprache über verschiedene Spiele, kleine Theaterstücke, Lieder und musikalische Vorführungen vermitteln. Die Kinder, die am Unterricht teilnehmen, nennen sich auf Vlachisch »Puljići« (Vögelchen). An diesem Dienstag im Oktober 2015 regnet es in Strömen. Draußen ist es bereits am späten Nachmittag stockdunkel. Bei schlechtem Wetter kämen nur wenige, sagt Viviana Brkarić. Sie fährt seit 2011 jeden Dienstag während des Schuljahrs mit dem Auto von Rijeka nach Šušnjevica zum Workshop, der eineinhalb Stunden dauert. Meistens seien sechs bis sieben Kinder anwesend, sagt sie. Wenn alle kämen, seien es zehn bis zwölf. An diesem Tag sind zwei Knaben da, von denen einer ihr eigener Sohn ist, sowie ein Mädchen. Die Kinder sind sechs oder sieben Jahre alt. Der Sohn von Viviana Brkarić besucht in Rijeka die Schule, die beiden andern werden in einem rund zehn Kilometer entfernten Ort unterrichtet. In der renovierten Dorfschule findet noch immer kein Unterricht statt. Die Kinder sind erst vor kurzem mit dem Schulbus nach Hause gekommen. Der Raum, in dem sie sich treffen, befindet sich in dem Gebäude, in dem auch der einzige Laden des Dorfes und die Post untergebracht sind.

Für die Kinder scheint der Workshop eine willkommene Abwechslung zu sein. Sie zeichnen eine Sonne, Wolken, Regentropfen oder Sterne auf ein Stück Papier, dann bringt ihnen Viviana Brkarić die entsprechenden vlachischen Wörter bei. Später werden Tiergeräusche nachgeahmt, und die Kinder lernen, wie diese Tiere auf Vlachisch heißen. Anschließend singen sie Lieder in vlachischer Sprache. Später beschreiben sie in Kroatisch, wie das Wetter heute war. Viviana Brkarić übersetzt Begriffe wie Regen, Wolken, Gewitter ins Vlachische. Die Kinder wiederholen die Wörter immer wieder. Der Raum ist gemütlich eingerichtet, an den Wänden hängen Zeichnungen von Bäumen, Blumen, Häusern, von Sonne, Mond und Sternen, angeschrieben in vlachischer Sprache. Die Kinder haben sichtlich Freude am Unterricht. Sie beherrschen bereits eine ganze Reihe von Wörtern und sind in der Lage, vlachische Lieder auswendig zu singen. Als sie zum ersten Mal in den Workshop kamen, sprachen sie kaum ein Wort Vlachisch. Sie wollen nun aber, wie eines der Kinder sagt, noch möglichst viele Wörter lernen.

Auch Viviana Brkarić macht sich keine Illusionen. Die Kinder würden die gelernten Wörter schnell wieder vergessen, denn sie hörten das lokale Idiom außerhalb des Workshops nur selten. Vlachisch ist für die junge Generation zu einer Fremdsprache geworden. Es bleibt die vage Hoffnung, dass der eine oder andere seine Sprachkenntnisse später vertiefen wird. Ob die Motivation für Jugendliche genügend groß ist, eine untergehende Sprache zu lernen, muss allerdings bezweifelt werden. Viviana Brkarić glaubt nicht, dass das Vlachische gerettet werden kann, auch wenn das Interesse daran zugenommen hat. Sie ist schon zufrieden, wenn wenigstens etwas haften bleibt, wenn das kulturelle Erbe nicht ganz verlorengeht: »Wenn fünfzig Wörter erhalten bleiben, ist unsere Arbeit nicht vergeblich.«

»Ohne unsere Vorfahren wäre Zagreb heute muslimisch«

Die Uskoken des Žumberak

Natürlich habe er schon von den Uskoken gehört, aber noch nie vom Žumberak. Der junge Mann, der das sagt, wartet auf dem Trg bana Jelačića, dem Jelačić-Platz im Zentrum der kroatischen Hauptstadt Zagreb, auf die Straßenbahn. Die Uskoken hätten einst gegen die Türken gekämpft, als diese immer weiter nach Europa vorgedrungen seien. Mehr könne er dazu leider nicht sagen. Eine junge Frau, die auf ihre Freundin wartet, kennt die Uskoken des Žumberak nicht. Das sei auch in der Schule kein Thema gewesen. In Senj, da gebe es Uskoken, aber doch nicht im Žumberak, meint eine andere Frau. Ein älterer Mann unterscheidet zwischen wahren Uskoken, die tapfer gegen die türkischen Eroberer gekämpft und das Christentum verteidigt hätten. Damit meint er jene von Senj. Und bitter fügt er hinzu: »Im Žumberak hingegen gibt es keine Uskoken, sondern nur Feiglinge, die vor den vordringenden Türken geflohen sind und sich im Gebirge versteckt haben.« Nein, von Uskoken habe sie noch nie etwas gehört, meint eine andere Frau. Doch dann denkt sie nach, und plötzlich huscht ein Lächeln über ihre Lippen. Ja natürlich, eine staatliche Behörde in Zagreb, die etwas mit dem Kampf gegen die Korruption zu tun habe, nenne sich doch USKOK oder so ähnlich. Tatsächlich existiert in Kroatien eine solche Behörde mit der Bezeichnung »Amt für die Bekämpfung von Korruption und des organisierten Verbrechens«. Die kroatische Abkürzung lautet USKOK. Doch hat diese Regierungsstelle, die sich im Zuge der EU-Integration Kroatiens zu einer schlagkräftigen Organisation bei der Trockenlegung des Korruptionssumpfes entwickelt hat, natürlich nichts mit den Uskoken zu tun.

Aber wer sind die Uskoken des Žumberak, von denen mit einer Ausnahme keiner der Befragten auf dem Trg bana Jelačića je etwas gehört hat? Dabei liegt die landschaftlich reizvolle, weitgehend unberührte hügelige Region mit ihren ausgedehnten Buchen- und Kastanienwäldern, den kleinen Siedlungen, den zahlreichen Kirchen und Kapellen praktisch vor den Toren der Hauptstadt. Hinter der Stadt Samobor, 25 Kilometer westlich von Zagreb nahe der Grenze zu Slowenien gelegen, erheben sich die Hügel des Žumberak aus der Ebene. In historischen Quellen und auf alten Landkarten wird die Region auch Uskoken-Gebirge, Sichelberg oder Sichelburg genannt, nach der gleichnamigen Burg, die 1793 niederbrannte und deren Überreste noch heute zu sehen sind. Doch wie kommen die Uskoken, die wie die Aromunen auf dem südlichen Balkan und die Istrorumänen vlachischer Herkunft sind, überhaupt in den Žumberak?

Die Geschichte der Uskoken beginnt mit der Expansion der Osmanen in das christliche Europa im 15. und vor allem im 16. Jahrhundert. Ihr Vordringen löste große Flüchtlingsbewegungen und Bevölkerungsverschiebungen aus. Tief in das kollektive Gedächtnis und in die Erinnerungskultur der Bewohner des Žumberak eingegraben hat sich das Jahr 1530, als die ersten Uskoken die Grenze des Osmanischen Reiches überschritten und auf das Territorium der Habsburger gelangten. Die heutigen Uskoken schildern die damaligen Ereignisse wie folgt: Im Herbst jenes Jahres tauchten fünfzig Familien mit dem Vojvoden Vladislav Stipković und dem Geistlichen Joanikije an der Spitze im Gebiet der Grenze des Habsburgerreichs auf. Sie waren aus der Umgebung der heutigen bosnischen Stadt Glamoč gekommen und äußerten den Wunsch, sich auf habsburgischem Territorium niederzulassen. Die einen sagen, die Vlachen hätten beim Grenzübertritt erklärt, sie seien Uskoken. Der Begriff »Uskoke« geht auf das südslawische Verb »uskočiti« zurück, das »hineinspringen« bedeutet. Andere hingegen vertreten die Auffassung, sie hätten sich als Vlachen bezeichnet. Die Flüchtlinge wurden in einem Gebiet angesiedelt, das vor allem seit der zweiten Hälfte des 15. Jahrhunderts durch Einfälle osmanischer Truppen weitgehend entvölkert und verwüstet war. Im Juni 1531 überschritt eine zweite Gruppe von rund tausend Uskoken zusammen mit ihren Tieren die osmanisch-habsburgische Grenze. Sie waren aus dem Hinterland Dalmatiens vor den türkischen Truppen geflohen. Im Jahre 1538 gelangte eine dritte Gruppe in das heutige kroatisch-slowenische Grenzgebiet. Mit der Ankunft weiterer Uskoken-Familien aus Senj im Jahre 1617 war die Besiedlung des Sichelberger Distrikts, wie der Žumberak in österreichischen Quellen auch genannt wurde, weitgehend abgeschlossen. Insgesamt sollen zwischen 1530 und 1617 mehrere Tausend Uskoken aus Bosnien, der Herzegowina sowie dem dalmatinischen Hinterland in den Žumberak gelangt sein.

Bei den in der kroatischen Geschichtsschreibung oft verklärten Uskoken von Senj handelt es sich ebenfalls um christliche Flüchtlinge und Überläufer. Sie waren zu Beginn des

16. Jahrhunderts aus Teilen des westlichen Balkans geflohen, die von den Osmanen erobert worden waren, vor allem aus der Herzegowina. Sie ließen sich 1530 in Klis in der Nähe der heutigen kroatischen Stadt Split nieder. Nachdem die Osmanen auch dieses Gebiet unter ihre Kontrolle gebracht hatten, zogen sich die Uskoken nach Senj zurück, einem Ort an der adriatischen Küste, rund siebzig Kilometer südöstlich von Rijeka. Senj gehörte damals zum Habsburgerreich und war ab 1537 der wichtigste Stützpunkt der Uskoken, die als tapfere und unerschrockene Kämpfer galten. Sie verbanden ihren bewaffneten Widerstand gegen die Osmanen mit Raubzügen und Überfällen im Mittelmeer, auch auf Schiffe christlicher Länder. Als 1615 beim Angriff auf ein Schiff ein venezianischer Würdenträger getötet wurde, belegten die Venezianer die habsburgische Adriaküste mit einer Blockade. Daraufhin griffen österreichische Truppen Istrien an. Das war der Auslöser für den sogenannten Uskoken-Krieg, der zwei Jahre später mit dem Frieden von Paris endete. Die Uskoken von Senj wurden zwangsweise umgesiedelt, ein Teil von ihnen in den Žumberak, wo bereits Uskoken lebten.

Im Geschichtsverständnis und der Erinnerungskultur der heutigen Uskoken bildet das Jahr 1535 einen weiteren wichtigen Einschnitt. König Ferdinand I. gab den vlachischen Siedlern im Žumberak Land und befreite sie von allen Untertanenpflichten. Sie mussten, vorerst auf zwanzig Jahre begrenzt, keine Abgaben entrichten und keine Steuern bezahlen. Als Gegenleistung für diese Privilegien waren die Uskoken verpflichtet, unbesoldeten Militärdienst zu leisten und die Grenzen des katholischen Habsburgerreichs gegen die Osmanen zu verteidigen. Die Gültigkeitsdauer dieser Sonderrechte wurde später auf unbestimmte Zeit verlängert. Die Siedler des

Žumberak, von denen viele zuvor nomadisierende oder halbnomadisierende Viehzüchter gewesen waren, wurden nun freie Wehrbauern. Sie waren, anders als die alteingesessenen christlichen Bauern der Region, keine Leibeigenen und damit keinem Grundherrn unterstellt. Sie konnten sich weitgehend selber verwalten. Diese besondere Stellung ist für das Selbstverständnis und die Identität der heutigen Uskoken von zentraler Bedeutung. Der Sichelberger Distrikt war der älteste Teil der kroatisch-slawonischen Militärgrenze. Er diente als Vorbild für deren weiteren Ausbau und als Modell für die innere Ordnung. Ganz offensichtlich hatten die Habsburger mit den im Žumberak angesiedelten Uskoken gute Erfahrungen gemacht. Auch darauf sind ihre Nachfahren stolz.

Nach dem Fall des mittelalterlichen bosnischen Reiches 1463 und vor allem nach der vernichtenden Niederlage des ungarisch-böhmischen Heeres gegen die osmanischen Truppen in der Schlacht bei Mohács 1526 war der Ruf nach einem wirksamen Schutz der Grenzen des Habsburgerreichs immer lauter geworden. Der Bau von Wachttürmen und Festungen allein genügte nicht mehr. Damals setzte sich die Einsicht durch, dass die osmanischen Truppen nur durch die Wiederbesiedlung der weitgehend entvölkerten Grenzgebiete aufgehalten werden können. Das war die Geburtsstunde der Militärgrenze (Vojna Krajina), die immer weiter ausgebaut und erst 1881 endgültig aufgelöst wurde. Die Grenze zwischen den beiden mächtigen Imperien, jenem der Osmanen und jenem der Habsburger, war ein Territorium, ein Landstreifen und nicht, wie das erst viele Jahrhunderte später in der Zeit der Bildung von Nationalstaaten der Fall war, eine vertraglich festgelegte Linie. Die Militärgrenze unterstand, anders als die übrigen Gebiete Kroatiens, anfänglich dem Hofkriegsrat in Graz und später direkt Wien. Sie bildete aber nie eine administrative Einheit. Der Grenzstreifen wurde vom Militär verwaltet und damit aus dem übrigen Kroatien herausgelöst, das in der Folge Zivilkroatien genannt wurde. Die kroatischen Grundherren hatten auf dem Gebiet der Militärgrenze nichts zu sagen, was immer wieder zu Spannungen führte. In der zweiten Hälfte des 18. Jahrhunderts erstreckte sich dieser schmale Landstreifen in einem weiten Bogen von der Adria durch Teile Kroatiens entlang der Grenze des heutigen bosnischen Staates über Slawonien bis nach Siebenbürgen. Die Krajina umfasste 50 000 Quadratkilometer und hatte 1,2 Millionen Einwohner.

Im Laufe des 16. und 17. Jahrhunderts haben vermutlich Tausende von christlich-orthodoxen vlachischen Familien die osmanisch-habsburgische Grenze überschritten, unter ihnen nicht nur Balkanromanen, sondern auch Südslawen. Man geht allgemein davon aus, dass die Vorfahren der Uskoken des Sichelberger Distrikts, die in den dreißiger Jahren des 16. Jahrhunderts in das heutige kroatisch-slowenische Grenzgebiet gekommen waren, Slawisch und nicht Balkanromanisch gesprochen haben. Doch es kamen nicht nur Flüchtlinge, sondern auch Überläufer, die zuvor im Dienste der Osmanen die Grenze des Reiches gegen die christlichen Habsburger geschützt hatten. Als Gegenleistung gewährte ihnen der Sultan Privilegien. Dazu gehörten Steuererleichterungen und lokale Selbstverwaltung. Als privilegierte christlich-orthodoxe Hilfskräfte, etwa als Wächter von Pässen und Brücken oder als Begleiter und Beschützer von Transporten, waren auch Vlachen in das osmanische Militärsystem eingebunden. Viele von ihnen wechselten die Seite, weil sie im Laufe des 16. Jahrhunderts zunehmend ihre Sonderstellung und ihre Privilegien verloren und sich ihr Status jenem der übrigen christlichen Untertanen anglich. Sie boten nun den Habsburgern ihre Dienste an.

Die Flüchtlinge und Überläufer wurden innerhalb der Militärgrenze angesiedelt. Die Habsburger gewährten ihnen, wie zuvor schon den Uskoken im Sichelberger Distrikt, den Status von Wehrbauern mit freiem Grundbesitz. Als Gegenleistung waren die neuen Siedler ebenfalls zu unbesoldetem Militärdienst verpflichtet. Sie mussten die Grenze vor Einfällen der Osmanen schützen. Die Habsburger waren bei der Abwehr der äußeren Bedrohung auf die Dienste der Flüchtlinge und Überläufer angewiesen, und so spielte es für sie keine Rolle, dass diese nicht römisch-katholisch waren, sondern christlich-orthodox. In den Statuta Valachorum von 1630 wurden die Rechte der in einem Teil der Militärgrenze angesiedelten Wehrbauern festgehalten. Wie schon der Name des kaiserlichen Dekrets nahelegt, hatte sich der Begriff »Vlache« endgültig durchgesetzt. Schon in den Jahrzehnten zuvor waren die Flüchtlinge in den Quellen meist als Vlachen und nur noch selten als Uskoken bezeichnet worden. Zu den im Vergleich zu früher stark erweiterten Vorrechten gehörte neben dem freien Grundbesitz und lokaler Selbstverwaltung auch das Recht auf Glaubensfreiheit. Das war bemerkenswert.

Angelockt von den weitreichenden Privilegien, kamen auch römisch-katholische Bauern aus Zivilkroatien in das Gebiet der Militärgrenze. Diese entwickelte sich im Laufe der Zeit zu einem geschlossenen Siedlungsraum mit einer eigenen Verwaltung, einem besonderen politischen Status und einer eigenen, lange Zeit regional und nicht national definierten Identität. Die Bevölkerung war ethnisch gemischt und multikonfessionell. Das Gebiet der Militärgrenze war zur

Zeit seiner Auflösung und der Vereinigung mit dem übrigen Kroatien im Vergleich zu andern Regionen des Landes wirtschaftlich unterentwickelt. Die sozialen Unterschiede waren gering. Es gab kaum Handel und Gewerbe. Die bäuerliche Bevölkerung kämpfte um ihr materielles Überleben. Und so wanderten bereits Ende des 19. Jahrhunderts viele auf der Suche nach Arbeit aus, in jener Zeit vor allem nach Amerika. Die innerhalb der Militärgrenze lebenden christlich-orthodoxen Vlachen hatten im Laufe des 19. Jahrhunderts eine serbische Identität angenommen, die Nachfahren der römisch-katholischen Zuwanderer eine kroatische.

Noch am Vorabend des Zerfalls des jugoslawischen Vielvölkerstaates zu Beginn der neunziger Jahre bildeten die Nachfahren vlachischer Kolonisten in Teilen der kroatischen Krajina die Bevölkerungsmehrheit. Der bewaffnete Aufstand der Krajina-Serben gegen den unabhängigen kroatischen Staat nahm hier seinen Anfang, und er endete im August 1995. Die militärische Operation der kroatischen Armee zur Rückeroberung der Krajina löste einen Exodus fast der gesamten serbischen Bevölkerung aus. Einige Jahre zuvor, zu Beginn des Krieges, waren die Kroaten von den serbischen Aufständischen aus ihren Heimatdörfern vertrieben worden. In der offiziellen Zagreber Darstellung verließen im August 1995 rund 100 000 Serben auf Anweisung der eigenen Führung ihre Wohnungen und Häuser, sie wurden also evakuiert. Belgrad hingegen spricht von einer »ethnischen Säuberung« der Krajina und nennt weit höhere Zahlen. 150 000 bis 200 000 Serben seien vertrieben worden. Der serbische Machthaber Slobodan Milošević hatte die kroatischen Serben im Stich gelassen, die er zuvor zum Aufstand gegen die neue kroatische Führung angestachelt und politisch instrumentalisiert hatte. Die Panik in der Bevölkerung der Krajina muss groß gewesen sein, als sich im August 1995 die Nachricht verbreitete, kroatische Truppen rückten heran. In gewisser Weise waren die Serben Opfer der eigenen Propaganda geworden. Während Jahren hatten ihnen ihre lokalen Führer ebenso wie die Belgrader Propagandisten eingehämmert, sie könnten nur in einem eigenen, mit Serbien verbundenen Staat überleben, sie hätten im Herrschaftsbereich der kroatischen »Neofaschisten« keine Rechte, ja, sie müssten gar damit rechnen, wie ihre Vorfahren im Zweiten Weltkrieg von den »Ustaša-Horden« und »Neofaschisten« getötet zu werden. Nach dem schnellen Zusammenbruch ihres selbst proklamierten Staatsgebildes, der »Republik Serbische Krajina«, blieb ihnen deshalb nichts anderes übrig als die Flucht nach Serbien.

Bei einem Besuch unmittelbar nach dem Ende der kroatischen Militäraktion waren im Städtchen Obrovac im Hinterland von Zadar die Straßen leer, die Häuser verlassen. Es herrschte eine gespenstische Stille, nur Zikaden zirpten. Verzweifelt schlug ein Vogel seine Flügel an die Gitter seines Käfigs. Sein lautes Kreischen hörte sich wie Schreien an. Auf manchen Balkonen hing noch Wäsche, Hühner und Katzen irrten durch die Hinterhöfe. Munitionskisten mit abblätternden kyrillischen Aufschriften lagen herum. »Möge Knin ewig leben« und – in Anspielung an Slobodan Milošević – »Slobo-Sloboda« (Slobo-Freiheit) lauteten die an Hausmauern geschriebenen Parolen. Knin war die Hauptstadt der »Republik Serbische Krajina«. In den kleinen und ärmlich eingerichteten Cafés standen noch Tassen und Bierflaschen auf den Tischen. Manche Gläser waren nicht einmal ausgetrunken – Anzeichen dafür, dass sich die Bewohner Hals über Kopf davongemacht hatten und alles stehen und liegen ließen. In einem

Restaurant an der Hauptstraße war der Tisch noch gedeckt, Reste von Fleisch, angebissene Brotstücke, halbvolle Gläser und nicht leergetrunkene Bierflaschen lagen herum, als ob das alles für ein makabres Bühnenstück arrangiert worden wäre. »Das letzte Abendmahl der Serben«, lautete der Kommentar eines kroatischen Soldaten.

Auch im Städtchen Benkovac, das ebenfalls im Hinterland von Zadar liegt, schien alles Leben von einem Augenblick zum andern wie von Geisterhand zum Stillstand gekommen zu sein. Auch dieser Ort war menschenleer. In manchen Geschäften surrten noch die Kühlschränke. In einigen Zimmern brannte Licht, auf dem Boden lagen Alben mit zerrissenen Familienfotos. Auf der Straße vergilbte das Titelblatt einer Ausgabe der Zeitschrift *Die Armee der Krajina*. Es war die Nummer vom Juli mit Bildern einer Militärparade vom 28. Juni in Knin, dem Jahrestag der Schlacht auf dem Amselfeld von 1389. In einer Bäckerei standen die frisch gebackenen Hörnchen auf dem Brotblech. Am Straßenrand stand ein Traktor, der Anhänger war randvoll mit Waren, mit Kleidern, Schuhen, Melonen, Brot, Seife, Wasserkanistern, Waschpulver. Das Fahrzeug hatte wohl einen Defekt, und die Besitzer fanden nicht mehr die Zeit, den Traktor zu reparieren. In Benkovac wurden, im Gegensatz zu Obrovac, Häuser und Wohnungen angezündet. Manche Läden zeigten Spuren von Plünderungen. Die Schlösser waren aufgebrochen. Offenbar hatten die serbischen Besitzer die Türen vor ihrer überhasteten Flucht noch sorgfältig abgeschlossen, als ob sie an eine baldige Rückkehr glaubten. Viele Fensterscheiben waren zerschlagen, die Innenräume mancher Geschäfte verwüstet, die Ladentische umgekippt.

Die Uskoken des Žumberak sind, anders als die überwiegende Mehrheit der Vlachen, nicht christlich-orthodox, sondern griechisch-katholisch. Sie feiern die Liturgie nach byzantinischem Ritus, so wie die orthodoxen Serben. Die griechisch-katholische Kirche ist aber mit Rom uniert, und sie anerkennt den Papst. Wann die Vorfahren der Uskoken des Žumberak griechisch-katholisch wurden, darüber gehen die Meinungen auseinander. Die einen vertreten die Ansicht, das sei zu Beginn des 17. Jahrhunderts geschehen. Im Jahre 1611 wurde die erste griechisch-katholische Eparchie auf dem Gebiet des heutigen kroatischen Staates gegründet. Die Uskoken des Žumberak hätten sich ihr angeschlossen, vermuten die Befürworter dieser These. Das hat viel für sich, denn in jener Zeit bemühten sich die römisch-katholischen Habsburger, die orthodoxe Bevölkerung der Militärgrenze durch eine Kirchenunion enger an sich zu binden. Die päpstlichen Dokumente, in denen Simeon Vratanja als erster Bischof der Eparchie Marča anerkannt wird, schließen die Uskoken in dessen Jurisdiktion ein. Andere hingegen meinen, die Uskoken seien schon bei ihrer Ankunft im Žumberak griechisch-katholisch gewesen und hätten den Papst anerkannt. Davon sind viele Bewohner des Žumberak überzeugt. Im kollektiven Gedächtnis der heutigen Uskoken waren ihre Vorfahren schon immer griechisch-katholisch gewesen. Eine weitere, vor allem von Serben vertretene Theorie besagt, dass die orthodoxen Bewohner des Sichelberger Distrikts im 18. Jahrhundert von den Habsburgern gezwungen worden seien, der griechisch-katholischen Kirche beizutreten.

Wenn man von Zagreb auf der über viele Kilometer schnurgeraden Straße in Richtung Samobor fährt, sieht man schon von weitem am Ende der Ebene die Hügel des Žumberak.

Samobor ist eine schmucke Stadt mit 37 000 Einwohnern in der Nähe der Grenze zu Slowenien. Sie ist weiterum bekannt wegen ihrer hervorragenden Cremeschnitten. Hier treffen wir Daniel Vranešić. Er ist Priester in der griechisch-katholischen Kirche an der Uskoken-Straße. Laut seinen Angaben leben in Samobor mehr als tausend griechisch-katholische Christen. Hinzu kämen noch viertausend weitere in Zagreb. Seine dunklen Augen leuchten, wenn er von seinen tapferen Vorfahren und ihren Heldentaten erzählt. Besonders stolz ist er auf die Rettung Zagrebs im Jahre 1545: »Ohne unsere Vorfahren wäre Zagreb heute muslimisch. Ohne die Uskoken stünden in der kroatischen Hauptstadt nicht Kirchen, sondern Moscheen.« Dank ihrer Tapferkeit und ihrem kriegerischen Geschick sei damals nicht nur Zagreb, sondern das gesamte christliche Abendland gerettet worden. Auf der Internetseite der griechisch-katholischen Kirche des Žumberak heißt es dazu wörtlich: »Mit der Ansiedlung der Uskoken im Jahre 1530 war nicht nur die Sicherheitsfrage für den Žumberak gelöst worden. Damit wurde den Osmanen auch der entscheidende Schlag versetzt. Es waren vor allem die Uskoken des Žumberak, die dank ihrer wirkungsvollen Abwehr das weitere Vordringen der Türken nach Westen verhinderten.«

Die Rettung Zagrebs spielte sich in der Darstellung der heutigen Uskoken wie folgt ab: Die Stadt lief nach einer Reihe von Niederlagen Gefahr, von den Osmanen eingenommen zu werden. Sie war schutzlos, und der Kommandant der osmanischen Truppen drohte, Zagreb zu erobern. In dieser schwierigen Lage bat der Stadtrichter Josip Bogdan die Uskoken um Hilfe. So stiegen sie von ihren Hügeln herab und besiegten die Türken. Traurig für die heutigen Uskoken ist allerdings, dass in Zagreb kaum einer je etwas von der wundersamen

Rettung ihrer Stadt durch die Uskoken des Žumberak gehört hat. Tief ins kollektive Gedächtnis eingegraben haben sich auch die Heldentaten der Uskoken in der Schlacht bei Sisak am 22. Juni 1593. Sisak ist heute eine Stadt mit 48 000 Einwohnern. Sie liegt rund sechzig Kilometer südöstlich von Zagreb, an der Mündung des Flusses Kupa in die Save. Damals befand sich dort eine strategisch wichtige Festung. Aus der Sicht der heutigen Uskoken geschah Folgendes: Dem christlichen Heer von viertausend Soldaten standen bei Sisak 18 000 osmanische Soldaten gegenüber. Die Uskoken hatten den Auftrag, eine Brücke über die Kupa einzunehmen, um ein Ausweichmanöver der feindlichen Truppen zu verhindern. Das gelang auch, und so konnten die zwischen den Flüssen Kupa und Odra eingeschlossenen Türken von der christlichen Armee besiegt werden. Von den fünfhundert Uskoken, die auf der Seite der Habsburger kämpften, sollen vierzig getötet worden sein. Es gibt allerdings auch ganz andere Darstellungen über die Schlacht bei Sisak, in denen die Uskoken kaum eine Rolle spielen oder nicht einmal erwähnt werden.

Im Geschichtsbild und im Selbstverständnis der griechisch-katholischen Bevölkerung des Žumberak bildeten ihre Vorfahren ein christliches Bollwerk, an dem sich die Feinde des kroatischen Volkes die Köpfe blutig schlugen. Sie waren tapfere und freiheitsliebende Krieger, die ein weiteres Vordringen des Islams nach Europa verhindert und damit nicht nur Kroatien, sondern das gesamte christliche Abendland gerettet haben. Der Alltag der Uskoken im hügeligen und unwegsamen Sichelberger Distrikt war in jener Zeit allerdings weniger heroisch. Er war beschwerlich und hart. Die Böden gaben nicht viel her. Um die Zeit, als die Uskoken in der Darstellung ihrer Nachfahren das türkische Heer vor Zagreb in die Flucht schlugen, war für viele Wehrbauern des Žumberak der Handel mit Meersalz die wichtigste Erwerbsquelle. Daniel Vranešić schlägt einen weiten Bogen von der Rettung Zagrebs 1545 bis zum Sieg der kroatischen Armee im »Vaterländischen Krieg«, wie der bewaffnete Konflikt mit Serbien zu Beginn der neunziger Jahre des 20. Jahrhunderts in Kroatien offiziell genannt wird. Einst hätten die Uskoken, betont der griechisch-katholische Priester, mit Mut und Geschick gegen die Osmanen gekämpft und so Kroatien gerettet. In gleicher Weise hätten die heutigen Uskoken den unabhängigen kroatischen Staat mutig und entschlossen gegen die »großserbische Aggression« verteidigt.

Auch nach Meinung von Mile Vranešić, dem griechisch-katholischen Pfarrer des kleinen Dorfes Stojdraga, sind die Uskoken in ihrer Geschichte immer auf der richtigen Seite gestanden, nämlich auf der kroatischen. Sie hätten sich trotz ihrer vlachischen Herkunft immer als Kroaten gefühlt. Mile Vranešić ist der Vater von Daniel Vranešić. Allerdings räumt er ein, dass sich im sozialistischen Jugoslawien bei Volkszählungen einige wenige Uskoken als Serben oder auch als Jugoslawen im ethnischen Sinn deklariert hätten: »Sie haben das getan, weil sie sich davon materielle Vorteile erhofften.« Der Historiker Filip Škiljan, wissenschaftlicher Mitarbeiter am Institut für Migration und ethnische Gemeinschaften der Universität Zagreb, meint allerdings, in den Volkszählungen nach dem Zweiten Weltkrieg hätten sich mehr als nur »einige wenige« als Serben oder Jugoslawen deklariert. Heute bezeichneten sich praktisch alle Uskoken als Kroaten, denn die serbische Option bringe, anders als in der kommunistischen Zeit, nur Nachteile. Das hindert nationalistische serbische Historiker allerdings nicht daran, die griechisch-katholischen

Bewohner des Žumberak weiterhin als Serben zu betrachten. Für sie waren alle Vlachen Serbiens und Kroatiens schon immer Serben, unabhängig davon, wie sich diese selber bezeichneten. Durch den ihrer Meinung nach erzwungenen Beitritt zur griechisch-katholischen Kirche im 18. Jahrhundert und die systematische Kroatisierung seien die Uskoken ihrer wahren Identität beraubt worden. Dass die griechisch-katholischen Uskoken eine solche Sichtwiese entschieden ablehnen, liegt auf der Hand.

Ein weiteres zentrales Merkmal des Selbstverständnisses der heutigen Uskoken des Žumberak sind die Kirche und der Gottesdienst. »Ohne die griechisch-katholische Liturgie sind wir nichts, wir hätten keine Wurzeln mehr«, sagt Daniel Vranešić. Und er fügt hinzu: »Auch ohne den Žumberak sind wir nichts. Solange wir hier noch ein Dorf oder ein Grab haben, gibt es uns.« Diese Ansicht teilt auch sein Vater Mile Vranešić: »Die griechisch-katholische Kirche ist die einzige Hüterin der Identität der Uskoken.« Diese könne nur bewahrt werden, wenn die Bewohner des Žumberak mit ihrer Kirche verbunden blieben. Doch genau das ist das Problem. Auch im römisch-katholischen Kroatien schwindet die Bedeutung der Religion, und so haben viele Nachfahren der Uskoken vor allem in größeren Städten keine Beziehung mehr zur griechisch-katholischen Kirche und sich, wie im Žumberak geklagt wird, der traditionell römisch-katholischen Umgebung angepasst. Das gilt in besonderem Maße für jene, die nicht im Žumberak aufgewachsen sind. Als Folge davon geht die uskokische oder – wie einige sie nennen – die uskokisch-vlachische Identität immer mehr verloren. Doch auch im Žumberak selber fühlen sich lange nicht alle der wenigen noch verbliebenen Bewohner als Uskoken. Solche gebe es nur in Senj, meint etwa ein pensionierter Mann in der Nähe von Sošice, der gerade dabei ist, in einem gottverlassenen Nest inmitten von Häuserruinen und dichtem Buschwerk das halbzerfallene Holzhäuschen seiner Großeltern wieder bewohnbar zu machen. Als Nachfahren der Uskoken verstehen sich in erster Linie die griechisch-katholischen Bewohner des Žumberak, nicht aber jene, die römisch-katholisch sind.

Auch der Žumberak ist ein Abwanderungsgebiet. Die Zahl der Einwohner geht ständig zurück. Nur die schönen, geräumigen Pfarrhäuser mit den alten Ikonen an den Wänden und den prächtigen Gärten lassen erahnen, dass hier einst bedeutend mehr Menschen gelebt haben müssen. Sie wirken wie Relikte aus einer andern Zeit. Die Arbeitsmigration hatte auch im Žumberak nach der Auflösung der Militärgrenze eingesetzt, als die einstigen Wehrbauern und Verteidiger der Grenzen des Habsburgerreiches durch die Eingliederung ihrer Siedlungsgebiete in das sogenannte Zivilkroatien ihren Sonderstatus und damit ihre Lebensgrundlage verloren. Der Ertrag der kargen Böden reichte nicht aus, um die Bevölkerung zu ernähren. Mit dem Beginn der Industrialisierung im sozialistischen Jugoslawien in den sechziger Jahren des 20. Jahrhunderts leerten sich die Dörfer weiter. Viele wanderten auf der Suche nach Arbeit in die Städte ab, geblieben sind vorwiegend ältere Menschen, die nicht wissen, wohin sie gehen sollen. Vor allem im Winter sind sie auf Angehörige oder Freunde angewiesen, die ihnen Lebensmittel bringen oder mit ihnen in die Stadt fahren, wenn sie krank sind. Sie leben von kärglichen Renten, von magerer Sozialhilfe oder vom Geld, das ihnen ihre abgewanderten erwachsenen Kinder zukommen lassen, falls diese dazu überhaupt in der Lage sind. Ganze Weiler sind verfallen. Alle Läden sind inzwischen geschlossen. Da und dort ist noch eine Kneipe geöffnet, meistens am Wochenende. Im Jahre 2014 gab es in den Dörfern des Žumberak nur noch eine einzige Schule, in der einige wenige Kinder von der ersten bis zur vierten Klasse unterrichtet wurden. Nach kirchlichen Angaben leben heute noch rund tausend Menschen in den Dörfern und Weilern des Žumberak, sechshundert von ihnen seien griechisch-katholisch, die Übrigen römisch-katholisch. Manche halten bereits diese bescheidenen Zahlen für übertrieben.

Doch wie soll der Niedergang aufgehalten werden? Viele Uskoken verlangen, dass der kroatische Staat mehr für die Randregion tun müsse. Es gebe zwar einzelne Initiativen zur Verbesserung der Lebensbedingungen. Doch es fehle eine Gesamtstrategie zur wirtschaftlichen und sozialen Entwicklung, lautet eine weitverbreitete Klage. Zudem sei der Žumberak administrativ aufgeteilt, was die Aufgabe zusätzlich erschwere. Schon in der Zeit zwischen den beiden Weltkriegen und vor allem im kommunistischen Jugoslawien sei die Region vernachlässigt worden. Nach Ansicht von Mile Vranešić geschah das absichtlich. Er spricht von einer subtilen Diskriminierung der »Orthodoxen oben auf den Bergen«. Das müsse sich endlich ändern. Die Uskoken hätten im Laufe der Geschichte Zagreb, Kroatien und Europa gegen die Osmanen verteidigt und die weitere Ausbreitung des Islams verhindert. Jetzt müsse sich Kroatien erkenntlich zeigen und etwas für den Žumberak tun. Die Bewohner wollen aber auch selber aktiver werden, um ihre wirtschaftliche Lage zu verbessern und die Abwanderung zu stoppen. So haben sie den kroatischen Behörden Ende November 2016 ein unter der Leitung von Mile Vranešić während Monaten erarbeitetes Programm zur Revitalisierung der Region vorgelegt. Gefordert wird darin unter anderem eine Verbesserung der Infrastruktur, vor allem der Straßenverbindungen in die umliegenden Städte, der Wasser- und Stromversorgung sowie des Zugangs zum Internet.

Während sich heute praktisch alle Bewohner des Žumberak als Kroaten definieren, bezeichnen sich die Nachfahren der Uskoken jenseits der Grenze in der slowenischen »Bela Krajina« (Weiße Krajina) als Serben. Anders als die Uskoken in Kroatien sind jene in Slowenien nicht griechisch-katholisch, sondern serbisch-orthodox. Ihre Muttersprache ist nicht Kroatisch, auch nicht Slowenisch, sondern Serbisch. Ihre Vorfahren, Flüchtlinge und Überläufer aus dem Osmanischen Reich, waren wie jene der Uskoken des Žumberak in den dreißiger Jahren des 16. Jahrhunderts hier angesiedelt worden. Auch sie standen als Wehrbauern im Dienste der Habsburgermonarchie, die »Bela Krajina« war ebenfalls Teil der kroatisch-slawonischen Militärgrenze. Heute leben die Nachfahren der Uskoken nur noch in vier kleinen Dörfern, unter anderem in Bojanci und Marindol. Die Zahl jener, die Serbisch noch immer als ihre Muttersprache bezeichnen, wird auf höchstens einige Hundert geschätzt. Und es werden auch hier immer weniger. Die innerhalb der Militärgrenze lebenden Vlachen hatten in der Zeit des nationalen Erwachens der Völker Südosteuropas im 19. Jahrhundert unterschiedliche Identitäten angenommen. Aus den Uskoken in Slowenien wurden Serben, ebenso wie aus den in der kroatischen Krajina angesiedelten Vlachen. Aus den Uskoken des Žumberak sowie den Istrorumänen, die sich selber Schejaner und Vlachen nennen, wurden Kroaten. Wer christlich-orthodox war, bekannte sich zur serbischen Nation, wer römisch-katholisch oder griechisch-katholisch war, betrachtete sich als Teil der kroatischen Nation.

Niko Županić (1876 bis 1961) war einer der Ersten, der sich mit den Uskoken der »Bela Krajina« befasste. Er selber stammte aus jener Gegend. In seinem 1912 in Belgrad erschienenen Aufsatz über die Bewohner des Žumberak und von Marindol *(Žumberčani i Marindolci. Prilog antropologiji i etnografiji Srba u Kranjskoj)* fasste er die Erkenntnisse aus seiner Feldforschung zusammen. Nach dem Ersten Weltkrieg wurde das zuvor jahrhundertelang von den Habsburgern verwaltete Gebiet Slowenien und damit dem neu geschaffenen Königreich der Serben, Kroaten und Slowenen zugeschlagen. Laut Županić lebten zu Beginn des 20. Jahrhunderts im gesamten Žumberak 11 842 Personen, in Marindol 330, in Bojanci 220. Nach seinen Angaben waren von allen Bewohnern genau 7151 griechisch-katholisch und 4691 römisch-katholisch. Er wunderte sich darüber, dass der griechisch-katholische Bischof nicht im Žumberak residierte, denn dort war die Zahl der Gläubigen am höchsten. Die Bewohner der beiden Orte Marindol und Bojanci hingegen hatten, wie Županić betonte, ihren serbisch-orthodoxen Glauben bewahrt. Wenn die dortigen Bewohner an kirchlichen Feiertagen getanzt und gesungen hätten, habe sich die »slowenische Intelligenz« aus den umliegenden größeren Orten an dieser »exotischen Welt des balkanischen Orients« nicht sattsehen können. Er wies darauf hin, dass nach der Auflösung der Militärgrenze viele Uskoken ihre Heimatdörfer verließen, um im Ausland Arbeit zu finden. Dabei waren sie ganz offensichtlich sehr erfolgreich: »Wo früher arme und primitive Dörfer standen, gibt es heute schönere Häuser mit mehr Komfort.«

Für Županić waren nicht nur die Bewohner der beiden Dörfer Marindol und Bojanci serbischer Herkunft, sondern auch jene des Žumberak, der heute zu Kroatien gehört. Allerdings räumte er ein, dass sich diese als Kroaten fühlten. Die Slowenen der »Bela Krajina« nannten in jener Zeit die unter ihnen lebenden Serben Vlachen. Das sei, so betonte Županić, nicht beleidigend gemeint, ganz im Gegensatz zu den »katholischen politischen Demagogen in Kroatien«, die alle Orthodoxen in abwertendem Sinn als Vlachen bezeichnet hätten. Auch Županić vertrat die Meinung, dass sich die »Serben« des Žumberak erst spät der griechisch-katholischen Kirche angeschlossen hätten, nämlich Mitte des 18. Jahrhunderts. Als in Serbien am Vorabend des Zerfalls der von Tito geschaffenen jugoslawischen Föderation Ende der achtziger Jahre der Nationalismus mit aller Macht an die Oberfläche drängte, entdeckte Belgrad auch in diesem entlegenen Winkel Sloweniens »verlorene Brüder und Schwestern«, denen man beistehen müsse, da sie von der Regierung in Ljubljana unterdrückt und diskriminiert würden. Doch die Serben der »Bela Krajina« wollten von solchen Vereinnahmungen nichts wissen. Beim Referendum im Dezember 1990 sprachen sie sich mit überwältigender Mehrheit ebenfalls für die staatliche Unabhängigkeit Sloweniens aus. Das war eine klare Absage an die selbsternannten Beschützer in Belgrad.

In Kroatien begann mit dem Sieg der Partei von Franjo Tudjman bei den Wahlen im April 1990 eine Zeit des politischen Umbruchs und der nationalen Euphorie. Kroatische Nationalisten bemächtigten sich der Sprache und gaben vielen Wörtern eine andere Bedeutung. Linguisten machten sich mit Feuereifer daran, die kroatische Sprache, die als ein zentrales Element der nationalen Identität empfunden wurde, von »serbischen Einflüssen« zu reinigen. Die Losung lautete: Rückkehr zu den eigenen Wurzeln. Der politischen Befreiung sollte die sprachliche folgen. Die neue Verfassung stufte die kroatischen Serben von einem staatstragenden Volk zu einer Minderheit herab. Schulbücher wurden umgeschrieben, die eigene Geschichte wurde umgedeutet. Das kroatische Fernsehen sollte sich, wie einer seiner Direktoren damals verkündete, in eine »Kathedrale des kroatischen Geistes« verwandeln. Straßen und Plätze wurden umbenannt, Denkmäler entfernt und durch neue ersetzt. An Ständen auf dem Trg bana Jelačića, dem einstigen »Platz der Republik«, boten junge Männer neben Kassetten mit der kroatischen Nationalhymne auch in den Landesfarben bemalte Büchsen an. Sie waren, wie einer der Verkäufer mit ernster Miene erklärte, gefüllt mit sauberer kroatischer Luft, die viel leichter einzuatmen sei als die stickige serbische. Es war kein Scherz, er meinte es ernst, zumindest tat er so.

Schon zuvor, in der zweiten Hälfte der achtziger Jahre, hatten Intellektuelle in Belgrad die ideologischen Grundlagen des übersteigerten serbischen Nationalismus geschaffen. Es ging ihnen nicht so sehr um eine demokratische Umgestaltung als vielmehr um die Wiederherstellung der »nationalen Würde« des angeblich benachteiligten serbischen Volkes, um die Wiedergutmachung historischen Unrechts. In Serbien und in Kroatien stellten sich Journalisten in den Dienst der politischen Propaganda. Sie gehörten zu den Wegbereitern der Kriege. Sie schufen Feindbilder und schürten alte Ängste. Auf beiden Seiten wurde manipuliert, gelogen, verleumdet, gehetzt, aufgebauscht, erfunden – und das alles im Namen der kroatischen oder der serbischen Nation. Anders als in den Ländern Ostmitteleuropas, in denen 1989 die kommunistische Herrschaft im Namen der Bürgerrechte abgeschüttelt wurde, stand in Serbien und in Kroatien der Aufbruch unter nationalen, ja nationalistischen Vorzeichen. Während in Serbien Demokratisierung vor allem die Lösung der nationalen Frage bedeutete, wurde in Kroatien politische Freiheit mit der Befreiung von der serbischen Vorherrschaft gleichgesetzt. Es ging beiden politischen Führern, Slobodan Milošević und Franjo Tudjman, in erster Linie um nationale Größe, um Grenzen und Territorien, nicht um eine grundlegende demokratische Erneuerung von Staat und Gesellschaft.

Die Zeit, in der die Menschen in Serbien und Kroatien auf ihre ethnische Identität reduziert wurden, warf ihre düsteren Schatten auch auf den idyllischen Žumberak. Kroatien ist ein römisch-katholisches Land, in dem Religion und Nation traditionell eng miteinander verbunden sind. Manche Kroaten hielten ihre griechisch-katholischen Mitbürger für Serben, weil diese die Messe nach dem östlichen Ritus feiern. Wer sich in der Kirche wie die Orthodoxen mit drei Fingern bekreuzigt und kirchenslawische Lieder singt, konnte ihrer Ansicht nach gar kein Kroate sein. So waren die griechisch-katholischen Uskoken für die kroatischen Nationalisten Serben, heimliche Helfer Belgrads, die sich als Kroaten ausgaben und eines Tages auf Befehl der serbischen Führung in Belgrad von den Hügeln des Žumberak herabstürmen würden, um den Kroaten im Kampf gegen die Krajina-Serben in den Rücken zu fallen. Sie sahen in ihnen eine Gefahr. Bestärkt wurden sie in dieser Annahme dadurch, dass serbische Nationalisten und auch die serbisch-orthodoxe Kirche in Belgrad die Uskoken als versprengte Serben für sich vereinnahmten. Dass diese Sichtweise mit der Realität nichts zu tun hatte, davon hätten sich die kroatischen Eiferer auch selber überzeugen können, wären sie in die Pfarrhäuser gegangen. Dort hängen nämlich an den Wänden nicht Bilder des Ökumenischen Patriarchen von Konstantinopel oder des Oberhauptes der serbisch-orthodoxen Kirche, sondern des wegen seiner Rolle im Ustaša-Staat umstrittenen römisch-katholischen kroatischen Kardinals Alojzije Stepinac (1898 bis 1960). Janko Schandor, ein Kenner der Geschichte der Uskoken, führt die Verehrung, die Stepinac im Žumberak entgegengebracht wird, vor allem darauf zurück, dass dieser während seiner Amtszeit als Erzbischof von Zagreb viel für die griechisch-katholische Kirche in Kroatien getan hat.

Im Žumberak wird folgende Anekdote erzählt: Angehörige der Kroatischen Verteidigungskräfte (HOS) eilten in den Žumberak. Sie wollten die Uskoken, die sie für Serben hielten, vertreiben oder gar töten. HOS war die gefürchtete paramilitärische Organisation der extrem nationalistischen Partei des Rechts von Dobroslav Paraga. Doch in der Stunde der höchsten Gefahr stellte sich der griechisch-katholische Priester Mile Vranešić den Extremisten mutig entgegen und rief ihnen zu: »Wenn ihr die Absicht habt, in unsere Dörfer einzudringen und uns zu töten, dann nur über meine Leiche.« Das zeigte Wirkung. Die HOS-Extremisten zogen wieder ab. Mile Vranešić habe 1991 mit dieser Tat den Žumberak vor großem Unheil bewahrt. Davon sind zumindest jene überzeugt, welche die Geschichte von der mutigen Aktion des Pfarrers von Stojdraga weiterverbreiten. Mile Vranešić ist zwar durchaus eine imposante Gestalt. Dass das Siedlungsgebiet der Uskoken vom Krieg verschont blieb, hatte jedoch andere Gründe. Die Priester des Žumberak hätten damals, so meint Janko Schandor, gute Kontakte zur neuen Führung in Zagreb gehabt und diese davon überzeugen können, dass die Uskoken trotz ihrer orthodoxen Liturgie keine Serben seien, sondern aufrichtige Kroaten, die voll und ganz hinter den Bemühungen um die Schaffung eines unabhängigen kroatischen Staates stünden.

Sošice liegt auf einer Hochebene in der Nähe der Grenze zu Slowenien, umgeben von weiten Wäldern. Nach kirchlichen Angaben leben heute in dem entlegenen Dorf noch 120 Griechisch-Katholiken. Laut den Resultaten der letzten Volkszählung von 2011 betrug die Zahl der Einwohner allerdings nur 77; um 1900 waren es über fünfhundert gewesen. Die Pfarrei wird heute von einem griechisch-katholischen Geistlichen aus Mazedonien betreut, der in Kroatien studiert hat. Er wohnt mit seiner Frau und einem kleinen Kind im großen Pfarrhaus. Am Eingang des benachbarten Frauenklosters des Ordens der Basilianerinnen – benannt nach dem Kirchenvater Basilius dem Großen – hängen in einem Schaukästchen zwei stark vergilbte Fotos von der Einweihung im Jahre 1939. Auch der damalige Zagreber Erzbischof Alojzije Stepinac, der den Bau des griechisch-katholischen Klosters unterstützt hatte, nahm an den Feierlichkeiten teil. Heute lebt nur noch eine einzige Nonne im Kloster in Sošice.

Eine besondere Attraktion des Ortes sind die beiden Kirchen, die in der Nähe des Pfarrhauses und des Klosters auf einer kleinen Anhöhe dicht nebeneinander stehen, als ob sie sich gegenseitig schützen und wärmen wollten. Die eine ist die schön renovierte griechisch-katholische Kirche der Heiligen Petrus und Paulus. Daneben steht im Abstand von einigen Metern die deutlich kleinere und bescheidener ausgestattete römisch-katholische Mariä-Himmelfahrt-Kirche. Hier wird nur noch einmal im Jahr die Messe gefeiert: am Fest Mariä Himmelfahrt am 15. August. Als jedoch die griechisch-katholische Kirche vor Jahren renoviert wurde, feierte der damalige Pfarrer die Liturgie im römisch-katholischen Gotteshaus. Als ich ihn im August 2008 im Pfarrhaus aufsuchen wollte, traf ich ihn in einem Nebengebäude des Frauenklosters, wo er gerade mit dem Brennen von Schnaps beschäftigt war. Bereitwillig gab er Auskunft. Man helfe sich hier gegenseitig aus. Wenn der römisch-katholische Pfarrer nicht da sei, lese er auch die römisch-katholische Messe, allerdings nur mit dem Rücken zum Volk, wie das in der östlichen Liturgie üblich sei. Es bestehe ohnehin die Gefahr, so fügte er nachdenklich hinzu, dass sich die griechisch-katholische Liturgie immer mehr der römisch-katholischen angleiche.

Mile Vranešić ist überzeugt davon, dass das Interesse der abgewanderten Uskoken an ihrer Herkunft zugenommen hat. Der Žumberak sei nicht verloren. Viele fänden sich in den Städten nicht mehr zurecht. Sie seien auf der Suche nach ihren Wurzeln und ihrer Identität, die er mit den beiden Adjektiven vlachisch und uskokisch umschreibt. Sein Optimismus speist sich aus der wirtschaftlichen Misere. Die hohe Arbeitslosigkeit in den Städten zwinge manche dazu, wieder in ihre Heimatdörfer zurückzukehren, die sie selber oder ihre Eltern einst auf der Suche nach Arbeit und Verdienst verlassen hatten. Und dann spricht Mile Vranešić von den dekadenten Städten, denen er das ursprüngliche, gottgefällige Leben auf dem Lande gegenüberstellt. Viele hätten genug von Computern und von der Hektik in den Ballungszentren. Der Žumberak werde sich künftig, so glaubt er, in ein Wohnviertel Zagrebs verwandeln. Der Anblick der leeren Dörfer und der zerfallenen Häuser kann seine Überzeugungen nicht ins Wanken bringen. Mile Vranešić hat eine Vision: Er glaubt, dass der Žumberak irgendwann wieder so sein wird, wie er früher einmal war. Das Leben werde in die Dörfer zurückkehren. Er entwirft eine Theologie des Berges. Alles Wesentliche in der Geschichte der Menschheit habe sich auf Bergen oder Hügeln abgespielt. Er verweist auf Abraham, auf Moses, auf Jesus. Der Berg werde über die Stadt triumphieren: »Die Städte werden zerfallen«, die ländlichen Gebiete aber, und damit der Žumberak, würden wieder aufblühen, »und wenn das erst in hundert oder 150 Jahren der Fall ist.«

Wie sein Vater Mile Vranešić glaubt auch Daniel Vranešić, dass es gelingen wird, die Traditionen und Bräuche der Uskoken für künftige Generationen zu erhalten und die eigene Identität zu bewahren. Schließlich hätten seine Vorfahren während Jahrhunderten im »Meer der römischen Katholiken« überlebt. Daran werde sich auch in Zukunft nichts ändern. Doch hält Daniel Vranešić, der die griechisch-katholische Gemeinde der Stadt Samobor betreut, nicht viel von der Vision seines Vaters. Er hat auch einen Traum, aber einen ganz anderen: Viele Bewohner hätten die Dörfer des Žumberak verlassen, und zwar für immer. Daran lasse sich nichts mehr ändern. Das Rad der Geschichte könne nicht zurückgedreht werden. Seine Botschaft lautet: »Der neue Žumberak ist Samobor.« Wirtschaftliche Entwicklung gebe es nur hier in der Stadt, nicht aber in den weitgehend verlassenen Dörfern und Weilern auf den Hügeln. Doch auch er weiß, dass das nicht so bald der Fall sein wird: »Was die griechisch-katholischen Dörfer der Uskoken auf den Hügeln einst waren, wird Samobor in 150 Jahren sein.« Daniel Vranešić denkt wie sein Vater in großen, in biblischen Zeiträumen. Beide werden die Erfüllung ihrer Träume nicht mehr erleben.

Danksagung

Zu besonderem Dank verpflichtet bin ich Oliver Jens Schmitt, Professor am Institut für Osteuropäische Geschichte der Universität Wien. Er gab mir in mehreren Gesprächen überaus wertvolle Anregungen und hat mir immer wieder Mut gemacht. Seine Begeisterung für den Balkan war ansteckend. Er lud mich in sein Institut ein, wo ich zwei Wochen in aller Ruhe am Buch schreiben konnte und die Bibliothek benutzen durfte. Sehr hilfreich waren zudem die Anregungen von Teilnehmern eines Kolloquiums am Institut für Osteuropäische Geschichte in Wien, an dem ich die Gelegenheit hatte, das Konzept meines Buches einem Kreis von ausgewiesenen Fachleuten vorzulegen. Dankbar bin ich Oliver Jens Schmitt auch dafür, dass er sich die Zeit genommen hat, mein Manuskript zu lesen. Er hat mich auf manche Fehler, Unklarheiten und Unzulänglichkeiten hingewiesen.

Zu großem Dank verpflichtet bin ich auch Thede Kahl, Professor für Südslawistik an der Universität Jena. Er hat mir in vielen anregenden Gesprächen sehr wertvolle Hinweise gegeben und mir geholfen, mich im Labyrinth der Aromunen und Vlachen in den Ländern des südlichen Balkans nicht ganz zu verlieren. Seine Begeisterung für den Balkan war für mich immer wieder Ansporn. Er hat das Manuskript gelesen und mich ebenfalls vor manchen Fehlern und Ungenauigkeiten bewahrt. Dankbar bin ich auch Joe Rabl für sein hervorragendes und sorgfältiges Lektorat. Danken möchte ich zudem Claudia Kühner, Viviane Egli, Martin Woker und Daniel Ursprung, die das Manuskript ganz oder teilweise gelesen haben und deren Kritik und Anmerkungen für mich ebenfalls sehr hilfreich waren. Zu Dank verpflichtet bin ich zudem Katja Popova (Sofia), Saško Golov (Skopje), Elisa Hübel (Athen) und Janko Schandor (Zagreb). Sie unterstützten mich bei meinen Reisen in die Siedlungsgebiete der slawischen Muslime, der Aromunen und der Uskoken des Žumberak und organisierten für mich zahlreiche Treffen und Interviews. Katja Popova übersetzte zudem die Gespräche mit den Pomaken in Bulgarien und Elisa Hübel jene mit den Pomaken in Griechenland. Beide begleiteten mich auf der Reise im Juni 2015. Danken möchte ich auch allen Gesprächspartnern in Bulgarien, Griechenland, Mazedonien, Serbien, Bosnien-Herzegowina und Kroatien sowie den vielen unbekannten Passanten, die auf meinen Streifzügen durch die Dörfer der slawischen Muslime sowie der Uskoken, der Istrorumänen und der Aromunen meine Fragen nach ihrer nationalen und ethnischen Identität geduldig beantwortet haben.

Verwendete Literatur

Im Folgenden findet sich eine Liste der verwendeten Literatur. Sie enthält die zeitgenössischen Berichte und Werke, aus denen ich zitiert habe. Aufgeführt sind aber auch all jene Bücher, denen ich Ideen, Anregungen und Hinweise verdanke.

Andrić, Ivo: Die Brücke über die Drina. Wien: Zsolnay 2011.
Brailsford, Henry Noel: Macedonia. Its races and their future. London: Methuen 1906.
Brunnbauer, Ulf (Hrsg.): Umstrittene Identitäten. Ethnizität und Nationalität in Südosteuropa. Frankfurt: Europäischer Verlag der Wissenschaften 2002.
Calic, Marie-Janine: Südosteuropa. Weltgeschichte einer Region. München: C. H. Beck 2016.
Clayer, Nathalie; Bougarel, Xavier: Les musulmans de l'Europe du Sud-Est. Paris: Édition Karthala 2014.
Clewing, Konrad; Schmitt, Oliver Jens: Geschichte Südosteuropas. Vom frühen Mittelalter bis zur Gegenwart. Regensburg: Verlag Friedrich Pustet 2011.
Doda, Bajazid Elmaz: Albanisches Bauernleben im oberen Rekatal bei Dibra (Makedonien). Herausgegeben von Robert Elsie. Wien: LIT Verlag 2007.
Ghodsee, Kristen: Gender, Ethnicity, and the Transformation of Islam in Postsocialist Bulgaria. Princeton: University Press 2010.
Kahl, Thede; Lienau, Cay (Hrsg.): Christen und Muslime. Interethnische Koexistenz in südosteuropäischen Peripheriegebieten. Wien: LIT Verlag 2009.

Karagiannis, Evangelos: Flexibilität und Definitionsvielfalt pomakischer Marginalität. Wiesbaden: Harrassowitz Verlag 2005.

Kaser, Karl: Freier Bauer und Soldat. Die Militarisierung der agrarischen Gesellschaft an der kroatisch-slawonischen Militärgrenze (1535–1881). Wien: Böhlau 1997.

Renovabis (Hrsg.): Makedonien: Land am Rand der Mitte Europas. OST-WEST. Europäische Perspektiven. 16. Jahrgang, Heft 1. Regensburg: Verlag Friedrich Pustet 2015.

Schmitt, Oliver Jens: Die Albaner. Eine Geschichte zwischen Orient und Okzident. München: C. H. Beck 2012.

Schmitt, Oliver Jens: Kosovo. Kurze Geschichte einer zentralbalkanischen Landschaft. Wien: Böhlau 2008.

Steinke, Klaus; Voß, Christian (Hrsg.): The Pomaks in Greece and Bulgaria. A Model Case for Borderland Minorities in the Balkans. Südosteuropa-Studien, Band 73. München: Verlag Otto Sagner 2007.

Sundhaussen, Holm; Clewing, Konrad (Hrsg.): Lexikon zur Geschichte Südosteuropas. Wien: Böhlau 2016.

Sundhaussen, Holm: Sarajevo. Die Geschichte einer Stadt. Wien: Böhlau 2014.

Ther, Philipp: Die dunkle Seite der Nationalstaaten. »Ethnische Säuberungen« im modernen Europa. Göttingen: Vandenhoeck & Ruprecht 2011.

Voß, Christian; Telbizova-Sack, Jordanka (Hrsg.): Islam und Muslime in (Südost)Europa im Kontext von Transformation und EU-Erweiterung. München: Verlag Otto Sagner 2010.

Zelepos, Ioannis: Kleine Geschichte Griechenlands. Von der Staatsgründung bis heute. München: C. H. Beck 2014.

Županić, Niko: Žumberčani i Marindolci. Prilog antropologiji i etnografiji Srba u Kranjskoj (»Die Bewohner des Žumberak und von Marindol. Beitrag zur Anthropologie und Ethnografie der Serben in der Krain«). Belgrad 1912.

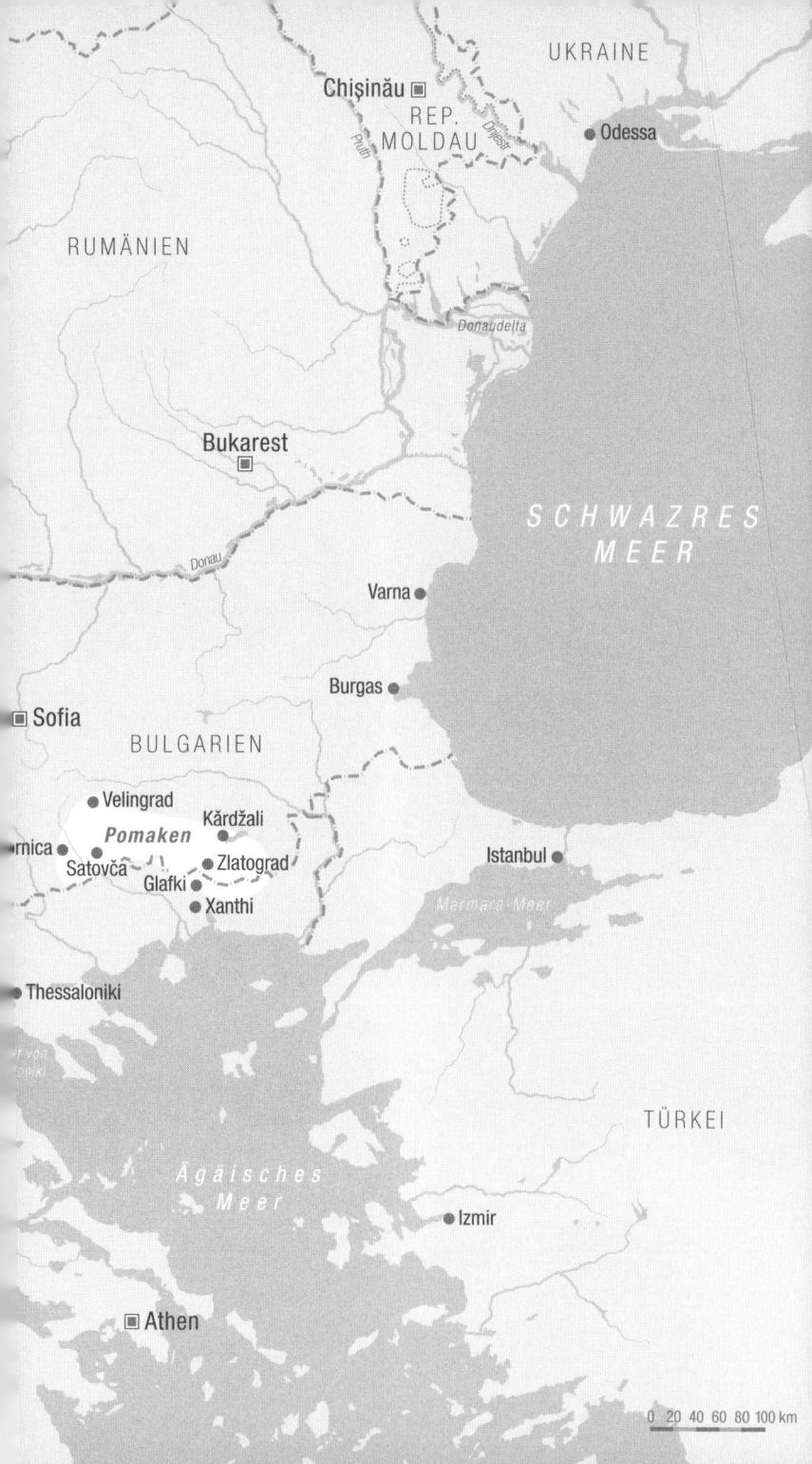